suhrkamp taschenbuch
wissenschaft 2001

Warum erzählen Menschen? Wie haben sie Erzählen gelernt? Welche kulturellen Leistungen sind mit dem Erzählen verbunden? Und was ist Erzählen überhaupt? Auf diese Fragen gibt Fritz Breithaupt eine verblüffende Antwort. Erzählen erlaubt es, Ausreden vorzutragen. Wer eine Ausrede hat, kann den Kopf aus der Schlinge ziehen. Das Wesen der Ausrede besteht darin, neue, meist komplexere Beschreibungen für bereits beurteilte Handlungen zu liefern. In der ersten Ausrede der Menschheitsgeschichte bekennt Adam zwar, dass er den Apfel aß, bestreitet aber seine Verantwortung, da Eva ihm die Tat eingeflüstert habe. Beginnend mit dieser Urszene, verfolgt das Buch die ineinander verschlungenen Pfade von juristischer Verantwortung und Literatur und zieht dabei auch evolutionsbiologische Erkenntnisse heran.

Fritz Breithaupt ist Professor für Deutsche und Vergleichende Literaturwissenschaft sowie Affiliate Professor für Kognitionswissenschaften an der Indiana University in Bloomington.

Fritz Breithaupt

Kultur der Ausrede

Suhrkamp

2. Auflage 2022

Erste Auflage 2012
suhrkamp taschenbuch wissenschaft 2001

Umschlag nach Entwürfen
von Willy Fleckhaus und Rolf Staudt
Druck und Bindung: C. H. Beck, Nördlingen
Printed in Germany
ISBN 978-3-518-29601-1

www.suhrkamp.de

Inhalt

Michelangelo, *Sündenfall und Vertreibung aus dem Paradies*, Sixtinische Kapelle, 1508-1512 (Foto: akg-images/Erich Lessing).

Einleitung

1. These

Ausreden haben keinen guten Ruf. Sie gelten als schwache Ausflucht, als Verlegenheitslösung, und dienen zur Bestätigung unserer Schwächen.[1] Besser wäre es, ohne sie auszukommen. Gegen dieses Vorurteil will dieses Buch die Vermutung setzen und zu erhärten suchen, dass Ausreden eine zentrale Kraft der kulturellen Entwicklung waren und sind.

Bereits die erste menschliche Rede ist Ausrede. So zumindest will es die Bibel. Adam und Eva haben just vom Baum der Erkenntnis gegessen. Und sofort beginnen sie damit, sich zu verstecken. Zuerst verdecken sie ihre Nacktheit und wandeln seitdem in den verschiedensten Kleidern umher. Dann geschieht das Verstecken verbal. Der »HERR« klagt Adam an. Aber Adam weist die Verantwortung von sich ab und versteckt sich hinter Eva: »Das Weib / das du mir zugesellet hast / gab mir von dem Bawm / vnd ich ass.« Eva wiederum zeigt auf die Schlange: »Die Schlange betrog mich also / das ich ass.«[2] Ebendies ist die Weisheit des Baumes der Erkenntnis, dass man Ausreden stricken kann. Adams Version der Ereignisse besteht dabei ohne sachlichen Gegensatz zu dem von Gott erhobenen Vorwurf. Eine Variante seiner Rede wäre: »Ja, ich habe den Apfel gegessen, aber ich durfte es. Denn meine Tat war es, auf Deine Schöpfung zu hören, auf Eva. Du wirst mir doch nicht verbieten, gehorsam zu sein, da Du doch selbst Gehorsamkeit forderst. Und ist nicht Eva Deine Schöpfung, so dass ich, wenn ich ihr folge, zugleich dir folge?« Wer von dem Baum der Erkenntnis gekostet hat, kann eine Gegenversion liefern, kann Gottes Monopol auf Wirklichkeit erschüttern.

Auch Eva findet in der Schlange eine solche Ausrede. Die Schlange dürfte ein Resultat der Überlappung zweier Traditionslinien sein, zum einen eines mythischen Monsters, zum anderen

1 Vgl. etwa Stephan Rinckens, *Eine Ausrede findet sich immer. Die subjektive Rückfallbegründung alkoholabhängiger Patienten*, Bonn 2003, und Wayne W. Dyer, *Keine Ausreden! Wie wir destruktive Denkmuster ändern können*, München 2009.

2 Martin Luther, *Die gantze Heilige Schrift* (nach Wittenberg 1545), München 1974, S. 29 (Genesis 3,9-13).

des inneren Verlangens. Eva kann hier insofern sowohl auf das äußere Monster verweisen, dem gegenüber der Mensch schwach ist, als auch auf das dem Menschen von Gott verliehene Verlangen, also die innere Natur.[3] Die Ausrede macht dann in einem überwältigenden Monster oder in der inneren Natur den wahren Schuldigen dingfest.

Zugegeben, Adam und Eva waren mit ihren Ausreden noch nicht sehr erfolgreich. Doch die Menschheit hat die Techniken seitdem verfeinert und verbessert. Auch die Techniken der Denunziation des Weiblichen haben sich verbessert, denn natürlich haben immer die Frauen Schuld – doch das ist ein anderes Thema.

Was der biblische Text hier in der schlichtesten Form präsentiert, ist eine Kulturtheorie der Ausrede. Die Welt, die sich den Menschen nach der Vertreibung aus dem Paradies auftut, ist eine Welt der narrativen Mehrdeutigkeit. Die Sprache hat aufgehört, die Dinge schlicht zu benennen, wie es noch die paradiesische Namenssprache tat. Damit aber können die Menschen zu eigentlichen Kulturträgern und -erzeugern werden. Wer Ausreden fabrizieren kann, der ist nicht nur kreativ, sondern in der Lage, Geschichten zu erzählen und seinen Kopf aus der Schlinge zu ziehen. Um ebendiese beiden Fähigkeiten wird es in diesem Buch gehen: das Geschichtenerzählen und das Sich-Rausreden. Ausreden, so die These, stellen nicht nur eine der vielen Formen von Erzählungen dar, sondern zeigen die Struktur aller Narrationen in Reinform. Erzählen heißt Ausreden erfinden.

Was leistet die Ausrede? Mittels einer Ausrede rücken wir eine unserer Handlungen in das bestmögliche Licht. Selbst wenn die Ausrede dabei eine Unwahrheit enthält, ist diese Lüge nicht das entscheidende Merkmal der Ausrede. Sogar im Fall der Lüge enthält die Ausrede, sofern sie zumindest einen Hauch von Plausibilität hat, Elemente, die von dem Angesprochenen für wahr gehalten werden oder für wahr gehalten werden könnten. Das Entscheidende an der Ausrede ist vielmehr, dass sie eine alternative Wirklichkeit aufstellt, die neben der scheinbar einzigen Wirklichkeit der Anklage besteht. In den Fällen, die hier von besonderem Interesse sind, können die empirischen Fakten dabei nicht zur Entscheidung ver-

3 Vgl. *The Hebrew Bible in English,* hg. von Herbert Marks, erscheint New York 2012. Ich danke Herbert Marks dafür, mir seinen reichen Kommentar und sein Archiv vor der Drucklegung zugänglich gemacht zu haben.

helfen, welche Version von Wirklichkeit stimmig ist. Adams Rede steht in keinem empirischen Widerspruch zu Gottes Vorwurf. Entsprechend zeigt die Ausrede, dass bereits die erste Version von Wirklichkeit, also die Anklage oder der Vorwurf, vielleicht eben nur dies ist, eine Version oder Beschreibung. Ausreden erlauben eine komplexere Beschreibung der Welt, da sie einen beschriebenen und bereits beurteilten Sachverhalt erneut bewerten. Dabei kommen Abwägungen zum Zuge, die über den empirischen Sachverhalt hinausgehen. Durch Ausreden lernen wir, dass tendenziell jede Beschreibung einer zu verantwortenden Handlung eine »Ausrede« ist, auch wenn wir den Begriff gemeinhin für »schlechte Ausreden« reservieren, die uns nicht überzeugen.

Was folgt aus dieser Mehrdeutigkeit der narrativ erfassten Wirklichkeit? Zunächst die Notwendigkeit zur Verhandlung.

Die Verhandlung über die Wirklichkeit erfolgt in einer grundsätzlich anderen Sprache als der empirischen. Diese Verhandlungen finden in der Form des Dialogs statt, wie ja auch Ausreden in dialogischen Situationen als Reaktion auf Anklagen entstehen. Die Anklagen können explizit artikuliert sein oder aber im Hintergrund einer Verteidigungsrede stehen, etwa wenn man eine harte Wahrheit von jemandem fernhält, den man schützen will. »Liebe Stephanie, es tut mir leid, aber wir können dich nicht ins Team aufnehmen. Es war eine ganz knappe Entscheidung. Am Ende haben wir eine Münze geworfen und leider hat Paula gewonnen.« Hinter dieser vorsichtigen Rede steht die vom Sprecher verhüllte Kritik, die der Adressatin der Rede als Vorwurf erscheinen könnte: »Du bist nicht gut genug.« Man kann hier daher ebenfalls von der Entschärfung einer impliziten Anklage sprechen, da auch hier ein abschließendes Urteil verhindert werden soll.

Die dialogische Form von Anklage und Verteidigung, so die Vermutung in diesem Buch, ist nicht nur das Wesen der Ausrede, sondern jeder Form von Narration und der von ihr abgeleiteten Institutionen. Dies zeigt sich etwa in der Entwicklung der Verantwortung. Statt den Ursprung der Verantwortung in einem primären Verständnis von Gut und Böse zu suchen, wird in diesem Buch eine dialogische Verfassung der Verantwortung aufgedeckt, die in der Institutionalisierung von Antwortreden besteht. Verantwortung leitet sich von der Möglichkeit und Pflicht zur Antwort auf eine Anklage ab. Ausreden sind entsprechend kein Unfall, sondern struktureller Teil der Verantwortung. Wer eine Ausrede hat, verantwortet sich damit. Ob die Ausrede akzeptiert wird, ist damit natürlich nicht gesagt.

Aus dieser Perspektive wird es sich als Fehler erweisen, von einem Gewissen beziehungsweise strafrechtlich von *mens rea* (subjektivem Tatbestand, Schuldbewusstsein) zu sprechen. Das sogenannte Gewissen und der *mens rea* erweisen sich vielmehr als Effekte der dialogischen Darstellung einzelner Handlungen. Nur mittels einer rhetorischen Verobjektivierung kann so getan werden, als würden sie außerhalb der dialogischen Situation bestehen, als wären sie schlicht psychische Instanzen. Doch mit dieser letzten These greifen wir dem Gang der Untersuchung vor.

Gegenstand dieses Buches ist eine Erzähltheorie, die sich aus der Form der Ausrede speist. Erzähltheorie heißt hier weniger Literatur- als vielmehr Kulturtheorie. Narration (die Begriffe von Narration und Erzählung werden hier ohne inhaltliche Diskrepanz verwendet) ist eine Grundform von Kultur und ein zentraler Mechanismus der Verfeinerung und Konsolidierung menschlicher Praktiken und Diskurse. Zahlreiche Institutionen verdanken sich ihr. Dazu gehören die bereits genannte Verantwortung beziehungsweise ex negativo das Gewissen (Kapitel 3) ebenso wie das Ich (Kapitel 5). Auch menschliche Empathie könnte durch Ausredennarrationen befördert werden (Kapitel 6). Und natürlich ist die Literatur im engeren Sinne nur aufgrund von Narration (Kapitel 4) denkbar.

Seit einigen Jahren wird verstärkt darüber nachgedacht, ob die Fähigkeit des Geschichtenerzählens den Menschen evolutionsbiologisch einen Selektionsvorteil verschafft haben könnte. Lange Zeit stand die Sprachfähigkeit allein im Mittelpunkt des Interesses der Forschung zur Evolution der Kultur des Homo sapiens.[4] Dabei wurde meist angenommen, dass die Funktion des Sprechens im Austausch von Information bestand. Doch in den letzten Jahrzehnten wurde dies zunehmend bezweifelt. Um einfache Informationen wie »Das Essen befindet sich da hinter dem Fluss« oder »Im Wald ist ein Löwe« austauschen zu können, braucht man das riesige und energiekonsumierende Gehirn, das die Spachverarbeitung ermöglicht, eigentlich nicht. Ein einfacher Fingerzeig oder Warnlaut leistet das auch. Könnte also im Erzählen von Geschichten ein mess-

4 Vgl. zur Übersicht W. Tecumseh Fitch, *The Evolution of Language*, Cambridge 2010.

barer Selektionsvorteil liegen, der vielleicht auch den Spracherwerb gefördert hat?

Drei große Theorien finden derzeit Anhänger, die diese letzte Frage vorsichtig bejahen.[5] Die erste Theorie betont, dass Erzählungen uns auf eine Vielzahl von Situationen vorbereiten, so dass wir, sobald wir uns einmal wirklich in einer solchen Situation befinden, mit klarem Kopf reagieren können. Geschichten üben spielerisch Verhaltensmuster ein, so die These der Antizipationstheorie. Dies kann vor allem in Gefahrensituationen lebensrettend sein. Wer vorbereitet ist, wird weniger oft von einem Schock gelähmt. Auch seltene Situationen, die nicht in jeder Generation vorkommen, wie etwa eine Dürre, können dergestalt als Wissen tradiert werden, um künftigen Generationen Verhaltensmuster an die Hand zu geben.[6]

Die zweite Theorie betont die Stärkung des Sozialgefüges durch Geschichten. Eine Variante betont dabei den Klatsch und Tratsch: Wir erzählen Geschichten übereinander und lernen uns so besser kennen. In Krisensituationen schweißt uns dies zusammen und macht uns zu einem besseren Team.[7] Eine andere Variante dieser Theorie argumentiert, dass uns Geschichten zeigen, dass die Bösewichte und Nichtsnutze bestraft werden. Dies beruhigt die Hörer der Geschichten, so dass sie eher dazu bereit sind, zu Gunsten des Gemeinwohls zu agieren und dafür auch Opfer zu erbringen. Sie wissen aus den Geschichten, dass diejenigen, die nicht mithelfen, ihr gerechtes Ende finden werden, wie die faule Pechmarie im Märchen.[8]

5 Zur Übersicht vgl. Michelle Scalise Sugiyama, »Reverse-Engineering Narrative. Evidence of Special Design« in: Jonathan Gottschall, David Sloan Wilson (Hg.), *The Literary Animal. Evolution and the Nature of Narrative*, Evanston, Ill. 2005, S. 177-196; und H. Porter Abbott, »The Evolutionary Origins of the Storied Mind: Modeling the Prehistory of Narrative Consciousness and Its Discontents«, in: *Narrative* 8/3 (2000), S. 247-256.

6 Siehe Stephen Pinker, *How the Mind Works*, New York und London 1997; zur Übersicht Brian Boyd, *On the Origin of Stories. Evolution, Cognition, and Fiction*, Cambridge, Mass. 2009; siehe auch Karl Eibl, *Die Entstehung der Poesie*, Frankfurt am Main 1995.

7 Siehe Robin Dunbar, *Klatsch und Tratsch. Wie der Mensch zur Sprache fand*, München 2002. Derselbe Grundgedanke leitet etwa auch Michael Tomasello, *Die Ursprünge der menschlichen Kommunikation*, Frankfurt am Main 2009, an.

8 William Flesch, *Comeuppance. Costly Signaling, Altruistic Punishment, and Other Biological Components of Fiction*, Cambridge, Mass. und London 2007.

Die dritte Theorie erblickt den Ursprung des Erzählens im Mythos. Der Mythos liefert erste Kausalgeschichten, mittels derer sich die frühen Gesellschaften die Welt erklärten. Und ebendieser menschliche Erklärtrieb werde zum Motor späteren Fortschritts.[9]

Dieses Buch will eine andere Theorie vorstellen und in ihren Konsequenzen darlegen. Die bereits erwähnte These dieses Buches besagt, dass die erste Erzählung eine Ausrede war, dass Ausreden nach wie vor den Kern der meisten Erzählformen ausmachen und dass Ausreden sich in einer Reihe zentraler kultureller Praktiken und Einrichtungen niedergeschlagen haben.

Das Entscheidende an der Ausrede ist nicht, dass sie eine Täuschung ist. Entscheidend ist vielmehr, dass eine gute Ausrede Zweifel darüber aufkommen lässt, wer eigentlich Verantwortung für eine Tat zu übernehmen hat. Ausreden säen Zweifel, wo zuvor Gewissheit war, und liefern eine zweite Version, wo vorher alles klar schien. Eben hier, so die These dieses Buches, beginnt Narration: dort, wo es mehr als eine Version eines Sachverhalts gibt. Mit der Ausrede wird es notwendig, sich über Nuancen und Definitionen einig zu werden. Man muss die Intentionen der Handelnden verstehen, um über Fragen der Verantwortung nachdenken zu können. Doch diese Intentionen lassen sich nur in Bezug auf Kontexte ausmachen und also in variierenden Versionen und Beschreibungen bestimmen.

Die Befähigung zur Ausrede könnte in der Tat einen direkten Selektionsvorteil darstellen. Wer erwischt wird und eine gute Ausrede hat, kommt vielleicht davon. Wir werden später sehen, dass vielleicht bereits manche nichtmenschliche Affen durch ein ausredeähnliches Verhalten einen echten Selektionsvorteil erzielen können (Kapitel 2). Wenn ein rangniedrigeres Männchen einmal »verbotenerweise« mit einem Weibchen zum Zuge kommt und dabei vom Alphamännchen erwischt wird, so kann dies einerseits zu einer sehr empfindlichen Strafe führen und es andererseits zugleich zum Erzeuger von Nachfahren erheben. Sofern es sich vorab eine gute Ausrede zurechtgelegt hat oder positive Erfahrungen mit bestimmten Ablenkungsmanövern gemacht hat, erlaubt es sich

9 Der Gedanke ist alt, findet aber noch in den Arbeiten der Strukturalisten ein Echo, die die Nähe von mythischem und wissenschaftlichem Denken konstatieren; vgl. etwa Claude Lévi-Strauss, *Traurige Tropen*, Frankfurt am Main 1978 [1955].

vielleicht ein riskanteres Verhalten, weil es damit rechnet, davonzukommen – und dies gelingt möglicherweise auch. Wie wir sehen werden, dürfte der kognitive Druck, die Ausrede oder Ablenkung zu erkennen, dabei am stärksten auf dem Getäuschten und Betrogenen lasten.

2. Die Pyramide auf der Spitze

Wer ein Buch über die Ausrede in die Hand nimmt, könnte erwarten, dass dort ein Katalog möglicher Ausreden zu finden sei. In der Tat finden sich Ausreden und ihre Varianten in einer großen Anzahl von Kommunikationsformen, mittels derer sich jemand rechtfertigt. Es wäre auch durchaus interessant, eine empirische Untersuchung zur Verwendung von Ausreden anzustellen. Doch dabei ist natürlich vorab zu klären, was eigentlich eine Ausrede ausmacht. Wer sich von vorneherein nur auf die faulen Ausreden konzentriert, könnte leicht zu der Annahme gelangen, dass Ausreden eine Verirrung darstellen und sich für Witze eignen, aber eigentlich eher pathologisch als Symptom der Schwäche zu betrachten sind. Demgegenüber will dieses Buch einen weiter gefassten Begriff der Ausrede entwickeln. Der Ausgangspunkt dafür ist eine Situation, in der Ausreden regelmäßig entstehen: das Unter-Anklage-Stehen. Die Anklage ist dabei zwar nicht die einzige konkrete dialogische Situation, in der Ausreden erzeugt werden, jedoch ist es ein Wesensmerkmal von Ausreden, dass sie als Reaktion auf eine explizite oder implizite Anklage vorgetragen werden können.

Zu den Entgegnungen auf implizite Anklagen gehören etwa die Beschönigungen, mit denen man eigene Schwächen übertüncht. »Natürlich bin ich besser als der, denn er hat mit unfairen Mitteln gespielt« (dazu Kapitel 5). Der Einzelne fühlt den (anklageähnlichen) Druck, sich und seine Überlegenheit beweisen zu müssen. Genannt wurde bereits die Ausrede oder ausredeähnliche Rede, mit der man einen anderen vor einer ihm vermeintlich unangenehmen Wahrheit schützen will (»Liebe Stephanie … wir können dich nicht ins Team aufnehmen … eine ganz knappe Entscheidung … Am Ende haben wir eine Münze geworfen«). Man unterstellt anscheinend auch anderen, dass an ihnen der anklageähnliche Vorwurf nagt, sie seien nicht gut genug. Ein anderes Beispiel ist die vorweggenommene Anklage: Wenn Manager einer Firma eine Unternehmensberatung wie McKinsey hinzuziehen, kann dies auch die einfache Funktion haben, sich eine Ausrede für Kündigungen zu beschaffen, die sie selbst ungern zu verantworten hätten. Die Manager können ihre Hände in Unschuld waschen und entgehen auch noch den Selbstanklagen, denn sie haben die Ausrede für die Kündigung gekauft.

Um die Kultur der Ausrede in den Blick zu bekommen, verbindet dieses Buch die Frage der Ausrede entsprechend mit der dialogischen Situation, in der jemand auf eine Anklage antwortet. Bisweilen wird dabei die formalere Situation des Gerichts mit Anklage und Verteidigung oder aber die Alltagssituation von Vorwurf und Ausflucht zugrunde gelegt. Diese Verdichtung zu einer einzigen Situation hat eine doppelte Funktion. Zum einen soll aus der dialogischen Situation die Struktur der Ausrede erschlossen werden, zum anderen soll uns ebendiese Struktur helfen, spekulativ die kulturellen Auswirkungen der Ausrede zu entfalten. Mit anderen Worten: Es soll spekulativ eine Kultur errichtet werden, die sich von der Möglichkeit des Ausredenerzählens herleitet. Der zweite Punkt ist erklärungsbedürftig.

Versucht werden soll, ausgehend von der Struktur der Ausrede und ihrer Stellung in der kulturellen Evolution des Menschen (Kapitel 2) zu ermessen, welche Effekte Ausreden in menschlichen Praktiken hatten. Ausreden sind ein Ärgernis. Menschen können ihre Untaten leugnen und andere verwirren. Je besser die Ausrede, desto schwieriger wird es, zwischen sich widersprechenden Darstellungen eines Sachverhalts zu entscheiden. Dies mag bei ästhetischen Fragen eine Stärke sein (Kapitel 4), ist aber hochproblematisch, wenn es sich um sozial unverträgliche Situationen handelt. Ein Dieb oder Mörder wird, wenn er mit einer Ausrede davonkommt, eher angespornt, ähnliches Verhalten zu wiederholen. Es ist insofern zu erwarten, dass menschliche Kulturen eine Vielzahl von Techniken entwickelt haben, die positiven und negativen Effekte von Ausreden zu nutzen, zu verarbeiten oder zu entschärfen. Von diesen können wir annehmen, dass sie sich in zahlreichen Institutionalisierungen kristallisiert haben.

Manchem mag diese Ableitung der Kultur dreist erscheinen: Wird da nicht ein sehr wackeliger Turm auf einem einzigen Stein gebaut? Die moderne Kultur ist schließlich hochgradig komplex.

Die Ausrede kann nicht die einzige Kraft der Kultur gewesen sein. Doch das Erstaunliche ist vielleicht, wie viel man dennoch ausgehend von einer einzigen Struktur ableiten kann. Wie kommen wir also zu den Schlussfolgerungen über diese Praktiken und Institutionalisierungen?

Die einfache Antwort lautet: durch Spekulation. Die Spekulation wird in der Akademie gerne diskreditiert. Meist wird angenommen, dass Spekulation keine Disziplin habe. Trotzdem gibt es eine wichtige Funktion des spekulativen Denkens. Das spekulative Denken kann große Zusammenhänge aufzeigen. Doch dies kann es auf verschiedene Arten tun. Zu Recht verpönt ist dabei das assoziative Spinnen von Zusammenhängen und das Füllen von Lücken. Das Problem bei diesem Verfahren ist nicht einfach die mögliche Fehlerhaftigkeit, denn diese wird ja häufig freigiebig zugestanden. Das Problem ist vielmehr, dass es keine produktive Form der Kritik gibt, die aus den Ergebnissen dieses spekulativen Verfahrens selbst hervorgeht. Mithin bleibt diese Art der Spekulation ein Schuss in die Luft, der vielleicht mal trifft – wobei wir schon dies nicht wissen –, der aber späteren Schützen keine Orientierungshilfe liefert.

Der methodische Weg dieses Buches besteht stattdessen darin, ausgehend von einer einzigen Hypothese (also der vorgeschlagenen Struktur der Ausrede) die möglichen Effekte dieser Struktur schrittweise zu entwickeln. Der Vorzug dieses Verfahrens ist, hoffentlich, seine Nachvollziehbarkeit und damit natürlich auch Kritisierbarkeit. Das Unterfangen kann dabei auf drei Ebenen kritisiert werden. Erstens könnte es sein, dass schon die Ausgangshypothese falsch ist, dass also die Struktur der Ausrede schlecht bestimmt ist. Zweitens können sich in den schrittweisen Folgerungen der Effekte der Grundstruktur Fehler einschleichen. Und drittens können zwar die Grundhypothese und selbst die schrittweisen Folgerungen richtig sein, aber das Resultat kann dennoch falsch sein. Die untersuchte Institution – etwa die Verantwortung – könnte sich ja ganz anderen Entwicklungen verdanken, die mit der Ausrede wenig oder nichts zu tun haben. Statt sich also gegen Kritik abzuschotten, lädt dieses Verfahren zur Kritik ein.

Am einfachsten kann ich dieses Verfahren als das Bauen einer auf dem Kopf stehenden Pyramide beschreiben, um das Bild des auf einem Stein errichteten wackligen Turms aufzugreifen: Aufbauend auf ein Fundament werden Lage für Lage Steine auf das

Fundament gehäuft. Doch das Fundament dieser Pyramide ist ein einziger Stein, eine einzige Hypothese. Und so wird die Pyramide auf ihrer Spitze errichtet. Je fester die Spitze oder je dreister der Baumeister ist, desto höher kann die umgedrehte Pyramide gebaut werden und sich oben ins Weite verlieren.

3. Institution, Ich, Empathie und Narration

Das vorliegende Buch ist der Schlussstein eines Tryptichons von Büchern.[10] Die Kenntnis der anderen Bücher ist aber an keiner Stelle zum Verständnis der vorliegenden Überlegungen notwendig. Für sich allein kann dieses Buch zutreffend als Essay beziehungsweise als Versuch beschrieben werden. Insofern handelt es sich um eine Einzelstudie, deren Gedankengänge darauf angelegt sind, ohne Voraussetzungen verständlich und das heißt eben auch: kritisierbar zu sein.

Zugleich steht dieses Buch in einem größeren Zusammenhang von Thesen, die sich gegenseitig stützen. Zusammen genommen ergeben diese Thesen eine Kulturtheorie, die sich aus der Dynamik von Institutionalisierungen ergibt. Die Grundannahme besteht darin, dass Kultur dann vorliegt, wenn arbiträre Verhaltensformen wiederholbar werden. Wiederholbarkeit dieser Art ist etwa die Bedingung von Sprache, Ritualen, Gesetzen und sozialen Rollen wie »Mutter«. Der strukturelle Kern der Wiederholbarkeit kann dabei am besten durch das Wechselspiel von allgemeinem Begriff und Einzelhandlung beschrieben werden (statt Begriff kann man hier auch von »Norm« oder von »Diskurs« sprechen[11]). Eine Institutionalisierung liegt dann vor, wenn ein allgemeiner Begriff eine Perspektive der Beobachtung bereitstellt, von der aus eine Handlung (im Folgenden kurz als »Akt« bezeichnet) als wiederholbar erscheint beziehungsweise zwei unterschiedliche Akte als gleichwertig erscheinen. Auf diese Art und Weise beobachten Gesetze unter

10 Fritz Breithaupt, *Der Ich-Effekt des Geldes. Zur Geschichte einer Legitimationsfigur*, Frankfurt am Main 2008; und Fritz Breithaupt, *Kulturen der Empathie*, Frankfurt am Main 2009.

11 Auch wenn das Vokabular hier anders ist, stehen die meisten dieser Thesen nicht im Widerspruch zu den Gedanken von Michel Foucault, räumen aber dem Einzelnen und seiner Ausrede mehr kreatives Potenzial ein.

dem Begriff des Rechts das Verhalten der Menschen und strafen verschiedene Akte gleichermaßen, da sie vor dem Gesetz gleichwertig erscheinen. Auch traditionelle Institutionen wie etwa die Schule sollen gewährleisten, dass ihre Schüler Wissens- und Fertigkeitsakte unter dem Begriff der Perfektion messbar reproduzieren können. Allgemeine Begriffe dieser Art können etwa Gott, Gerechtigkeit, Exzellenz, Nation, Freiheit, Kunst, Spaß, Ich, Liebe oder Jugend sein. Auch die genannten sozialen Rollen gehören dazu.

Einerseits subsumieren die Begriffe dabei die Handlungen und reduzieren sie zu bloßen Beispielen des Begriffes. Andererseits entstehen die Begriffe erst ausgehend von den einzelnen Akten, die sozusagen nach einer Begründung schreien und einen allgemeinen Rahmen einfordern, innerhalb dessen sie Sinn ergeben. Das Verhältnis von Begriff und menschlichem Akt ist insofern ein doppeltes. Einerseits determiniert der Begriff das Verhalten vollständig, andererseits erzeugt erst der Akt die Vorstellung von einem Begriff. Dieses sich wechselseitige Bedingen von Begriff und Einzelhandlung kann als Institutionalisierungszyklus dargestellt werden.[12] Die Individuen richten ihre Praktiken auf die Begriffe aus, die ihnen Sinn verleihen. Umgekehrt begründen erst die Praktiken ihrerseits die allgemeinen Begriffe; jede einzelne Handlung schafft einen Raum möglicher begrifflicher Erklärungen, ohne diesen Raum aber zu beherrschen.[13] Begriff und Einzelhandlungen kommen dabei in ein Verhältnis der gegenseitigen Stabilisierung beziehungsweise Destabilisierung, da jeder einzelne Akt auch alternative Begriffe aufrufen kann.

So zumindest kann der Prozess aus der Perspektive der Institution beschrieben werden, die sich in diesem wechselseitigen Bedingen konsolidiert. Doch aus der Perspektive eines Individuums stellt sich das Ganze anders dar. Die Begriffe setzen den Einzelnen unter Druck, sich auf sie auszurichten. Jedem Begriff ist dabei eine absolute Forderung eigen, sich ihm entsprechend zu verhalten (denn ohne diese Forderung existiert der Begriff nicht; er ist ja diese Forderung). Verschärft wird diese Forderung noch durch ihre Unklarheit, denn dem Begriff wohnt weder eine Definition noch

12 Vgl. ausführlicher Fritz Breithaupt, *Der Ich-Effekt des Geldes*, S. 23-35.

13 Vgl. zur Figur der Wiederholbarkeit sowie der Produktivität der Einzelhandlung, sich den gegebenen Kontexten zu entziehen, Jacques Derrida, *Limited Inc*, Wien 2001.

Anweisung inne. Wer weiß schon, was Gott und Gerechtigkeit sind, was es heißt, ein guter »Vater« zu sein, oder wie man wirklich »Spaß« hat. Jedem Begriff haftet insofern die Unmöglichkeit der adäquaten Umsetzung der Forderung an. Da man dem Begriff also gar nicht einfach entsprechen kann beziehungsweise nicht weiß, was dies hieße, muss der Einzelne festlegen, was ihm als eine Entsprechung erscheint.

In diesem Bereich zwischen Begriff und einzelner Handlung, zwischen dem Einzelnen und den an ihn gestellten begrifflichen Forderungen, vermittelt die Narration. Narrationen stellen Modelle der Entsprechung bereit, so wie die Legende den Gläubigen aufzeigt, wie man Gottesfurcht leben kann. Zugleich entschärfen diese narrativen Modelle die im Begriff aufbewahrte Forderung und nehmen ihr in der schrittweisen Umsetzung die Spitze. Die Narration nistet sich an der Stelle des Begriffs ein und operiert insofern als Ersatzbegründung. Anstelle des Begriffs wird eine spezifische Verhaltensabfolge wiederholbar, die sich den Anschein gibt, dem Begriff zu entsprechen. Mit anderen Worten: diese Narrationen sind Ausreden, die die Forderung des Begriffs ausmanövrieren, indem sie sich den Anschein geben, ihm zu entsprechen.[14]

Die Beschäftigung mit diesen Institutionalisierungen von Kultur durch Ausredennarrationen hat sich in zwei Studien niedergeschlagen, die sowohl die stabilisierenden als auch destabilisierenden Aspekte von Narration beleuchten.

Der Ich-Effekt des Geldes legt eine Fallstudie zur Geschichte einer Institutionalisierung vor, in der Narrationen stabilisierend wirken. Im deutschsprachigen Raum wird Ende des achtzehnten Jahrhunderts eine Form von Individualität erfunden, die den Einzelnen unter Druck setzt, sich als Individuum, als »Ich«, zu zeigen und zu beweisen. Mit anderen Worten, das Ich soll institutionalisiert werden. Dieses Gebot zur Ich-Findung trifft jeden Einzelnen, zunächst vor allem Männer, und jeder muss auf diese Forderung reagieren. Doch da ungewiss ist, wie das geht und was das Ich ist, werden Strategien gesucht, um der Schärfe der Forderung nach dem Ich auszuweichen und gleichzeitig eine Form von Individualität zu erfinden, die dem Wort »Ich« gerecht werden könnte. Gesucht werden mithin Narrationen, mit denen der Einzelne diesen Forderun-

14 Diese allgemeine Frage der Rolle von Narration in Institutionalisierungszyklen wird in Kapitel 5, Abschnitt 1 wieder aufgenommen.

gen entgegentreten kann, um ihnen zu genügen und sie gleichzeitig zu umgehen. Einer dieser narrativen Ich-Vermeidungsstrategien ist das Buch gewidmet, nämlich dem Ich-Beweis durch Eigentum und Geld vom achtzehnten Jahrhundert bis zur Gegenwart. Eine andere besteht in dem Beweis des Ichs durch Kunst.[15] Einige der Thesen dieses Buches werden im fünften Kapitel des vorliegenden Buches kurz aufgenommen.

Das zweite Buch *Kulturen der Empathie* beginnt weder mit der Frage der Institutionalisierung noch mit der der Narration, stößt aber im Verlauf der Untersuchung auf sie. Empathie wird meist als der Prozess verstanden, mittels dessen ein Beobachter einen anderen »versteht«, indem er seine Gefühle oder Gedanken aus seiner Situation ableitet oder direkt seine Gefühle und Eindrücke simuliert und mitempfindet. Die meisten Modelle der Empathie konzentrieren sich dabei einzig auf die neuronalen Mechanismen der mimetischen Aneignung, genauen Beobachtung und Adaption und das Übertragen der Gefühle und Gedanken von einem auf den anderen. *Kulturen der Empathie* versucht dagegen zu zeigen, dass Prozesse der Institutionalisierung und mithin der Kultur auch für kognitive Fähigkeiten des Menschen Geltung haben. Gerade weil Menschen derartig empathiefähig sind und im Vergleich zu Tieren als hyperempathisch gelten können,[16] ist die Ausgangsannahme, dass Menschen individuell und kollektiv Mechanismen schaffen, um Empathie zu kontrollieren, zu steuern und also auch zu blockieren. Nicht jeder Bettler nötigt uns Mitgefühl ab, und einem Verbrecher gegenüber empfinden wir wohl häufig weniger Mitleid, da wir uns sagen, er habe ja selber Schuld an seiner Strafe. Die Fähigkeit, Empathie zu blockieren, ist alleine schon deshalb nötig, um den Selbstverlust zu verhindern, da Empathie eine zumindest momentane Aufgabe der eigenen Perspektive beinhaltet. Die darauf aufbauende Annahme lautet, dass Empathie meist nur dann zugelassen wird, wenn diese Blockademechanismen umgangen, ausgehebelt oder durchbrochen werden.

15 Niklas Luhmann, »Individuum, Individualität, Individualismus«, in: Ders., *Gesellschaftsstruktur und Semantik. Studien zur Wissenssoziologie der modernen Gesellschaft* 3, Frankfurt am Main 1989, S. 149-258.

16 Tomasello charakterisiert den Menschen in diesem Sinne auch als das Tier mit Empathie, vgl. Michael Tomasello, *Die kulturelle Entwicklung des menschlichen Denkens*, Frankfurt am Main 2002.

Das Buch identifiziert zwei Mechanismen, wie dies geschehen kann: Narration und Parteinahme in Dreierszenen. Einfach gesagt: Wenn wir beginnen, uns das Schicksal eines anderen als kleine Geschichte zu erzählen oder vorzustellen, zumal wenn wir in einem Konflikt seine Partei ergreifen, beginnen wir, selbst wider Willen, Empathie zu entwickeln. Die primäre Institution der eigenen Identität wird dabei kurzfristig verlassen, um im anderen eine Identität aufzubauen. Dabei erklärt, kontextualisiert und entschuldigt der Beobachter die Tat des anderen und schafft in diesem Sinne eine »Ausrede« für sein Tun. Ebendiese narrative Individualisierung des anderen macht ihn nicht nur zugänglich für das empathische Verständnis des Beobachters, sondern in der Regel auch zum Sympathieträger.

Ausredenartige Narrationen stellen also in beiden Studien das produktive Element dar, welches die Institution konsolidiert oder unterläuft. In *Ich-Effekt des Geldes* sind es Narrationen, die dem Einzelnen erlauben, auf den Ich-Zwang zu reagieren und die Vorstellung des Ich zu verteidigen, auch wenn man seinem Anspruch einmal nicht genügt (siehe Kapitel 5). In *Kulturen der Empathie* liefern Narrationen Ausreden für den anderen und ermöglichen dabei Empathie (Kapitel 6).

4. Gebrauchsanweisung

Die Zeit rennt uns allen davon, und auch bei diesem Buch kann man sich eine Bresche schlagen, indem man manches überspringt. Dem eiligen Leser wird empfohlen, folgende Abschnitte zur Kenntnis zu nehmen:

Einleitung, Abschnitt 1 (These)
Kapitel 1, Abschnitt 1-4 (Narrationstheorie)
Kapitel 3, Abschnitt 6 (zum Gewissen)
Kapitel 6 (Empathie)

In den meisten Kapiteln wird als roter Faden des Buches auf die Geschichte von Adam und Eva referiert (etwa: Kapitel 1, Abschnitt 2; Kapitel 3, Abschnitt 8). Auch die Diskussion der Ausrede als eines kontexterzeugenden Aktes wird in mehreren Phasen entwickelt (vor allem: Kapitel 1, Abschnitt 3; Kapitel 2, Abschnitt 7; Kapitel 3, Abschnitt 8). Schließlich findet sich eine schrittweise Darstellung des Ich-Begriffs in Korrelation zu Fragen der Narration (Kapitel 1, Abschnitt 7; Kapitel 3, Abschnitt 6-7; Kapitel 5). Ansonsten kann den Lesern geraten werden, sich auf die Kapitel zu konzentrieren, deren Themen sie ansprechen. Kapitel 3-6 stehen parallel und müssen nicht nacheinander gelesen werden. Kapitel 2 liefert eine evolutionsbiologische Spekulation zum Ursprung der Erzählfähigkeit. Nur die ersten Abschnitte des ersten Kapitels stellen das Fundament dar, die dünne Spitze, auf dem alle späteren Argumentationen aufbauen.

Kapitel 1
Die Geburt der Narration aus dem Sprechakt der Ausrede
Eine Erzähltheorie

1. Die Anklage

So beginnt es: einer erwischt einen anderen bei einer unerwünschten oder ausdrücklich verbotenen Tat, vielleicht in flagranti, vielleicht im Nachhinein anhand von Indizien. Aus irgendeinem Grund schreitet er nicht sofort zur Bestrafung, sondern artikuliert eine Anklage. Vielleicht will er durch seine Anklage Dritten erklären, warum er strafen will. Vielleicht ist der Angeklagte stärker als der Kläger, und er muss sich den Beistand zur Bestrafung sichern. Vielleicht ist der Angeklagte in der Lage zu fliehen, und der Ankläger will, dass andere die Flucht verhindern. Vielleicht will er auch eine Entschuldigung oder andere Art der Wiedergutmachung. Auf jeden Fall eröffnet die verbale Anklage die Szene.

Die Anklage liefert die *Master Story*, den zunächst einzig gültigen Bericht der relevanten Vorgänge, den Bericht, den sie für gültig erklärt, die Version der Geschehnisse, die rechtlich bedeutsam ist. Die Anklage schildert, wie es wirklich war. So zumindest will es der Ankläger. Selbst wenn er eine falsche Beschuldigung erhebt, behauptet er, dass seine Sprache mimetisch verfährt und Wirklichkeit abbildet. Es stört den Ankläger dabei nicht, dass an den Akademien heutzutage nur noch selten Sprachtheorien verhandelt werden, die von einem »mimetischen« oder »abbildenden« Verhältnis von Sprache und Wirklichkeit sprechen. Die Einwände sind alt. Bereits Platon hat im *Sophistes* auf die Paradoxien hingewiesen, die sich aus der Annahme einer schlicht abbildenden Sprache ergeben.[1] Nur in sprachevolutionären Theorien ist von einer mimetischen Protosprache die Rede.[2] Dennoch maßt sich die Anklage an, dass ihr Bericht die Dinge schlicht benennt, wie sie sind.

Natürlich gilt dies nicht für jede Anklage. Ankläger wissen häufig sehr wohl, dass es eine andere Sicht der Dinge gibt. Doch die

1 Siehe dazu Martin Heidegger, *Platon: Sophistes*, Frankfurt am Main 1992.

2 Zur Übersicht W. Tecumseh Fitch, *The Evolution of Language*.

Idealform der Anklage, um die es hier zunächst geht, besteht auf dem Wahrheitsmonopol. Das Ideal der Anklage ist die wahre Rede, denn von der Wahrheit leitet sie die Notwendigkeit von Strafe oder Wiedergutmachung ab.

Bei der Story der Anklage handelt es sich auch deshalb um eine *Master Story*, weil der Ankläger durch seine Sprache ermächtigt wird. Er spricht mit der Macht und Souveränität des Herrschenden, des *Masters*. Insofern ist die *Master Story* zugleich ein Bericht, der den Sachverhalt meisterlich darstellt, und eine Rede, die die Autorität des *Masters* sichert.[3] Ein derartig Herrschender könnte auch eine falsche Anklage erheben oder ein Gesetz erfinden, nur um eine Anklage erheben zu können, um dadurch die empirische Welt nach seinem Gutdünken zu strukturieren. In ihrer Grundform richtet sich die angeprangerte Untat gegen die Autorität des *Masters*, des Alphamännchens. In ihrer abgeleiteten Form handelt es sich um den Bruch einer Norm, als deren Wächter der Ankläger nun auftritt. Indem der Ankläger sich zum Wächter erhebt, macht er die Norm zu *seiner* Norm und das Gesetz zu *seinem* Gesetz. Daher verdankt er seine Autorität der Autorität von Norm und Gesetz. In jedem Fall befindet sich der Ankläger auf der Seite der Autorität, spricht mit Autorität, befestigt seine Autorität und bindet diese an die Authentizität des »So war es und nicht anders«, denn indem er die Anklage erhebt und die Bestrafung einleitet, erscheint er selbst als der Hüter des Gesetzes und der Ordnung.[4]

Trotzdem ermöglicht die Anklage auch andere Protokolle als die der Strafe. Die Anklage kann die Strafe aufschieben, sofern eine solche zu erwarten ist. Dadurch wird es möglich, die Einheit der Untat, des Ergreifens des Täters, der Verhandlungen über die Strafe und der Strafe selbst aufzubrechen. Dieses Auseinanderfallen der Einheit verschafft Aufschub. Und Aufschub bedeutet, dass es Möglichkeiten zum Ausgleich geben kann. Die Schuld kann dann

3 Eine ähnliche Doppelstruktur hat Jacques Derrida beschrieben, wenn er das Archiv sowohl als Verwaltung des Vergangenen wie als Herrschaft über die Vergangenheit beschreibt. Siehe Jacques Derrida, *Dem Archiv verschrieben: Eine Freudsche Impression*, Berlin 1997.

4 Die Doppelung von Abbildung und Autorität teilt die Anklage mit dem Namen, denn auch der Name bezeichnet und stellt eine übersprachliche Hoheit sicher, wie Walter Benjamin zu denken gibt; vgl. Thomas Schestag, *Parerga. Friedrich Hölderlin, Carl Schmitt, Franz Kafka, Platon, Friedrich Schleiermacher, Walter Benjamin, Jacques Derrida: Zur literarischen Hermeneutik*, München 1991.

statt durch eine Strafe auch durch Wiedergutmachung, Bezahlung, Gabe, Vertrag oder Entschuldigung beglichen werden. Das Aufbrechen dieser Einheit ist bereits an sich eine große kognitive Leistung. Die Wut muss »vertagt« werden können. Der Ankläger zeigt sich unter welchem Druck auch immer bereit, seine Wut kurzzeitig zu mindern, um ihren Gegenstand zunächst verbal zu verhandeln. Eine solche Transformation einer primären Erregung in ein verwaltetes Gefühl setzt die Zuversicht des Wütenden voraus, dass er später noch seine Wut ausleben darf, dass die Wut noch zu ihrem Recht kommen wird. Dies wiederum impliziert, dass die Wut erinnert, aufbewahrt und vielleicht auch in symbolischen Zeichen kommuniziert werden kann. Mit der Aufbewahrung gibt es die Möglichkeit der Reaktivierung des Aufbewahrten. Die Wut kann wieder gegenwärtig werden. Zudem verspricht die Kommunikation durch symbolische Zeichen, dass andere nicht nur die rechtliche Frage, sondern auch die Tiefe der Wut oder des Schmerzes einsehen können.

Sind Menschen besonders gut im Aufschieben? Wahrscheinlich nicht. In kognitiven Tests haben sich manche Affen als möglicherweise geduldiger als Menschen erwiesen.[5] Insofern ist es eine erstaunliche Leistung, den vollen Ausdruck einer Erregung wie der Wut zu verzögern. Dies ist wohl nur möglich, weil die Menschen Techniken entwickelt haben, die Wut im Zustand der Latenz präsent zu halten, um ihr später noch den vollen Ausdruck zu gewähren. Für viele Menschenaffen dagegen ist die wütende Reaktion auf eine von ihnen nicht geduldete Tat (etwa die Kopulation eines tieferstehenden Männchens mit einem Weibchen) nur möglich, wenn sie unmittelbar auf die Szene reagieren können. Befindet sich das Alphamännchen aber in einem Käfig und muss eine derartige »Untat« beobachten oder wird, sofort nachdem der Täter ertappt wurde, von diesem getrennt, kommt es nicht mehr zu einer Strafe (was nicht heißt, die Untat wäre schlicht vergessen). Die menschliche Technik des Aufbrechens der Einheit von Anklage und Strafe erlaubt also ein zeitliches Fortwirken der Tat, da die Strafe zu einem späteren Zeitpunkt stattfinden kann. Die Artikulation der Anklage

5 Einen Überblick zu Fragen der Verzögerung von Belohnung und Strafe bei Affen liefern Jeffrey R. Stevens und Marc D. Hauser, »Social Interaction Effects on Reward and Cognitive Abilities in Monkeys«, in: *Encyclopedia of Neuroscience* 9 (2009), S. 45-58.

ermöglicht (beinhaltet aber noch nicht notwendigerweise) das Reglement einer Strafe, denn sonst hätte der Anklagende wohl nicht die Gewissheit, dass er sich durch die Artikulation nicht der Strafe beraubt. Der Ankläger ist gewiss, dass die Strafe später kommen wird oder zumindest kommen könnte. Dafür sorgt diese minimale Institution, das erste Gericht, der Verknüpfung von Anklage und aufgeschobener Strafe. Der erste Akt dieses Gerichts ist die sprachliche Kodifizierung von Realität.

Die minimale Form der Anklage beinhaltet mithin vier Elemente:

1. Die verbale Abbildung der *Fakten* der Handlungen, die bestimmte Resultate hervorgerufen haben (oder zumindest darauf gerichtet waren, diese hervorzurufen). »Dies ist, was jemand getan hat« (im Falle der Unterlassung: »was jemand nicht getan hat«).
2. Das Vorliegen einer »Untat«, also ein *Gesetzesbruch*, das Verletzen einer Norm oder das Zuwiderhandeln gegen eine Autorität.
3. Das *Fingerzeigen* oder die Adressierung der Anklage durch einen Index:[6] Ich decke auf, dass dieser da die verbotene Handlung ausgeführt hat.
4. Das *symbolische Fortwirken* der Tat, so dass die Strafe auch zu einem späteren Zeitpunkt erfolgen kann, ohne dass sie dadurch bereits massiv gemildert würde.

All dies zeigt, dass wir mit der Anklage ein komplexes soziales Feld betreten, welches vier soziale Aspekte miteinander verzahnt: (1) menschliche Handlung (was ist eine menschliche Handlung und was ist Zufall?), (2) normative Steuerung (was darf man tun und was nicht?), (3) öffentliche Rede (was sind die Voraussetzungen für ein öffentliches, also kollektives Bestrafen? Wer kann und wie kann er die Rede an das Kollektiv richten?) und (4) kollektives Gedächtnis (wie kann die jetzige Wut auch später ihren Ausdruck finden?). Mit der Anklage kann aus der Emotion der Wut eine Handlung werden, die das Kollektiv als Zeuge und Jury aufruft. Dennoch bewegt sich die Rede der Anklage in ihrer hier unterstellten Idealform

6 Zum Index vgl. Benjamin Robinson, »Was leistet ein Index?«, in: Georg Mein, Stefan Börnchen (Hg.), *Ich habe Dich bei Deinem Namen gerufen*, München (im Druck).

noch in einem mimetischen Verhältnis zum dargestellten Vorgang. In sprachlicher Hinsicht liefert die Anklage ihrem Selbstverständnis nach die *eine und einzig richtige* Darstellung des relevanten Vorgangs. Es ist eine Rede, die sich selbst gegenüber dem Sachverhalt für überflüssig erklärt. Sie liefert den Zeugen des Ereignisses nichts, was ihnen nicht bereits bekannt wäre. Die Rede der Anklage wäre daher auch überflüssig, wenn alle Zeugen der Tat wären. Die Rede der Anklage behauptet, monolithisch die relevanten Verhältnisse abzubilden; sie behauptet damit zugleich, die einzige gültige, akkurate Darstellung der Verhältnisse zu sein. Sollte in ihr eine Auslassung oder ein Fehler enthalten sein, so sind diese schlicht durch eine Ergänzung oder Korrektur zu beheben. Die sprachlichen Ausdrücke sind rein sekundär gegenüber dem geschilderten Hergang. Der einzige Zweck der Anklage ist institutionell, insofern die Anklage die Verbreitung, Übertragung und Speicherung der Informationen bewirkt und damit die Strafmechanik in Gang setzt.

Heutzutage sind wir es gewohnt, dass nach der Anklage die Verteidigung zu Wort kommt. Wir hören die Anklage also ausgehend von dem Erwartungshorizont des gesamten rechtlichen Theaters. Wir erwarten, dass die Anklage bestenfalls eine Version der Verhältnisse darstellt, die aber keineswegs autoritär die empirischen Fakten kommandiert und vor allem keineswegs einen direkten Schluss auf Verantwortung und Strafe zulässt. Doch diese moderne Erwartung einer Verteidigungsrede liegt nicht in der Anklage begründet, sondern verdankt sich einer jahrtausendelangen Ausdifferenzierung des dreigliedrigen Gerichtswesens mit Richter, Staatsanwalt und Verteidigung. Der Ursprung der Anklage impliziert aber keineswegs die Verteidigung.[7] Man erinnere sich auch daran, dass der Angeklagte in vielen archaischen und vormodernen Gerichten nicht zu Wort kommt. Für sich alleine will die Rede der Anklage nicht das Feld einer Untersuchung auftun, sondern den Fall zu einem sofortigen Ende bringen. Die Anklage muss dabei nicht einmal an

7 Zur Geschichte der Verteidigung und Fürsprache vgl. Rüdiger Campe, »Synegoria und Advokatur. Entwurf einer kritischen Geschichte der Fürsprache«, in: Claudia Breger, Fritz Breithaupt (Hg.), *Empathie und Erzählung*, Freiburg 2010, S. 53-82. Campe diskutiert, wie die Verhandlungen im griechischen Gericht einen Dritten involvierten, der Fürsprache für den Angeklagten hielt. Erst in römischen Zeiten wurden die Verhandlungen zu einer Zweierbeziehung von Anklage und Verteidigung reduziert.

eine richtende Instanz appellieren, da sie selbst direkt die Aufforderung zur Strafe enthält. An sich steht die Anklage dem Fluch oder Bann näher, die bereits die Strafe beinhalten und aus denen die Anklage historisch vermutlich hervorging.[8]

2. Die Ausrede

Doch mit der Anklagerede, eben weil es eine Rede ist, wird anderes möglich. Die Rede der Anklage schafft Raum für die Entgegnung des Beschuldigten. Gewissermaßen ist diese Möglichkeit der Entgegnung der Preis dafür, dass man auch noch später als in unmittelbarer Tatnähe strafen kann. Solange der Beschuldigte der Anklage recht gibt oder sie für sachlich falsch erklärt, bewegt er sich in der Welt der mimetischen Namenssprache. Doch es passiert etwas gänzlich anderes, wenn er eine Ausrede als Antwort gibt.

Was leistet die Ausrede? Sie legitimiert nicht die Tat an sich, sondern liefert eine Gegenversion der Geschehnisse, die sich in einem entscheidenden Punkt von der der Anklage unterscheidet, nämlich dem Punkt, wer hier Rede und Antwort für das Vergehen stehen muss, wer also »Verantwortung« zu übernehmen hat, wie es erst seit wenigen Jahrhunderten heißt. Dabei geschieht etwas Neues. Plötzlich stehen sich zwei Versionen des gleichen Sachverhalts gegenüber. Es gibt eine Version der Anklage und eine Version der Ausrede. In der Diskrepanz zwischen beiden geht es nicht unbedingt um die Fakten und tatsächlichen Handlungen, die ausgeführt wurden, also den objektiven Sachverhalt. Vielmehr verändert sich die gesamte Landschaft der Untersuchung von einer Verhandlung über die empirischen Fakten (den Sachverhalt) zu einer Diskussion über die verbale Konstruktion von Akten, Sprechakten und sprachlichen Nuancen sowie um Wahrscheinlichkeiten und Verantwortungsstrukturen. Es geht um Interpretation. Und wo Interpretation ist, dort ist auch eine Vielzahl an Erklärungen möglich. Adam bestreitet keineswegs den Anklagepunkt, vom Baum der Erkenntnis gegessen zu haben. Aber er bestreitet seine Schuld.

8 Vgl. Björn Quiring, *Shakespeares Fluch. Die Aporien ritueller Exklusion im Königsdrama der englischen Renaissance*, München 2009.

Vnd Gott der HERR rieff Adam / vnd sprach zu jm / Wo bistu? Vnd er sprach / Jch hörete deine stimme im Garten / vnd furchte mich / Denn ich bin nacket / darumb verstecket ich mich. Vnd er sprach / Wer hat dirs gesagt / das du nacket bist? Hastu nicht gessen von dem Bawm / da von ich dir gebot / Du soltest nicht da von essen? Da sprach Adam / Das Weib / das du mir zugesellet hast / gab mir von dem Bawm / vnd ich ass. Da sprach Gott der HERR zum Weibe / warumb hastu das gethan? Das Weib sprach / Die Schlange betrog mich also / das ich ass.[9]

Was in den Versionen der Anklage und der Ausrede verschieden artikuliert wird, ist, wer die Tat zu verantworten hat. Und die Antwort auf diese Frage geht nicht allein aus den empirischen Fakten (dem Sachverhalt) hervor, da nun mehr verhandelt wird als nur die Frage, wer der Akteur der physischen Handlung war. Adams Rede bestreitet nicht die Handlung, sondern die Frage der Initiative, »Ja, ich habe es getan, aber ich wurde dazu von einem anderen überredet, von einer anderen, um genauer zu sein. Ich habe also eigentlich nicht aus freiem Willen gehandelt und es ist daher auch nicht meine Schuld.« Evas Überredung hat Adam hineingeritten, und nun will er seinen Kopf aus der Schlinge ziehen, indem er seinerseits Gott überredet, ihn für schuldfrei zu erklären oder ihm zumindest mildernde Umstände einzuräumen.

Was also genau ist eine Ausrede?

Es gibt zwei Typen von Ausreden. Zum einen gibt es die Form der obigen adamitischen Ausrede, in der die Tatsachen der *Master Story* der Anklage nicht bestritten werden, aber sich etwa mittels eines kleinen Zusatzes (»Eva hat es mir eingeflüstert«) die Fragen von Täterschaft, Verantwortung und Schuld verschieben. Dies muss nicht unbedingt heißen, dass einem anderen Lebewesen die Schuld zugeschoben wird. Man denke nur an: »Ich bin spät, weil der Fahrstuhl steckengeblieben ist.« Zum anderen gibt es die Ausrede, die den Sachverhalt bestreitet: »Mama, ich habe gerade nicht mit meinem Freund geschlafen. Wir haben im Bett Tierstimmen nachgemacht.«

Beide Fälle werden als Ausreden bezeichnet, weil sie als Reden darauf zielen, dem adressierten Beschuldigten die Verantwortung abzusprechen, sei es, indem sie leugnen, dass der Handelnde die Kontrolle über die Tat hatte, sei es, indem sie die Tat an sich be-

9 Martin Luther, *Die gantze Heilige Schrifft*, S. 29 (Genesis 3,9-13).

streiten. Zugleich unterscheiden sich beide Typen von Ausreden in der Art und Weise, wie die Anklage verunsichert wird. Die adamitische Ausrede bestreitet weder die Tat noch die Fakten, sondern ergänzt zu dem Bericht der *Master Story* einige Elemente, so dass sich das Gesamtbild der Tatsachen verändert. Die zweite Ausrede des Typus »Es war anders« verneint dagegen die Ausübung der Tat und liefert eine andere, den vom Ankläger beobachteten Fakten durchaus korrespondierende Erklärung dessen, was passiert ist. Die erwischte Tochter etwa folgert, dass ihre Mutter drei Informationen hat. Erstens waren Freund und Freundin allein, zweitens sind sie im Bett und drittens haben sie »Geräusche« produziert. Während die Schlussfolgerung der Mutter naheliegend war, kontert die Tochter damit, dass die Geräusche eben »Tierstimmen« waren und dass es sich um ein (Kinder-)Spiel von zwei Freunden handelte und keineswegs um ein Liebesspiel. (Warum das Ganze im Bett stattfinden musste, wird fadenscheinigerweise unterschlagen.)

Der zweite Typus der »Es-war-anders«-Ausrede deckt dabei den Denkprozess auf, der durchaus auch den Kern der adamitischen Ausrede ausmacht: Wie können die beobachteten Fakten anders als anklagend gedeutet werden? Hier zeigt sich nun die Nähe und Ferne zwischen beiden Typen. Verschieden sind sie, da der erste Typus die Täterschaft des Aktes bejaht (ja, ich habe den Apfel gegessen), der zweite den Akt als solches verneint (nein, wir hatten keinen Sex). Insofern beinhaltet der zweite Typus der »Es-war-anders«-Ausrede eine Lüge, die der erste vermeidet (aber durchaus auch beinhalten kann; vielleicht hat Eva ja doch etwas anderes gesagt). Der erste Typus der adamitischen Ausrede ergänzt stattdessen Umstände, die den Akt als Ganzes in anderem Licht erscheinen lassen und legitimieren. Der zweite Typus der »Es-war-anders«-Ausrede hält den Akt für illegitim und verneint die Tatsache, dass der Akt überhaupt stattgefunden hat.

Die Differenz beider verschwimmt aber, wenn man sich den kreativen Akt des Angeklagten vor Augen führt. Adam versteht, was Gott sieht (ein verbotener Apfel wurde gegessen), und sucht nach den Umständen, unter denen dieses Faktum nicht zu einem abschließenden Urteil über ihn führt. Ebenso versucht die Tochter zwischen den von der Mutter beobachteten Fakten und der durchaus naheliegenden Interpretation zu unterscheiden, um eine andere, ebenfalls plausible oder zumindest mögliche Interpretation zu stricken. Dies ist der kreative Kern der Ausrede beider Typen: der Sprecher kreiert oder betont Umstände und Kontexte, die die Schuldvorwürfe der Anklage mildern oder aufheben, so dass der Angeklagte in einem günstigeren Licht erscheint.

Ebendieser kontextgenerierende Akt kennzeichnet die Ausrede als Ganzes. Trotz der offensichtlichen Differenzen zwischen den beiden Typen der adamitischen Ausrede und der »Es-war-anders«-Ausrede werde ich daher im Folgenden beide berücksichtigen und gemäß dem deutschen Sprachgebrauch als Ausrede bezeichnen. Beiden Ausredetypen ist zudem gemeinsam, dass sie eine zweite Version liefern, die einem Vorwurf widerspricht. Beide verbreiten Unklarheit darüber, wer hier was zu verantworten hat. Aussage steht gegen Aussage, eine Version gegen die andere. Erst ex post, mit dem Urteilsspruch, wird wieder unterschieden. Im Falle der adamitischen Ausrede wird die Ausrede entweder als irrelevanter Kontext abgeschmettert oder zu einer neuen Fassung der Tat verdichtet, die den Angeklagten als Angestifteten entschuldigt oder freispricht. Im Falle der Ausrede des Typus »Es-war-anders« wird diese ex post entweder als Lüge, Wahrheit oder mögliche Wahrheit (*in dubio pro reo*) eingestuft. In jedem Fall herrscht wieder Klarheit. Doch in der Situation *vor* dem Urteil und *vor* der Entscheidung stellen beide Typen der Ausrede eine Herausforderung dar.

Ebendiese Position *vor* der Entscheidung will dieses Buch festhalten und zum Ausgang der Untersuchung wählen. Hier können nun auch Aussagen über die kognitiven Voraussetzungen zur Fähigkeit des Ausreden-Machens erörtert werden. Zwei Voraussetzungen sind dabei von zentraler Wichtigkeit. Zum einen muss der Erfinder einer Ausrede über die Fähigkeit verfügen, die Welt von außen zu sehen. Er muss wissen, wie sich die Welt aus der Sicht eines Dritten (des Anklägers, des Richters, der Zeugen, der Öffentlichkeit usw.) darstellt. Die schlaue Tochter muss empathisch verstehen, was die indiskrete Mutter gesehen hat, die unangemeldet in ihr Zimmer tritt oder lauscht, bevor sie eine neue Version erfinden kann. Diese Fähigkeit ist die so genannte *Theory of Mind*, da man eine rudimentäre »Theorie« über das Wissen und Befinden eines anderen haben muss (vgl. dazu Kapitel 6).[10] Zum anderen muss der Ausreden-

10 Der Begriff »Theory of Mind« stammt von David G. Premack und Guy Woodruff, »Does the Chimpanzee have a Theory of Mind?«, in: *Behavioral and Brain*

erfinder eine linguistisch konzipierte Vorstellung von Wirklichkeit haben, in der ein und derselbe Sachverhalt verschieden dargestellt werden kann (dazu im Folgenden).

Die Welt der Ausrede (beider Typen) ist die Welt der Versionen. Wer eine Anklage mittels einer Ausrede entkräften will, muss die Details und Aspekte eines Sachverhalts mobilisieren, die eine andere Version als die der *Master Story* nahelegen. Die *Master Story*, so will es die Anklage, ist immer offensichtlich, da sie ja behauptet, die Fakten als Fakten abzubilden und den Sachverhalt als reinen Sachverhalt zu liefern. Entsprechend braucht die Ausrede ein feineres Kalkül, um Zweifel an der Rede der Anklage zu schüren. Die Ausrede ist eine Kunst.

Wir können uns hier fragen, ob die Ausrede ein Sprechakt in dem strikten von John L. Austin vorgeschlagenen Sinne ist. In der Nachfolge von Austin hat John Searle die Ausrede in der Tat zu einem »indirekten« Sprechakt erklärt.[11] Austin selbst hat sich zu dieser Frage, soweit ich weiß, nicht direkt geäußert. Seine Arbeit zur Ausrede, die parallel zur Sprechakttheorie in *How to do Things with Words* (1955) entstand, bezieht dazu keine klare Stellung. Dort charakterisiert Austin eine performative Äußerung (also einen Sprechakt) als eine sprachliche Äußerung, die auf ein Faktum nicht einfach referiert, sondern es erzeugt. Während die meisten Äußerungen schlicht referierend (abbildend) verfahren, »referiert« der Sprechakt auf ein Faktum, das es vor dieser Äußerung noch nicht gab. Dieser paradoxe Sprung zu etwas, das es (noch) nicht gibt, steht im Zentrum der Überlegungen Austins. Die eigentümliche Bewegung, die Austin beobachtet, besteht darin, dass Sprache, die ja nur referieren kann, hier in der Geste des Referierens ohne Referenten das Referieren selbst zum Faktum verdichtet, auf das sie dann referieren kann.[12] Das Versprechen etwa »referiert« auf eine vertragsartige Struktur, die es vor dieser Äußerung nicht gab und

Sciences 1 (1978), S. 515-526. Vgl. zu derzeitigen Diskussionen Paula Leverage, Howard Mancing, Richard Schweickert, Jennifer Marston Williams (Hg.), *Theory of Mind and Literature*, West Lafayette 2010.

11 Etwa in: John R. Searle, »Indirect Speech Acts«, in: Peter Cole, Jerry L. Morgan (Hg.), *Syntax and Semantic*, New York 1975, S. 59-82.

12 Vgl. zu diesen und weiteren Komplikationen der Sprechakttheorie Werner Hamacher, »Afformativ, Streik«, in: Christiaan Hart-Nibbrig (Hg.), *Was heißt ›Darstellen‹?*, Frankfurt am Main 1994, S. 340-374.

die durch sie erst in die Welt gesetzt wird. Erst rückwirkend kann darauf referiert werden: »Du hattest mir doch versprochen ...«

Wenn wir diese Definition des Sprechakts anlegen, müssen wir festellen, dass die adamitische Ausrede in einem komplexen Verhältnis zum Sprechakt steht. In der Ausrede wird kein neuer Sachverhalt erzeugt, sondern eine Schuldzuweisung als falsch deklariert. Wie verhalten sich aber diese Schuldzuweisungen zu dem, was Austin performative Äußerung nennt? Hier gibt es in der Tat die Möglichkeit, eine strukturelle Nähe zum Vokabular von konstativen und performativen Äußerungen anzulegen, insofern die Anklage den Schuldzusammenhang als schlicht konstativ gegeben sieht: »Du bist schuld, weil du x getan hast.« Der Zusammenhang von Schuld und der Tat x wird als intim und unmittelbar dargestellt. Anders in der adamitischen Ausrede. Dort wird eine Begründung hinter x mobilisiert: »Ich habe x getan, weil y. Weil y der Fall ist, trifft mich keine (oder wenig) Schuld.« Insofern ist die Ausrede eine Äußerung, die den als konstativ gegebenen kausalen Schuldzusammenhang untergräbt. Dabei stellt sich also heraus, dass der von der Anklage gesetzte Schuldzusammenhang nur eine Setzung war, also durchaus performativ operierte, ohne dies zu zeigen.[13] Diese Entlarvungsleistung einer konstativen Äußerung als performative (sofern wir erst einmal zugestehen, dass die Ausrede erfolgreich ist) rückt die Ausrede *in die Nähe* des Sprechaktes.[14]

Insofern müssen wir sagen, dass die Tendenz der Ausrede gegen die Konstativität des Aussagesatzes der Anklage geht. Die Ausrede bildet Fakten weder konstativ ab, noch generiert sie performativ neue. Stattdessen verunsichert sie das scheinbar Faktische. Die Fakten allein können den Konflikt der Versionen zwischen Gott und Adam nicht entscheiden, denn zwischen ihnen besteht kein Widerspruch. Um zu entscheiden, wer recht hat, der Ankläger oder der Sich-Verteidigende, muss eine Diskursform jenseits der Fakten

13 Eine Komplikation können wir hier zunächst ausklammern: Für Austin und in seiner Folge Paul de Man sind konstative und performative Äußerungen dabei regelmäßig vermengt: Die performative Äußerung führt einen Sachverhalt ein, auf den dann zugleich konstativ referiert werden kann. Siehe etwa: Paul de Man, »Pascal's Allegory of Persuasion«, in: Stephen Greenblatt (Hg.), *Allegory and Representation*, Baltimore und London 1981, S. 1-25.

14 Ich klammere hier die Möglichkeit aus, Schuldzuweisungen als eine dritte Sprech- und Deklarationsform von konstatitiven und performativen Äußerungen abzugrenzen.

gefunden werden. Denn in der adamitischen Rede wird ja die Rede der Anklage auf der Ebene der Fakten (Sachverhalt) bestätigt, »Ja, ich habe von dem Apfel gegessen«, dann aber sogleich eine andere Verantwortungsstruktur motiviert. Eine Autorität muss entscheiden, der HERR.

Wie bereits bemerkt wurde, leistet die Ausrede ihrerseits auch keine performative Setzung. Die Leistung der Ausrede besteht darin, einen neuen Kontext anzulegen, aus dem sich ein anderer Schuldzusammenhang ergibt: »Ich habe x getan, weil y.« Y fungiert dabei als der Kontext, der x erklärt, begründet oder plausibilisiert. Es ist daher wohl am sinnvollsten, den Akt der Ausrede als einen kontextsetzenden Akt zu bezeichnen und die Ausrede als einen kontextuellen Akt zu charakterisieren. Statt eines Sprechaktes ist die Ausrede ein Kontextakt.

Später werden wir im Zusammenhang mit dem Kontext auch auf die Intention zu sprechen kommen. Wie wir gleich (nämlich im kommenden Abschnitt und in Kapitel 2, Abschnitt 7 und Kapitel 3, Abschnitt 8) sehen werden, ist diese Betonung des Kontexts durchaus nicht unproblematisch. Denn ein Kontext kommt nie schlicht von außen und wird einem Sachverhalt einfach übergestülpt. Stattdessen verändert ein jeder Kontext den Akt »von innen«, also seiner Struktur nach. Dieselbe Geste etwa fungiert in unterschiedlichen Kontexten als etwas Grundverschiedenes, einmal als Gruß, ein anderes Mal als Drohung. Auch ein und dieselbe Tat kann sich einmal als Mord und im anderen Fall als Verteidigung des Vaterlandes darstellen. Insofern sind die Akte, auch im Bewusstsein des Handelnden, grundverschieden.

Für den Moment genügt es zu betonen, dass die Ausrede eine zweite Version eines Sachverhalts liefert, der mit der ersten im Widerstreit steht, ohne ihr notwendig faktisch zu widersprechen. Der Streit zwischen den Versionen ist besonders im Falle der adamitischen Ausrede auf der Ebene der Fakten allein nicht zu verhandeln. Ebendies ist die Leistung der Ausrede, eine andere Form des Sprechens, Nachdenkens und Entscheidens einzufordern. Darin geht die Ausrede auch wesentlich weiter als die Anklage. Die Anklage leistet ebenfalls eine Versprachlichung der Wirklichkeit, die eine Darstellung eines Geschehens liefert. Damit ermöglicht sie, dass auch Abwesende später verstehen, was vorgefallen ist, und sie verfestigt den institutionellen Rahmen, im Akt der Kommunikation über die Untat zu befinden. Doch die Pluralität der Versionen ist mit der Anklage nicht gegeben. Die Anklage an sich will keinen Dialog (zumindest in den Epochen vor dem institutionalisierten Gericht). Die Ausrede schüttelt hingegen die geballte Faust der Anklage, als wäre es die Einladung zur Kommunikation.

Indem die Ausrede ihren Anlass in der Beschreibung des Faktischen findet, leitet sie die Diskussion von der Verhandlung der Fakten über zu einer Interpretation dieser Fakten. Denn nur von einer Interpretation ausgehend kann man Verantwortung festlegen. Die Ausrede manövriert hier zwischen linguistischen, referentiellen, interpretatorischen und institutionellen Bedingungen, und sie manövriert nicht nur zwischen ihnen, sondern vernetzt und verdichtet sie zu einem Komplex, der im Zentrum unserer Kultur stehen dürfte.

Diese kulturschaffende Leistung der Ausrede steht im Mittelpunkt dieses Buches. Die Ausrede ist nicht nur eine besondere Form der Rede, die Aufmerksamkeit darauf zieht, dass es sich bei ihr um eine Rede (und nicht nur eine Abbildung der Wirklichkeit) handelt. Sie ist auch eine Rede, die eine Interpretation einfordert und zugleich die Institutionen aufruft, aktiviert, vielleicht begründet, von denen über den Status der Ausrede befunden werden kann. Mit der Ausrede erhält die Frage von Gericht und Gerechtigkeit Dringlichkeit (dazu im dritten Kapitel). Die Geschichten, die die Ausrede erzählt, fordern zur Entscheidung auf.

Auch das, was man im Falle der Ausrede Autorität nennen kann, ist eine grundsätzlich andere als im Falle der Anklage. Die Autorität der *Master Story* verdankt sich ihrem Anspruch auf die interpretationslose Abbildung der Realität (sowie der Autorität des Gesetzes). Um diese Autorität zu suggerieren, müssen mithin alle tatsächlichen Interpretationen und Alternativen verschleiert werden. Die Autorität desjenigen, der eine Ausrede hört und also zwischen Anklage und Ausrede zu befinden hat, ist eine ganz andere. Es ist eine Autorität der Argumentation und Rhetorik.

In diesem Kapitel werden wir zunächst die Redeform der Ausrede genauer anschauen, bevor wir in den nachfolgenden Kapiteln die evolutionären, juristischen, literarischen und psychologischen Aspekte dieser sprachlichen Struktur in den Mittelpunkt stellen.

3. Ausrede und Rechtfertigung

Der Typus der adamitischen Ausrede führt uns von der Ausrede in Richtung der Rechtfertigung. Man könnte nämlich fragen, ob Adams Rede wirklich eine Ausrede oder nicht eher eine (versuchte) Rechtfertigung darstellt. Diese Unterscheidung ist für unsere Untersuchung durchaus wichtig und wird uns auch in Kapitel 3 in den Abschnitten zur Entwicklung strafrechtlicher Kategorien weiter beschäftigen. Wir wollen uns daher bereits hier Klarheit über den Unterschied von Ausrede und Rechtfertigung verschaffen. Der Sprechakttheoretiker Austin hat den Unterschied zwischen beiden wie folgt auf den Punkt gebracht: »In der einen Verteidigung (der Rechtfertigung, F. B.) übernehmen wir, kurz gesagt, Verantwortung, bestreiten aber, dass die Tat schlecht war; in der anderen (der Ausrede, F. B.) geben wir zu, dass die Tat schlecht war, übernehmen aber keine oder keine vollständige Verantwortung.«[15] Eine echte Rechtfertigung behauptet also, dass die Tat rechtmäßig oder zumindest erlaubt war. Und so liegt im Falle des Vorliegens eines Rechtfertigungsgrundes nach den herrschenden Meinungen der juristischen Theorie keine Schuld vor. Das deutsche Strafgesetzbuch formuliert entsprechend, dass etwa Notwehr (StGB § 32) ein Rechtfertigungsgrund ist, der die Schuld ausschließt. Wenn also Notwehr vorliegt, kann man sich darauf berufen und ist dadurch gerechtfertigt. Stellt Adams Rede eine Rechtfertigung dar? Das ist nicht so eindeutig, wie es manchem scheinen mag. Mit dem deutschen Strafrecht könnte man sagen, dass er die Tat (den Apfel trotz des Verbotes essen) als solche für falsch hält und also nicht rechtfertigt. Was er zu erklären versucht, wäre dann nur seine Motivation, warum er es dennoch getan hat. Diese könnte dann juristisch vielleicht strafmindernd als besonderer Entschuldigungsgrund fungieren, nicht aber als eigentliche Rechtfertigung.

Im Folgenden möchte ich die stärkere Variante verfolgen, der zufolge Adam in der Tat versucht, sich zu rechtfertigen. Adams Rede erfolgt zu einem prähistorischen Zeitpunkt, an dem es zwar genau ein Gesetz gibt, nämlich das Verbot, vom Baum der Erkenntnis zu essen, aber noch keine Gesetze, die regeln, wann dieses Ge-

15 John L. Austin, »A Plea for Excuses«, in: Ders., *Philosopical Papers*, Oxford 1990, S. 178 (sofern nicht anders angegeben, stammen alle Übersetzungen von mir, F. B.).

setz gilt und wann nicht.[16] Adam kann daher durchaus mit einem gewissen sachlichen Recht darauf hinweisen, dass eine Schöpfung Gottes ihn dazu angestiftet hat, sich gegen Gottes Wort zu wenden. Hier öffnet sich ein *double bind*, da er durchaus gehorsam ist, aber eben nicht nur Gott gegenüber, sondern auch gegenüber dessen Schöpfung Eva. Entsprechend könnte Adam behaupten, dass seine eigentliche Tat ja gar nicht im Essen des Apfels bestand, sondern dass er als guter Gatte auf seine Frau Eva gehört hat.

Adams versuchte Rechtfertigung ist aber *zugleich* eine Ausrede im Sinne Austins: Ich habe eigentlich nicht den Apfel gegessen. Meine Tat war es vielmehr, auf meine Frau zu hören, und das involvierte einen Apfel. Dieses Verwischen der Grenzen zwischen bloßer Ausrede und echter Rechtfertigung, das heißt zwischen den verschiedenen Akten, ist das Metier der Ausrede. Die Frage, die sich im Beispiel ebenso wie in jedem Fall der Rechtfertigung stellt, ist, was eigentlich der Kern der Tat ist. Ist die Rechtfertigung bloßer nachfolgender Zusatz zu einer Tat oder verändert sie die Tat selbst? Besteht Adams Tat im Essen eines Apfels oder darin, auf seine Frau zu hören?

Natürlich stellen sich hier einem im deutschen Strafgesetzbuch geschulten Juristen alle Haare zu Berge: Anstiftung begründet keine Rechtfertigung. Der Punkt ist aber, dass die Definitionen von Rechtfertigung ebenso wie diejenigen der rechtlich relevanten Handlung ihrerseits erst historisch gewonnnen werden mussten, um Klarheit zu schaffen. Es ist eben Sache der Beschreibung, was die Tat Adams war. Die gleiche Frage stellt sich auch bei juristisch anerkannten Rechtfertigungsgründen wie Notwehr. Wenn jemand einen anderen in Notwehr tötet, ist seine Tat dann das Töten oder das Sich-Verteidigen?

Hier müssen wir gegen Austins Unterscheidung von bloßer Ausrede und echter Rechtfertigung aus der Perspektive des Sprechers einwenden, dass auch die Rechtfertigung ebenso wie die Ausrede die Tat selbst negativ bewertet. Die Tat ohne Vorliegen des Rechtfertigungsgrundes wird als negativ bewertet. Auch der

16 Søren Kierkegaard hat in *Begrebet Angest* (*Der Begriff Angst*, 1844) in gedanklicher Nähe zu den Überlegungen dieses Buches dargelegt, wie es eben die Präsenz des einen ersten Verbots war, die den Sündenfall bewirkte und beinahe selbst schon darstellte, insofern das Verbot als sprachlicher Ausdruck keinen Ort in der Ordnung der bezeichnenden Sprache fand.

rechtlich eindeutige Fall der Notwehr kann dann als eine Ausrede des »Es-war-anders«-Typus verstanden werden, die das Vorliegen der Tat subjektiv verneint: »Nein, ich habe ihn nicht getötet. Ich habe mich verteidigt und dabei ist er zu Tode gekommen.« Der objektive und subjektive Tatbestand des Tötens ist aus der Sicht des Handelnden gegenüber seiner Motivation der Verteidigung nebensächlich. Die Tat wird gar nicht bejaht und ihre Unrechtmäßigkeit wird nicht bestritten. Vielmehr wird argumentiert, dass die Tat, die als Unrecht anerkannt ist, gar nicht vorlag.

Die (adamitische) Ausrede sucht stets diesen Punkt der Ununterscheidbarkeit. Insofern kann man sagen, dass jeder, der eine Ausrede dieses Typus gebraucht, sich wie Adam in einem historischen Raum vor dem kodifizierten Recht bewegt. In Adams Fall ist dies besonders deutlich, denn ein einziges Gesetz (das Verbot, vom Baum zu essen) macht noch kein Recht. Außer dem einen Verbot gibt es noch keine weiteren Kodifizierungen darüber, was eine Ausnahme des Verbots darstellen könnte und was überhaupt eine Tat konstituiert. Entsprechend ist die Differenz zwischen Ausrede und Rechtfertigung noch nicht institutionalisiert. Wenn also in einer Kultur vor dem Gesetz die Codes, Normen und Gesetze unklar und die möglichen Rechtfertigungsgründe noch nicht kodifiziert worden sind, kann Adams Äußerung, es sei nicht seine Schuld, durchaus zugleich Ausrede und Rechtfertigung sein. Denn diese Rede findet eine plausible Version, von der aus die Schuld unklar wird. Adam erzeugt eine Narration von Fakten, die den Akt selbst fraglich macht (wie der zweite Typus der »Es-war-anders«-Ausrede): Meine Tat war nicht, einen Apfel zu essen, meine Tat war, auf Eva zu hören. Diese Ausrede ist dann zugleich Rechtfertigung, denn auf seine Frau darf er hören. Insofern gilt auch Austins Unterscheidung nicht, zumindest nicht für den Moment, in dem die Ausrede artikuliert wird. In der Ausrede wird die Tat, die in der Anklage noch eindeutig beschrieben zu sein schien (Apfel essen, morden), zu einer anderen (auf Frau hören, in Notwehr handeln).

Diese letzte Überlegung zur vielleicht notwendig unscharfen Grenze zwischen Ausrede und Rechtfertigung wird im dritten Kapitel zur Genese der Verantwortung wieder aufgenommen.

4. Die Ausrede als Erzählung

Um die Leistung der Ausrede genauer in den Blick zu bekommen, hilft es, ihre Nähe zu und Verwandtschaft mit einer anderen Form der Gestaltung von Wirklichkeit zu betrachten. Es ist diejenige der Narration oder Erzählung. Das, was die Ausrede kennzeichnet, nämlich das Auftun einer alternativen linguistischen Wirklichkeit, ist das Operationsfeld des Narrativen. Oder anders gesagt: Immer wenn zwei oder mehr Versionen eines Hergangs von intentional handelnden Akteuren gleichzeitig zur Verhandlung stehen, die sich nicht ausschließlich anhand des beobachteten objektiven Sachverhalts unterscheiden lassen wie in der adamitischen Ausrede, liegt eine Narration vor. Verhandelt werden die subjektiven Wahrnehmungsweisen und Intentionen der Handelnden. Im Folgenden soll dies in der These verdichtet werden, dass der Kern des Narrativen in der Ausrede besteht. Oder etwas vorsichtiger gesagt: In diesem Buch wird Narration insofern wahrgenommen, als sie sich von der Ausrede ableitet. Dass dabei viele Eigenschaften und Möglichkeiten des Erzählens nicht berücksichtigt werden, ist unvermeidlich. Die erste Annäherung an diese These erfolgt hier durch eine Strukturanalyse von Ausrede und Narration. Im zweiten Kapitel werden wir den gemeinsamen evolutionären Ursprung von Narration und Ausrede in den Blick nehmen.

Fünf Eigenschaften der Ausrede legen die strukturelle Nähe von Ausrede und Narration nahe.

A) Ausrede und Narration liefern verschiedene Versionen von Sachverhalten

Wie wir gesehen haben, bieten Ausreden stets eine *alternative Version* der Begebenheiten an. Die Ausrede reagiert auf eine bereits artikulierte Darstellung des Sachverhalts oder (auch) auf einen scheinbar offensichtlichen Sachverhalt, um ihn einer anderen Deutung zu unterziehen. Erst durch diese zweite Fassung wird deutlich, dass die erste Version eben nur dies ist, eine Version oder Darstellung, die nicht deckungsgleich mit dem Sachverhalt ist und bereits eine Interpretation beinhaltet.[17] Die Ausrede *reagiert* auf eine an-

17 Hayden White schreibt in diesem Sinne: »Um als ›historisch‹ gelten zu können, muss ein Ereignis von mindestens zwei Narrationen seines Ereignens beeinflusst

dere Darstellung der Begebenheiten und transformiert diese erste Darstellung dabei zu einer bloßen Version oder »Darstellung«, die eben nicht die Wahrheit oder Wirklichkeit per se ist. Dabei unterhöhlt die Ausrede zum einen die erste Darstellung der Anklage, setzt sich selbst aber zugleich zum anderen demselben Zweifel aus, dass sie ebenfalls nichts als eine manipulative Version sein könnte, nichts anderes als eine Ausflucht. Damit verändert sich der Status von Rede als Ganzes. Aus dem Register der reinen Abbildung oder Repräsentation von Fakten wird ein Register der Verbalisierung, in der sprachliche Nuancen das Verständnis der Fakten regieren können.

Mit der Ausrede kommt der Verdacht. Wer Ausreden hört, beginnt den Wahrheitsgehalt von Rede (die Fähigkeit der akkuraten Darstellung des Sachverhalts) in Frage zu stellen. Wer Ausreden erzählen kann, lernt, die Darstellung der Wirklichkeit sprachlich zu manipulieren. Und weil es Ausreden gibt, wird das Verhältnis von Rede und Wirklichkeit problematisch. Es geht dabei keineswegs nur um Lügen, die sich im Nachhinein wie die Ausreden des Typus »Es-war-anders« ausräumen lassen. Vielmehr lösen die adamitischen Ausreden die Darstellung von der Wirklichkeit ab, wie man die Haut von einer Zwiebel abschält, deren Kern aber ebenfalls nur aus Häuten besteht. Es zeigt sich dabei, dass jede Darstellung die Oberfläche der Wirklichkeit prägt (etwa als Mord oder Notwehr, um das Beispiel des vorherigen Abschnitts aufzugreifen), gleichzeitig aber an sich kein Monopol auf Wirklichkeit hat, sondern an von ihr nicht kontrollierte Urteilsprozesse gebunden bleibt. Wenn es mehr als eine Version gibt oder geben könnte, herrscht Zweifel an den Wörtern und Konzepten.[18] Der Zweifel allein leistet aber noch nicht den Übergang von der Abbildung zur Verbalisierung; Lügen etwa und andere Formen der Täuschungen können sich noch weitgehend in der Logik der Abbildung bewegen. Es sind falsche Abbildungen des Sachverhalts.

werden.« Hayden White, »The Value of Narrativity in the Representation of Reality«, in: *Critical Inquiry* 7 (1980), S. 5-27: S. 16.

18 Paul de Man beobachtet diese Bewegung vom Faktischen in linguistische Register besonders scharf: »Keine [...] Möglichkeit der Verifizierung besteht für die Ausrede, die in ihrer Äußerung, ihrem Effekt und ihrer Autorität sprachlich ist: ihr Zweck besteht nicht im Aussagen, sondern im Überzeugen [...].« Paul de Man, *Allegories of Reading*, New Haven 1979, S. 281.

Mit der Ausrede wird das Verständnis der sprachlichen Abbildung von Wirklichkeit verwandelt. In der Ausrede erschöpft sich die sprachlich dargestellte Handlung nicht in ihrer Referenz auf einen abgebildeten Sachverhalt, sondern umschreibt nur vage eine nicht schnell zu erfassende Anzahl von Versionen der Handlung. Die faktischen Daten einer Handlung geben den Spielraum möglicher Ausdeutungen an. Mannigfaltige Versionen des Sachverhalts können erzeugt werden, schlicht weil sie linguistisch und konzeptionell möglich sind.[19] Die Ausrede stellt in dieser Hinsicht den kreativen Kern des Narrativen dar. Damit wird auch die Sonderstellung der Ausrede für die Narration als Ganzes deutlich. Die Ausrede ist nicht eine bestimmte Gattung von Rede, wie etwa das Bekenntnis[20] oder die Fürsprache,[21] und sie ist auch kein einfacher Sprechakt. Vielmehr ist die Ausrede der entscheidende Schritt in den Bereich des Fiktiven, also eines Bereiches, in dem Wirklichkeit nicht allein von den empirischen Fakten gesteuert wird. Aufgetan wird hier der Raum des Möglichen. Dieses Fiktive ist dabei aber keineswegs ohne Gesetzmäßigkeiten. Vielmehr erhält das Reich des Fiktiven seine Konturen durch das Erzählbare.[22] Das Erzählbare umfasst, kurz gesagt, dasjenige, was in der Form eines Nacheinanders von Handlungen bewußtseinsgesteuerter Akteure besteht. Wenn aber mehrere Handlungen bewußtseinsgesteuerter Akteure aufeinanderfolgen, so gibt es stets eine Reihe von Möglichkeiten, wie diese einzelnen Handlungen miteinander verbunden sein können.[23]

Das heißt, die Handlungen können aus der Perspektive der ver-

19 »Der Schlüssel besteht darin, ob das lesende Subjekt das gegebene Objekt *in* Handlungshaftigkeit umformt, statt in irgendein anderes statisches Design.« Meir Sternberg, »If-Plots. Narrativity and the Law-Code«, in: John Pier, José Ángel García Landa (Hg.), *Theorizing Narrativity*, Berlin und New York 2008, S. 29-108: hier S. 50.

20 Mit Peter Brooks könnte man sich fragen ob das Geständnis nicht bereits vielen der oben vorgeschlagenen Punkten des Narrativen entspricht; vgl. Peter Brooks *Troubling Confessions: Speaking Guilt in Law and Literature*, Chicago 2000.

21 Vgl. Rüdiger Campe, »*Synegoria* und Fürsprache«.

22 Vgl. James Phelan, *Reading People, Reading Plots. Character, Progression, and the Interpretation of Narrative,* Chicago 1989. Phelan insistiert in seiner Definition des Narrativen auf ihrer großen Bandbreite, die stets eine weitere Version erlaubt. Eine Narration entsteht, wenn in einer spezifischen Situation jemanden mit einer bestimmten Absicht etwas erzählt wird.

23 Matías Martínez, »Theorie der erzählenden Literatur«, in: Ders., *Handbuch Erzählliteratur. Theorie – Analyse – Geschichte*, Stuttgart 2011, S. 1-12, S. 5.

schiedenen Akteure je verschiedene Funktionen haben, können mithin unterschiedlich gedeutet werden und Anlass für mehr als eine Version sein.[24] Auf die Frage der Versionen kommen wir gleich zurück.

B) Ausrede und Narration etablieren oder verneinen Kausalitäten

Die zentrale Bewegung der Ausrede besteht darin, eine einfache lineare Darstellung der Verursachung von Handlung (A hat x getan) in eine komplexere Form von Kausalität zu überführen. Diese komplexere Form mischt dabei Elemente von strenger Kausalität mit denjenigen der bloßen Temporalität (x folgt auf w). Dies zeigt sich auch in der adamitischen Ausrede: »Ich habe x getan, aber ich habe es nur getan, weil zuvor w passiert ist, weil also Eva mir den Apfel gegeben hat. Daher ist auch x nicht schlicht von mir, sondern auch von dem Umstand, dass w geschehen ist, verursacht.« Die Ausrede überführt die Kausalität dabei allerdings nicht vollständig in bloße Temporalität oder schlichte (logische, räumliche, zeitliche und so fort) Nähe, sondern öffnet ein Feld, in dem beide vermischt sind. Ebendaher wird die Frage der Verursachung, Täterschaft und also Verantwortung erst zu einem Problem, welches durch den Sachverhalt allein nicht geklärt wird. Diese den Sachverhalt überschreitende Denkbewegung findet ihren wohl komplexesten Ausdruck in den Abstufungen von rechtlicher Schuld im Strafgesetz zum einen und in den Ausdifferenzierungen von »Sünde« in den meisten Weltreligionen zum anderen.[25] Für die Ausrede und die Narration heißt dies zunächst einmal, dass mit jeder Ausrede und mit jeder Narration eine komplexe Frage aufgestoßen wird, die nicht durch den Sachverhalt allein zu klären ist. Vielmehr wird

24 Den Zustand vor dem Erkennen, dass alles anders sein könnte, nennt Blumenberg mit Husserl Lebenswelt, den danach einen des phänomenologischen Wissens. Vgl. Hans Blumenberg, *Theorie der Lebenswelt*, Berlin 2010, S. 157-180.

25 Vgl. stellvertretend die große Studie von Paul Ricœur, *Symbolik des Bösen. Phänomenologie der Schuld II*, München 1971. Ricœur entwickelt dort die Genese der Ethik anhand der Mythen in einem Dreischritt vom »Makel« zur »Sünde« und dann zur »Schuld«. Ricœur spricht etwa im Kontext des Alten Testaments (und damit des Sündenfalls) von der Kategorie des »Vor Gott« als einer »vorgängigen Dimension der Begegnung und des Gesprächs«; erst von dieser Kategorie aus würde »aus der Sünde eine Verletzung des Bundes« (S. 61).

eine changierende Bewegung zwischen dem dargestellten Sachverhalt und Theorien der Verursachung und Verantwortlichkeit in Schwung gebracht, um zwischen bloßer temporaler Abfolge und verantwortlicher Verursachung zu unterscheiden.

In der neuen wissenschaftlichen Bearbeitung von Erzählung durch die Narratologie oder Erzählkunde ist der Übergang von bloßen zeitlichen Verbindungen zu kausalen Gefügen häufig zum zentralen Merkmal von Narration erklärt worden.[26] »Der König starb und dann starb die Königin« sei noch kein Plot (keine Narration), argumentierte E. M. Forster 1927. »Der König starb und dann starb die Königin aus Trauer« erfülle dagegen die Minimalbedingung von Narration, nämlich ein kausales Gefüge.[27] Gegen diese Bewertung durch Forster wurde, meiner Ansicht nach überzeugend, eingewendet, dass weder die kausale Situation noch die rein zeitliche Verbindung an sich narrativ sei, sondern nur die ungewisse Mitte zwischen ihnen.[28] Narration findet statt als Bewegung *in Richtung zur* Kausalität im Kopf des Betrachters.[29] Insofern teile ich durchaus den Befund von Forster und etwa David Herman, dass kausale Reihen zum Wesen der Narration gehören. Allerdings scheint es mir (mit Chatman, Phelan und Sternberg) entscheidend zu sein,

26 Gerade die neusten Arbeiten zur Narratologie beschreiten aber wieder teilweise andere Wege. Claudia Breger legt dar, dass Narration (neben der Logik von Kausalität-Temporalität) durch zwei andere Gruppen von Techniken gekennzeichnet sei, zum einen durch das theatralischen Spiel mit dem Akt der Narration und zum anderen durch die radikale Reduktion von Distanz und damit auch oft durch Suspendierung von Temporalität und Kausalität in einer Ästhetik der Präsenz; vgl. Claudia Breger, *An Aesthetics of Narrative Performance: Transnational Theater, Literature, and Film in Contemporary Germany*, Columbus, Ohio (im Druck).

27 E. M. Forster, *Aspects of the Novel*, San Diego 1985 [1927].

28 Siehe dazu Seymour Chatman, *Story and Discourse. Narrative Structure in Fiction and Film*, Ithaca 1978. Ich folge Meir Sternberg in der Einschätzung, dass Narration durch ein komplexes Hin und Her gekennzeichnet ist; vgl. Meir Sternberg, »Telling in Time (I): Chronology and Narrative Theory«, in: *Poetics Today* 11 (1990), S. 901-948; und Meir Sternberg, »Telling in Time (II): Chronology, Teleology, Narrativity«, in: *Poetics Today* 13 (1992), S. 463-541. Weder Zeitlichkeit noch Kausalität allein erklären das Wesen des Narrativen, sondern der Verdacht, dass die Ereignisse anders zu erklären sind, als ihre Darstellung suggeriert.

29 Roman Ingardens klassische Abhandlung *Das literarische Kunstwerk* (1930) spricht in diesem Zusammenhang von einer Konkretisierung der Erzählung durch den Leser. Wolfgang Iser hat dies in seiner Theorie der Leerstelle (etwa: *Der Akt des Lesens. Theorie ästhetischer Wirkung*, München 1976) erweitert.

dass diese kausalen Reihen stets auch das Siegel der möglichen Differenz an sich tragen. Alles könnte anders sein; eine weitere Kausalität könnte hinter der ersten stecken. Jede narrative Abfolge *ist* diese eine Abfolge *und* trägt zugleich bereits die Möglichkeit einer anderen Abfolge in sich. Die temporale, zufällige, rhythmische Abfolge ist *auf dem Sprung* zum Kausalen. Das Vorher-Nachher wird nicht durch einen festen Damm zusammengehalten, der beide zu einem Kontinent fügt, sondern durch eine spontane Bewegung, einen gewagten Brückenschlag, der den Fluten wieder anheimfallen kann. Narration findet in dem Aufspannen einer möglichen Brücke statt, die versucht, den Verkehr von anderen Brücken auf sich umzuleiten.

Das narrative Denken verweigert sich der Reduktion eines Berichts auf die plausibelste kausale Abfolge. Stets erkennt es eine andere Möglichkeit und dieser verdankt sich die Dringlichkeit der Narration. Diese andere Möglichkeit kann durchaus auch verborgen und unterdrückt werden, oder sie bietet eine verbotene, vielleicht perverse Freude, sie erzeugt Spannung und sie verlangt unsere Aufmerksamkeit.[30] Narrationen sind insofern Symptome desjenigen, der sie erzeugt. In jedem Märchen gibt es die Möglichkeit, dass sich der Schlund des Wolfes oder Blaubarts verbotene Schreckenskammer öffnet. Anders gesagt, noch die einfache Form der Narration ist geprägt von der Abgründigkeit, dass alles anders sein könnte. Von dieser Möglichkeit der Andersheit leitet sich dann auch die Faszination des Narrativen ab. Wir wittern, dass da etwas in der Luft liegt. Das narrative Bewusstein erkennt nicht nur vorliegende Kausalitäten und registriert sprachlich gelieferte Erklärungen, sondern *erfindet, produziert* und *simuliert* in einem fort Verknüpfungen, Alternativen, Überraschungen, Ausreden, Lösungen und Dei ex Machina.

Narratives Denken leistet also zweierlei: Bevor eine feste Kausalität erkannt wird, leistet es eine erste hypothetische Kausalität. Dort, wo die zwingende Logik nicht verstanden wird, liefern der Mythos, der Aberglaube und die Spekulation eine Als-ob-Erklärung. Insofern wird narratives Denken gerne als eine primitive Denkform beschrieben. Zugleich aber ist es ebendieses narrative Denken, welches bereits bestehende Erklärungen (auch diejenigen

30 Siehe zur Andersheit Monika Fludernik: »Identity/Alterity«, in: David Herman (Hg.), *The Cambridge Companion to Narrative*, Cambridge 2007, S. 260-273.

der Mythologie und der Wissenschaft) hinterfragt und Alternativen aufdeckt. Auch die wissenschaftliche Tätigkeit, die das angreift, was bereits als Wahrheit akzeptiert ist, kann insofern als Variante des narrativen Denkens verstanden werden.[31]

C) Ausrede und Narration haben eine persuasive Funktion

Wer eine Ausrede artikuliert, will damit die Adressaten der Rede, inklusive den Ankläger, auf seine Seite ziehen. Die anderen sollen die Welt aus den Augen des Sprechers sehen, sollen die von ihm angebotene Weltsicht übernehmen.[32] Indem der Zuhörer sich mit dem Redner identifiziert und die Welt aus seinen Augen sieht, erkennt er auch, warum dieser auf eine bestimmte Art und Weise gehandelt hat. »Natürlich konntest du den Apfel essen, denn wenn deine Frau, ein Geschöpf Gottes, ihn dir gibt, muss das ja in Ordnung sein.« Die Ausrede ist somit ein perlukotionärer Akt, der an die Empathie des Zuhörers appelliert und auf die Überzeugung des Adressaten zielt. Dieser soll dann in etwa sagen: »Ich verstehe jetzt, dass auch du nicht dieses Resultat wolltest und dass du nicht anders konntest, als zu tun, was du getan hast. Daher muss ich auch zugestehen, dass du nicht die (volle) Verantwortung für dieses Ergebnis hast.« In jeder Ausrede (und in jeder Narration) kommt ein subjektiver Standpunkt zur Sprache, eine Fokalisierung, von der aus die Ereignisse auf eine je bestimmte Art und Weise dargestellt werden.[33] Was auch immer die *Master Story* der Anklage als Vogelperspektive zu artikulieren sucht, eine Narration entsteht ebendort, wo mindestens in einem Punkt eine subjektive Perspektive die Allwissenheit und Alleingültigkeit der *Master Story* untergräbt. Die Ausrede verlangt »Pathos« im Sinne der Rhetorik.

Dies gilt auch für die Narration als Ganzes, in der ein Leser oder Zuhörer die Welt aus den Augen des Charakters sehen muss

31 Zur Frage der poetischen Dimension des wissenschaftlichen Denkens siehe Joseph Vogl (Hg.), *Poetologien des Wissens um 1800*, München 1998.

32 Vgl. Monika Fludernik, *Toward »Natural« Narratology*, London und New York 1996.

33 Eine Nullfokalisierung (Gérard Genette) im eigentlichen Sinne scheint mir aus der Sicht des Rezipienten keine Option zu sein, zumindest nicht im Falle von Narration, insofern der Rezipient sich seine Fokalisierung in einer scheinbar nicht fokalisierten Erzählung selbst schafft, auch wenn sie von keiner Figur vorgeführt wird.

und also ihren Handlungsrahmen einsehen können muss.[34] Es gibt keine neutralen Narrationen und Erzählungen und keine Nullfokalisierung; selbst Wir-Narrationen sind selten.[35] Stets wird der Hörer oder Leser zu einer Parteinahme bewegt. Dies wird uns näher im vierten Kapitel beschäftigen, in dem wir die Struktur der Ausrede zu einer Theorie der Literatur ausbauen. Vorab sei gesagt, dass diese Identifikation mit dem Sprecher der Ausrede ebenso wie mit einem Charakter in einer Narration kein äußerer Effekt von Ausrede und Narration ist, sondern eine Voraussetzung für ihr Gelingen.

D) Ausrede und Narration setzen Empathie voraus

Wer eine Ausrede benutzen will, muss umgekehrt auch über die Fähigkeit verfügen, die Welt aus den Augen des anderen zu sehen. Wer eine Ausrede strickt, muss Einsicht in den Horizont des Anklägers und der Zeugen haben, um eine plausible Alternative anzubieten. Deutlich wird dies im Fall der (mit Freund im Bett) erwischten Tochter (»Mama, wir haben nicht miteinander geschlafen. Wir haben ein Spiel gespielt, bei dem man Tierstimmen nachahmen muss.«). Die Tochter muss abschätzen können, was ihre Mutter wahrgenommen hat, nämlich die Geräusche, und was sie jetzt sieht. Sie muss also wie aus den Augen der Mutter blicken können, um eine alternative Erklärung anbieten zu können.

Diese Fähigkeit zur *Theory of Mind* ist eine nahezu notwendige Fähigkeit des Ausreden- und Geschichtenerzählers. Verfügt ein Erzähler nicht über diese Kapazität, scheitern die Ausreden als perlokutionäre Akte regelmäßig wie diejenigen von kleinen Kindern und vielen Autisten. (Das heißt allerdings nicht, dass Geschichten von Autoren ohne *Theory-of-Mind*-Fähigkeit nicht zugleich einen hohen literarischen Wert haben können.) Eine Erzählung muss eine erzählte Welt (*Story-World*) erzeugen, die den Handlungshorizont der Protagonisten darstellt.[36] Anhand der wenigen angedeuteten Elemente muss sich der Leser oder Hörer eine Welt vorstellen können, innerhalb der sich die Protagonisten bewegen.

34 Vgl. Suzanne Keen, *Empathy and the Novel*, Oxford und New York 2007.

35 Vgl. Uri Margolin, »Telling our Story: On ›We‹ Literary Narratives«, in: *Language and Literature* 5 (1996), S. 115-133.

36 Vgl. David Herman, *Story Logic. Problems and Possibilities of Narrative*, Lincoln und London 2002.

Das Erstaunliche daran ist, wie gut dies oft, gegen jede Wahrscheinlichkeit funktioniert. Wir sind anscheinend sehr geschickt darin, diese Welten aus alltäglichen und neuen Komponenten aufzuspannen. Sicherlich sind die von uns imaginierten Welten dabei nicht deckungsgleich mit der vom Erzähler erdachten Welt. Aber die Geschicklichkeit des Erzählers besteht zu einem nicht geringen Teil darin, eben die Elemente anzugeben, die sich besonders gut zum Aufspannen einer solchen *Story-World* eignen. Hierzu darf er eben nicht schlicht auf seine eigene Vorstellung der gesamten *Story-World* zurückgreifen, sondern muss berücksichtigen, wie sich diese Welt in den Augen des anderen darstellt, der sie ja erst zu konstruieren hat.

E) Ziel von Ausrede und Narration ist die Relativierung der Tat des Sprechers/Protagonisten

Trotz dieser subjektiven Perspektive und des Versuchs, Empathie mit ihm zu erzeugen, evoziert der Erzeuger einer Ausrede eine Instanz jenseits seiner selbst, um seine Verstrickung in den oder Beteiligung an dem fraglichen Akt zu begrenzen. Die Ausrede hat hier meist die Form, dass ein anderer oder ein anderes (und sei es der Zufall) die Schuld zu verantworten hat. »Nicht ich war es, sondern, selbst wenn ich es mit den Händen getan habe, so war es, weil Eva … oder weil w passiert ist.« Die Grundform dieser Enteignung des Subjekts von der Tat ist dabei »Es geschah mir, dass …«. Die Ausrede zeigt also von Beginn an einen Sprecher, der keine Omnipotenz besitzt, sondern der anderen Personen und anderen Kräften unterworfen ist. Er ist wörtlich Subjekt, subiectum (Unterworfenes). Die sprachliche Form der Ausrede und der Narration ist nicht der Monolog, nicht die Rede, die die Macht des »Ich« glorifiziert. Es ist vielmehr die Sprache eines Subjekts, welches eine Rede ohne Subjekt sucht. Das deutsche Idiom *sich rausreden* oder auch das englische *to talk oneself out of something* gibt uns hier einen Hinweis auf die Struktur der Ausrede. Das Selbst wird buchstäblich aus der Geschichte abgezogen. »Es ist nicht meine Schuld.« Die Ausrede zeigt so eine Haltung (nicht aber einen Ton oder Stil) der Impersonalität: »Es geschah mir, dass … Es war einmal.« Die Sprache der Ausrede ist insofern zugleich die Sprache des Märchens. Das heißt aber nicht, dass Ausrede und Märchen sich wechselseitig erklären.

Der Sprecher will nur, dass andere seine Rede wie ein wahres Märchen verstehen, als den Bericht von wunderlichen Geschehnissen, deren Resultat vom Redner nicht beeinflusst wurde und die er deshalb nicht zu verantworten hat. Dazu kommen wir im vierten Kapitel dieses Buches.

Diese beiden letzten Punkte, also der Versuch, Empathie für den Sprecher zu evozieren und gleichzeitig die Beteiligung des Sprechers an den Aktionen zu begrenzen, zielen darauf, den Sprecher nicht als aktiv Handelnden, sondern als passiv Erleidenden und Wahrnehmenden zu präsentieren. Überhaupt kann man annehmen, dass Ausrede und Narration tendenziell erfolgreicher sind, wenn sie den Erzählenden als feinfühlig Wahrnehmenden darstellen. Je mehr der Erzähler registriert und von seiner Wahrnehmung vermittelt, desto größer wird der Sog, seine Perspektive einzunehmen (sofern ihm nun wiederum nicht vorgeworfen wird, er sei manipulativ...). Und je mehr die Perspektive des Erzählenden eingenommen wird, desto größer wird der Glaubwürdigkeitseffekt des Erzählens, desto eher werden die Hörer dem Erzählenden eingestehen, dass er nur reagiert und nicht selbst agiert (außer natürlich, wenn skeptische Zuhörer den Erzähler für manipulativ halten und sich in ihn hineinversetzen, um seine trügerischen Reden zu entlarven ...).

5. Was ist eine Version?

Aus den eben verhandelten fünf Aspekten der Nähe von Ausrede und Erzählung folgt zunächst, dass das Narrative oder Erzählende kein Textmerkmal ist. Der gleiche Text kann mal als Narration und mal als bloßer Bericht aufgefasst werden. Als Bericht wird ein Text aufgefasst, wenn die Rede schlicht als Abbildung eines Sachverhalts verstanden wird. So und so war es. Der Bericht wird dagegen zur Erzählung in dem Maße, in dem die Art und Weise der Darstellung dem Sachverhalt seinen Stempel aufdrückt und mithin vom Hörer oder Leser als eine von verschiedenen möglichen Versionen des Hergangs verstanden wird. Dies beginnt mit den Spekulationen über verschiedene faktische Versionen wie etwa in einer Detektivgeschichte (und wie in dem Fall der »Es-war-anders«-Ausrede) und mündet in die Verhandlungen über die sprachlich-konzeptionellen Ausdeutungen (wie etwa in der adamitischen Ausrede), etwa über die »Verantwortung«. Insofern existiert die Erzählung nur in den Augen des Rezipienten als Erzählung.

Doch was ist eine Version? Solange die Wiedergabe der Geschehnisse aus verschiedenen subjektiven Wahrnehmungen resultiert, ist das Abbildungsverhältnis des Berichts ungebrochen. Jeder der Berichtenden teilt schlicht mit, was er wahrgenommen hat. Verschiedene Zeugen haben vielleicht verschiedene Aspekte beobachtet, keiner kann alle gleich vermitteln. Der Hörer hat dann die Möglichkeit, verschiedene Perspektiven zu addieren, um ein Bild der Umstände zu rekonstruieren. Das ist allerdings noch keine Version, die eine Erzählung konstituiert, sondern schlicht ein Aspekt eines umfassenderen Gesamtverhalts.

Von »Versionen« im starken Sinne soll hier nur die Rede sein, wenn die verschiedenen Versionen sich wechselseitig zumindest in einem Punkt ausschließen. Dieser Punkt kann, muss aber nicht der empirische Sachverhalt sein. Adams Entgegnung, er habe keine Schuld, da Eva ihm eingeflüstert habe, den Apfel zu essen, ist eine Version, die keinen empirischen Einspruch gegen den Vorwurf Gottes erhebt. Dennoch schließen sich Gottes und Adams Versionen insofern aus, als sie die Frage der Verantwortung verschieden beantworten.

Walter Benjamin hat die Vielheit der Versionen zum Merkmal des Narrativen erhoben.

Der erste Erzähler der Griechen war Herodot. Im vierzehnten Kapitel des dritten Buches seiner »Historie« findet sich eine Geschichte, aus der sich viel lernen läßt. Sie handelt von Psammenit. Als der Ägypterkönig Psammenit von dem Perserkönig Kambyses geschlagen und gefangen genommen worden war, sah Kambyses es darauf ab, den Gefangenen zu demütigen. Er gab Befehl, Psammenit an der Straße aufzustellen, durch die sich der persische Triumphzug bewegen sollte. Und weiter richtete er es so ein, dass der Gefangene seine Tochter als Dienstmagd, die mit dem Krug zum Brunnen ging, vorbeikommen sah. Wie alle Ägypter über dieses Schauspiel klagten und jammerten, stand Psammenit allein wortlos und unbeweglich, die Augen auf den Boden geheftet; und als er bald darauf seinen Sohn sah, der zur Hinrichtung im Zuge mitgeführt wurde, blieb er gleichfalls unbewegt. Als er danach aber einen von seinen Dienern, einen alten, verarmten Mann, in den Reihen der Gefangenen erkannte, da schlug er mit den Fäusten an seinen Kopf und gab alle Zeichen der tiefsten Trauer.

Aus dieser Geschichte ist zu ersehen, wie es mit der wahren Erzählung steht. Die Information hat ihren Lohn mit dem Augenblick dahin, in dem sie neu war. Sie lebt nur in diesem Augenblick, sie muß sich gänzlich an ihn ausliefern und ohne Zeit zu verlieren sich ihm erklären. Anders die Erzählung; sie verausgabt sich nicht. Sie bewahrt ihre Kraft gesammelt und ist noch nach langer Zeit der Entfaltung fähig. So ist Montaigne auf die Erzählung vom Ägypterkönig zurückgekommen und hat sich gefragt: Warum klagt er erst beim Anblick des Dieners? Montaigne antwortet: »Da er von Trauer schon übervoll war, brauchte es nur den kleinsten Zuwachs, und sie brach ihre Dämme nieder.« So Montaigne. Man könnte aber auch sagen: »Den König rührt nicht das Schicksal der Königlichen, denn es ist sein eigenes.« Oder: »Uns rührt auf der Bühne vieles, was uns im Leben nicht rührt; dieser Diener ist nur ein Schauspieler für den König.« Oder: »Großer Schmerz staut sich und kommt erst mit der Entspannung zum Durchbruch. Der Anblick des Dieners war die Entspannung.« – Herodot erklärt nichts. Sein Bericht ist der trockenste. Darum ist diese Geschichte aus dem alten Ägypten nach Jahrtausenden noch imstande, Staunen und Nachdenken zu erregen. Sie ähnelt den Samenkörnern, die jahrtausendelang luftdicht verschlossen in den Kammern der Pyramiden gelegen und ihre Keimkraft bis auf den heutigen Tag bewahrt haben.[37]

Eine Erzählung ist dieser Bericht von Herodot, insofern er seine Leser dazu bewegt, eine Erklärung beziehungsweise eine alternative Erklärung für das Verhalten des gefangenen ägyptischen Königs zu finden.[38] Benjamin etwa, der die Deutung Montaignes kennt, gibt sich damit nicht zufrieden und findet andere Möglichkeiten der Erklärung. Ebendieser Anreiz und Spielraum zum Aufspannen der Versionen macht das narrative Wesen der Geschichte aus.[39]

37 Walter Benjamin, »Der Erzähler«, in: Ders., *Gesammelte Schriften*, hg. v. Rolf Tiedemann und Hermann Schweppenhäuser, Frankfurt am Main 1991, Bd. II, S. 109-110.

38 Für unseren Kontext ist Benjamins Theorie der Information, die im Augenblick verpufft, nicht relevant. Es sei aber angemerkt, dass Benjamins Informationsbegriff keinesfalls ausschließlich negativ ist. Sowohl die Information als auch die Erzählung führt Benjamin strategisch gegen den (faschistischen) Mythos zu Felde. In späteren Schriften wird Benjamin in der Tat eher auf die schnell verfliegende Wirkung der Information, nahe dem Lachen, als Schutz gegen die Bodenlosigkeit und Endlosigkeit des faschistischen Mythos setzen.

39 Dabei greift Benjamin etwa auf Aristoteles' Theorie des Mitleids zurück, insofern Aristoteles in der *Rhetorik* bemerkt, dass man Mitleid nicht mit Familienmitgliedern habe, weil sie einem zu nahe stehen. Aristoteles, *Rhetorik*, hg. und übersetzt v. Franz G. Sieveke, München 1980, S. 111 [1386a].

Benjamin lässt uns seinerseits den Raum, weitere Versionen zur Erklärung des Sachverhalts beizusteuern. Weder Herodot noch Montaigne, noch Benjamin deutet den König seinerseits als einen »Erzähler«. Doch ebendies scheint hier naheliegend: Der König selbst agiert vielleicht weniger aus innerem Gefühl, sondern selbst als jemand, der den Eindruck, den er auf andere macht, verwaltet: Er will den triumphierenden Mächten, die ihn offensichtlich demütigen wollen, nicht die Genugtuung gönnen, ihn um sein Schicksal jammern zu sehen. Deshalb spart er sich seine gezeigten Gefühle für den Geringsten auf (vielleicht um den Siegern zu zeigen, dass noch der geringste Diener über ihnen steht). Die laute Trauer des Königs wäre dann ihrerseits ähnlich einer Ausrede, da sie einen anderen Kontext als den der Demütigung produziert, eine andere Version als die von den neuen *Mastern* angestrebte.

Im Folgenden soll nun systematischer gefragt werden, was für eine Art von wechselseitiger Ausschließlichkeit diese unterschiedlichen Versionen konstituiert. Dabei zeichnen sich eine Reihe von Möglichkeiten ab, und jede dieser Möglichkeiten kann Anlass für die irreduzible Pluralität von Versionen und mithin auch Narration in dem hier dargelegten Sinne werden. Dazu gehören die Folgenden:

1. *Sachlicher Widerspruch.* Jeder Aspekt eines geschilderten Sachverhalts kann sich als sachlich falsch erweisen. Der Freund und die Freundin haben etwa weder miteinander geschlafen noch Tierstimmen nachgeahmt. Vielleicht haben sie beides getan. Vielleicht keines von beiden, sondern sie hatten einen Streit, bei dem die Tochter laut zu weinen begann, was sie aber ihrer Mutter nie gestehen würde.
2. *Verschiedenes Wissen oder Verständnis.* Die an einem Geschehen beteiligten Personen können ein unterschiedliches Wissen oder Verständnis von dem Geschehen besitzen, so dass sie zwar den äußeren Sachverhalt gleich wiedergeben, aber dennoch grundsätzlich andere Aussagen machen. Etwa könnte ein Beobachter wissen, dass sich unter den Agierenden ein Wolf im Schafspelz befindet.
3. *Doppelte Wortbedeutung oder Ambiguität.* Ein erster Bericht enthält eine sprachliche Wendung, die unterschiedlich verstanden werden kann und entsprechend andere Handlungsverläufe impliziert. Die Schärpe mit »Sieben auf einen Streich« beeindruckt

den Riesen, weil er wähnt, das tapfere Schneiderlein habe sich im Kampf gegen sieben Menschen durchgesetzt.

4. *Differierende Intention, anderes Kalkül.* Die gleichen Akte oder gezeigten Emotionen können äußerst verschiedenen Absichten entspringen. Der gefangene König in Herodots Erzählung wird vielleicht weniger von Gefühlen übermannt, wie Montaigne kalkuliert, sondern will seine wahren Gefühle nicht zeigen, um den Feinden diese Genugtuung nicht zu gönnen. Das heißt, der scheinbare Überfluss an Gefühl später kann auch einem weniger offensichtlichen Kalkül entspringen.
5. *Konflikte von Emotionen oder Gefühlen.* Gefühle sind von außen nie ganz einsehbar.[40] Die beobachteten Tränen können Trauer ebenso wie Freude, vollkommene Verwirrung oder Erleichterung andeuten. Diese Ambiguität kann Anlass zu vielen Versionen eines Vorgangs sein. Oben haben wir auf ein berühmtes Denkspiel von E. M. Forster hingewiesen. »Der König starb und dann starb die Königin« reicht Forster noch nicht für eine echte Narration. Ein kleiner Zusatz ändere das: »Der König starb und dann starb die Königin aus Trauer.« In letzterem Falle sieht Forster die Bedingungen einer echten Erzählung in Minimalform erfüllt. Dagegen könnte man halten, wie viele Narratologen es getan haben,

40 Für den vorliegenden Kontext ist es ausreichend, auf zwei Funktionen von Gefühlen und Emotionen hinzuweisen. Die eine ist kommunikativer oder dialogischer Natur: Ausdrücke von Trauer, Ekel und auch das Lächeln sind interkulturell erstaunlich konstante Mittel, dem einen einen Einblick in das Empfinden des anderen zu liefern. Zudem erzeugen Kulturen genaue Codes, welche Ausdrucksformen Gefühle finden. Im Falle dieser gezeigten Gefühle schlage ich vor, von »Emotionen« zu sprechen. Emotionen sind äußerst starke Mittel zur Persuasion, sie gelten als ehrlich und sagen bekanntlich mehr als tausend Wörter. Im vorliegenden Kontext ist darauf hinzuweisen, dass derartige Emotionen auch als Anklage oder Vorwurf fungieren können, zu denen sich der Dialogpartner äußern muss. Die andere Funktion von Gefühlen ist die Entscheidungshilfe, die sie dem Empfindenden bieten. In diesem Falle schlage ich vor, von »Gefühlen« zu sprechen. Antonio Damasio hat auf diese Wirkungsweise von Gefühlen hingewiesen. Er spekuliert, dass vergangene Erfahrungen derartig im Gehirn abgespeichert werden, dass sie in ähnlichen Situationen als gute oder schlechte Gefühle aktiviert werden und dem Einzelnen so, ohne große Rechenleistung, Orientierung zur Entscheidung bieten (Antonio Damasio, *Descartes' Irrtum. Fühlen, Denken und das menschliche Gehirn*, Berlin 2004). Diese Theorie hat Eva-Maria Engelen zur Rehabilitierung von Gefühlen als Komponente rationalen Lebens ausgebaut; vgl. Eva-Maria Engelen, *Gefühle*, Reclam 2007.

dass eine echte Narration nicht nur eine kausale Verknüpfung einer ersten und einer zweiten Begebenheit verlangt (Tod des Königs und Tod der Königin, kausal verknüpft durch Trauer). Vielmehr fehlt eine zweite Version, etwa in der Form des Verdachts der Andersheit, dass etwa die Trauer nur vorgespielt sei: »Der König starb und dann starb die Königin – trotzdem.«

6. *Auseinanderklaffende Werturteile.* Ein und dieselbe intentionale Handlung kann von unterschiedlichen Menschen derart unterschiedlich bewertet werden, dass dies zum Knotenpunkt einer Narration werden kann, in der jemand mit diesen verschiedenen Bewertungen spielt. Wenn man einem Vegetarier detailreich von einer erfolgreichen Jagd berichtet, kann dies einen Dritten, der beide beobachtet, dazu veranlassen, die beiden unterstellten Werteinschätzungen der Jagd gegeneinanderzuhalten.
7. *Verschiedene Attribution von Verantwortung.* Wie wir anhand der biblischen Geschichte Adams bereits durchexerziert haben, können sich die verschiedenen Versionen durch verschiedene Attribution von Verantwortung unterscheiden. Ob Evas Beteiligung Adam rechtfertigt oder nur ein zusätzliches Detail seiner Verantwortung ausmacht, liefert je eine Version der Geschichte.
8. *Moralische Unklarheit.* Ein Akt kann von allen gleich beschrieben werden und auch von den Handelnden und Beobachtern ohne große subjektive Differenz wiedergegeben werden. Und doch kann er Anlass zahlreicher Versionen werden, wenn er in ein moralisches Vakuum oder Dilemma führt. Dann können die Beobachter und Rezipienten die Geschichte in vielen Nuancen durchspielen, um zu erproben, ob diese Nuancen eine moralische Differenz bewirken. Das Paradebeispiel des neunzehnten Jahrhunderts sind Ehebruch und Duell. Prinzipiell ist es seit etwa 1800 in weiten Kreisen des europäischen Bürgertums anerkannt, dass es gute Gründe für eine Scheidung geben kann. (Goethes *Wahlverwandtschaften* haben hier sicher ein Beispiel geliefert.) Doch im Einzelfall wird Verschuldung gesucht, und der Ehebruch bleibt problematisch (auch wenn die literarischen Texte wie *Madame Bovary*, *La Regenta* oder *Effi Briest* aus heutiger Sicht nur noch selten als Dokumente der moralischen Fehler der Ehebrecherinnen gelesen werden). Entsprechend heiß werden alle echten wie fiktiven Fälle diskutiert, in Versionen aufgespalten, die die moralische Lage mal so und mal so darlegen.

Damit ist die Liste der Möglichkeiten von Widersprüchlichkeiten sicher nicht abgedeckt, doch ist angedeutet, dass sich eine Widersprüchlichkeit oder zumindest Ambiguität auf diversen Ebenen einstellen kann und mithin je nach Kontext zu einer Mannigfaltigkeit an Versionen führen kann.

6. Spannung als Fall der Vielversionalität

Die in die Zukunft gewendete Pluralität der Versionen erzeugt Spannung. Während ein Bericht vorgetragen oder gelesen wird, ist dem Rezipienten meist nicht bekannt, wie es weitergeht. Daraus resultiert ja die eigentümliche Spannung von Berichten und Erzählungen, dass wir wissen wollen, wie es ausgeht. Solange wir noch nicht wissen, was passieren wird, stehen potenziell zahlreiche mögliche Geschehen und mithin Versionen zur Diskussion. Bevor wir das Ende nicht kennen, ist alles möglich. Harry Potter könnte einen Opfertod erleiden, könnte Dumbledore zum Leben erwecken, zu Lord Voldemort mutieren oder schlicht triumphieren. Ebenso können sich in jeder Schilderung eines Schultages durch ein Kind die Höllenpforten öffnen. Potenzielle Vielversionalität (und mithin Narrativität) macht auch hier den Reiz des Hörens oder Lesens von Geschehnissen aus.

Strukturell sind die retrospektive Vieldimensionalität der Ausrede und die sich erst entfaltende Offenheit der Geschichte aus Sicht der Rezipienten eng miteinander verbunden, insofern der Rezipient in beiden Fällen die Lücken der Geschichte füllen muss und sich je zwischen verschiedenen Versionen befindet. Im Falle der retrospektiven Narrativierung wie in dem Herodot-Beispiel geht es dabei entweder um die Lücken innerhalb einer Geschichte oder um das Lesen »gegen den Strich«, wodurch eine angebotene Version angezweifelt wird. Im Falle der sich entfaltenden spannenden Geschichte geht es um das Fortspinnen dessen, was alles möglich ist. Letzteres tendiert dabei deutlich zur Entfaltung von Handlung, während Ersteres tendentiell eher die inneren Dimensionen, Motivationen, Intentionen und Emotionen betrifft.

Es sei hier kurz erinnert, dass Roland Barthes in *S/Z* nur zwei seiner fünf Codes zugestanden hat, eine sich zeitlich entfaltende Dimension zu besitzen. Zum einen nennt Barthes den Code der

Handlungen, die sich entfalten, und mithin auf eine Zukunft hinsteuern, zum anderen einen hermeneutischen Code, der auf die Lösung eines Rätsels drängt.[41] Diese beiden Codes stehen zumindest in Analogie zur eben eingeführten Unterscheidung der beiden Formen von Vieldimensionalität, also der auf die Zukunft gerichteten Ungewissheit, was passieren wird, und der Ex-post-Deutung dessen, was bereits geschehen ist. Während der Code der Handlungen auf die Zukunft gerichtet ist, gilt der hermeneutische Code der Lüftung eines Rätsels, dessen Antwort bereits feststeht, auch wenn die Enthüllung erst im Laufe des Textes erfolgt.

Dieser kurze Hinweis auf die handlungsbezogene Spannung soll in dem Kontext der retrospektiven Ausrede zugleich noch einmal dazu dienen, die evokative Dimension von Narration zu betonen. Spannung nimmt einen gefangen. In dem Moment, in dem wir beginnen, die Zukunft einer Geschichte auszumalen und zu kreieren, sind wir in die Geschichte involviert. Wir zittern mit, wollen wissen, wie es weitergeht und ob sich unsere Ahnung, Hoffnung oder Befürchtung bestätigt. Diese Spannung ist die in die Zukunft gerichtete Ausrede. Denn auch im Falle des retrospektiven Verdachts, dass alles anders gewesen sein könnte, werden wir gepackt und wollen der Sache auf den Grund gehen. Hier liegt das Pathos der Exegese verborgen, wie ja überhaupt das Lesen und Deuten von Narrationen nie eine emotional neutrale Angelegenheit ist.

Auch wer eine Ausrede erzeugt, verhält sich in emotionaler Hinsicht nicht kalkulierend neutral zu den verschiedenen Versionen, und zwar nicht nur, weil seine Version ihm strategische Vorteile verschafft. Vielmehr ist er emotional involviert, glaubt seiner Version, selbst wenn es eine Lüge ist, und verteidigt sie bisweilen, auch wo ihm dies Schaden bereitet. Man denke an die Kinder, die ihre schlechten Ausreden auch dann verteidigen, wenn eine einfache Entschuldigung ihnen Straffreiheit gewähren würde.

7. Das Mysterium des Ich als Quelle von Narration

Ohne mit Bewusstsein handelnde Personen gibt es keine Narration. So haben wir es oben postuliert. Wir wollen hoffen, dass wir im

41 Roland Barthes, *S/Z*, Frankfurt 1976.

Laufe dieser Untersuchung eine Erklärung und Präzisierung dieser Behauptung finden werden. Dies wird in einem Dreischritt erfolgen, wenn wir in diesem, dem dritten und fünften Kapitel je auf die Frage des Ich zurückkommen.

Aufbauend auf die Befunde dieses Kapitels muss zunächst betont werden, dass sich ein Bewusstsein nicht auf einen von außen einsehbaren Mechanismus reduzieren lässt, selbst wenn es durchaus von innen als ein Mechanismus (mit seinen eigenen Idiosynkrasien) beschrieben werden kann (aber nicht muss). Narration ist möglich, wo über das Bewusstsein eines anderen spekuliert wird. (Man kann aber auch über das eigene Bewusstsein spekulieren wie über das Bewusstsein eines anderen.) Insofern bezeichnet das »Bewusstsein« in dieser Untersuchung die Black Box, die letztlich für die Vielfalt möglicher Versionen zuständig ist. Wenn man das »Bewusstsein« eines Wesens vollständig aufschlüsseln könnte, dergestalt dass seine Reaktionen vorab kalkuliert werden können, dürfte damit die Möglichkeit verschwinden, dass dieses zum Träger einer Narration wird. Nur aus Sicht eines Nichtwissenden, aber Ahnenden besteht die Vielfalt der Versionen (Abschnitt 5).

Zu den Reaktionen und Reflexen eines Bewusstseins, die einer Darstellung narratives Potenzial verleihen, da sie sich einem einfachen Bericht entziehen, gehören auch die Gefühle. Gerade die Gefühle haben hier einen besonderen Status, insofern sie ein primärer, ja vielleicht der primäre Ausdruck von Bewusstsein sind.[42] Wenn wir jemandem ein Gefühl zusprechen, gehen wir damit gleichsam davon aus, dass er, sie oder es auch ein Bewusstsein hat.

Kaum etwas hat denn auch eine derart zweischneidige Position in Erzählungen wie Gefühle, denn Gefühle stellen zugleich eine Form des Selbstbezugs eines Individuums *und* der Kommunikation mit anderen dar. Wenn wir einem anderen ein Gefühl zusprechen, von dem wir in einer Erzählung hören,[43] so kann dies ein kompliziertes Tarieren von Möglichkeiten in Gang setzen, die je nach Erzählung von einem Hörer aktiviert werden können. Der Hörer kann versuchen, einen *vorherigen* Anlass für das Gefühl zu suchen. Er kann aber auch die Funktion der Emotion in einer kommunikativen Leistung suchen, die andere *künftig* beeinflussen

42 Vgl. Eva-Maria Engelen, *Gefühle*.

43 Ich klammere hier die weitere Komplikation aus, wie wir zu dem Eindruck kommen, ein Charakter in einer Erzählung oder ein Erzähler habe ein Gefühl.

soll. (Ich unterscheide hier weiterhin zwischen dem »inneren« Gefühl und der nach »außen« gerichteten, kommunikativen Emotion, siehe Fußnote 43.) In beiden Fällen muss der Hörer Annahmen machen, wie Gefühl und Situation sich zueinander verhalten und wie beide in dem Inneren eines Wesens, einem Bewusstsein, verkoppelt werden. Selbst bei den stärksten Affekten oder Basisgefühlen[44] gibt es wohl kein Gefühl, das nicht unterschiedlich als Antwort auf eine Situation erlernt oder strategisch zur Beeinflussung anderer eingesetzt werden kann. Eben die Gleichzeitigkeit von dem Gefühl als dem (nie ganz einsehbaren) Effekt früherer Kräfte und der Emotion als (ebenfalls ungewissen und ja auch »unbewussten«) Versuch der künftigen Beeinflussung anderer verleiht dem Gefühl eine ungeheure narrative Suggestionskraft. Selbst dem Fühlenden wird nicht unterstellt, er verstehe sein Gefühl. Hinzu kommt noch, dass die Gefühle eine große Plastizität haben und von einem Extrem ins andere umschlagen können, wie oft attestiert wird, so dass Gefühle prinzipiell als vieldeutig gelten können beziehungsweise historisch von uns in die Position der Vieldeutigkeit erhoben worden sind.

Diese subjektive Einwirkung des Handelnden auf die Handlung und des Erzählers auf das Erzählte ist entscheidend. Sie geht so weit, dass die Handlung und das Dargestellte (also das, was im Bericht der Sachverhalt ist) in jeder Hinsicht davon geprägt ist oder sein könnte. Je nach dem von uns unterstellten Bewusstsein beziehungsweise je nach unterstellter Intention bestimmen wir, welche Handlung vorliegt, und unterscheiden etwa zwischen Unfall, Leichtsinn, Fährlässigkeit oder Verbrechen. Es gibt, wenn wir von Handelnden mit Bewusstsein sprechen, keine neutrale empirische Beschreibung, selbst wenn die Bewegungsabfolge identisch ist. Die Handlung Adams, so hatten wir gesagt, könnte im Essen des Apfels bestehen oder in dem Ausführen einer Anweisung Evas. Eine Tat kann im Mord eines anderen bestehen oder in der Selbstverteidigung, bei der der andere zu Tode kommt. In beiden Fällen ändert die Definition derselben Tat ihre Beurteilung und Bewertung.

Es gibt keine Urversion einer empirischen Realität, die verschiedene Erzähler schlicht anders wiedergeben. Selbst wenn äußerlich verwandte Sachverhalte von zwei verschiedenen Erzählern verar-

44 Jaak Panksepp, »Affective Consciousness. Core Emotional Feelings in Animals and Humans«, in: *Consciousness and Cognition* 14 (2005), S. 30-80.

beitet und verbalisiert werden, stehen diese zwar nicht in einem logischen Gegensatz, schließen sich aber dennoch wechselseitig aus. Es ist diese Rolle des Bewusstseins, also des uneinsehbaren Bewusstseins der anderen, das Narration möglich und notwendig macht. Einen Bericht einer Handlung narrativ zu verstehen heißt entsprechend die eine Variante einer Tat in eine andere übersetzen zu können, das Essen eines Apfels und das Hören auf Eva. Narrationen aktivieren dabei mögliche, aber nicht schlicht konstatierte Varianten, das heißt, sie stellen Mutmaßungen über ein Bewusstsein an. Einen Bericht narrativ zu verstehen heißt im Sinne der obigen Ausführungen, einen alternativen Bewusstseinszustand als den nahegelegten anzunehmen.

Das Mysterium des Ich regiert. Ein Ich kann dabei durchaus auch einem nichtmenschlichen Tier oder einem Roboter zugeschrieben werden.[45] Der Narrativierung stehen dabei Strategien und Techniken der Entnarrativierung gegenüber, die das Bewusstsein des anderen auf eine berechenbare Maschine reduzieren. Auch wo wir etwa einen individuellen Stil zur bloßen Masche erklären und als nicht authentisch deklassieren, dort schwindet das Potenzial des Narrativen drastisch. Dort wo die Black Box des Ich entthront wird, verschwindet auch diese Art der Narration, wird schematisch, langweilig, nicht narrativ.

Das Bewusstsein des anderen, seine »Psyche« oder sein Ich, erlaubt eine Vervielfältigung der Versionen auf zwei Ebenen. Zum einen kann über die Charaktere einer Narration gerätselt werden, also gefragt werden, welche Motivation, Deutung, Intention, Wertvorstellung, Emotion, Einstellung und so fort sie treibt. Zum anderen kann auch die Position des Erzählers (sei es ein expliziter oder impliziter) in diese Überlegungen einbezogen werden und gefragt werden, wie er die Ereignisse wahrnimmt und prägt und wie dies entsprechend die Vorstellung einer idiosynkratischen Psyche erzeugt. In beiden Fällen können dabei diverse »Tiefenschichten«

45 Insofern habe ich hier wenig Bedenken, auch Robotern die Möglichkeit eines »Bewusstseins« zu unterstellen. Die Diskussion um das »Bewusstsein« scheint mir, wie Colin Allen und Wendell Wallach herausstellen, eher von falschen Befürchtungen der Nicht-Unterscheidbarkeit zwischen Mensch und Maschine geleitet zu sein. Man muss, um Mensch zu sein, nicht auf ein Bewusstseinsmonopol pochen, vgl. Wendell Wallach, Colin Allen, *Moral Machines. Teaching Robots Right from Wrong*, Oxford und New York 2009.

einer Psyche konstruiert werden. Je mehr spekuliert wird, dass andere, auch dem Akteur selbst vielleicht unbekannte Motive oder unbewusste Prägungen ihn steuern, desto größer ist das narrative Potenzial. Die Vielfalt der Versionen rührt in beiden Fällen dann daher, dass jedes Individuum, so das narrative Verständnis, gar nicht anders kann, als die beobachteten Sachverhalte seiner Psyche und seinem Erleben anzupassen und sich einzuverleiben, einer Psyche, deren Tiefe erst im narrativen Enträtseln aufgetan wird und also erst im Kopf des Betrachters entsteht.

Literaturwissenschaftler sind es gewohnt, die Neuzeit oder Moderne ideengeschichtlich als die Zeit zu beschreiben, in der der »innere Mensch« zunehmend entdeckt, kodifiziert, diskursiviert und verwissenschaftlicht wurde. Auffällig ist etwa, dass sich die meisten europäischen Literaturformen der letzten zwei- bis dreihundert Jahre auf eine Größe konzentriert haben, um ihr potenzielle Widersprüche und mithin Narration abzugewinnen: den inneren Menschen mit seiner »Psyche« beziehungsweise seinem von außen nicht direkt einsehbaren »Innenleben«. Die Erfindung des Unbewussten um 1800[46] und seine erneute Popularisierung um und nach 1900[47] hat eine Vielzahl von literarischen Strömungen beeinflusst. Dies soll aber nicht heißen, dass diese Entdeckung der Innenwelt ihre Wurzeln nicht viel früher, also bereits im Mittelalter bei den Scholastikern hat, die wiederum auf eine reiche Literatur der klassischen und vorklassischen Antike aufbauen.[48] Es gibt wohl schlicht keine Literatur, die *vor* der Auslotung des inneren Menschen einsetzt. Und es gibt nur wenige Werke, die nicht an entscheidender Stelle zur Spekulation über das »Innenleben« eines Charakters einladen.

Das Ich des Handelnden als Black Box fungiert als Korrelat zur unreduzierbaren Vielversionalität des Narrativen.

In den kommenden Kapiteln werden wir diese Thesen von zwei

46 Vgl. Friedrich A. Kittler, *Dichter, Mutter, Kind*, München 1991.

47 Vgl. Horst Thomé, *Autonomes Ich und »Inneres Ausland«. Studien über Realismus, Tiefenpsychologie und Psychiatrie in deutschen Erzähltexten (1848-1914)*, Tübingen 1993.

48 Vgl. die Untersuchung zum homerischen Menschen von Bruno Snell, *Die Entdeckung des Geistes. Studien zur Entstehung des europäischen Denkens bei den Griechen*, Hamburg 1946. Auch Michel Foucault hat nicht nur die neue Verwaltung des inneren Menschen seit etwa 1750 mit Akribie beschrieben, sondern er hat ebenfalls die spätantike Epoche in den Blick genommen, vgl. *Sexualität und Wahrheit I-III*, Frankfurt am Main 1983-1989.

Seiten her ergänzen. Im dritten Kapitel wird nachgezeichnet, auf welche Art und Weise juristische Beschreibungen von Handlungen ein Interesse daran haben, das Ich oder Bewusstsein dingfest zu machen. Dies kann dazu führen, dass Figuren des Bewusstseins wie *mens rea* oder das schlechte Gewissen als tatsächlich existierende Größen gedacht werden, anstatt als Effekte einer Beschreibung, wie es in diesem Buch vorgeschlagen wird. Im fünften Kapitel wird die Beziehung von Ich und Narration umgedreht, indem gefragt wird, wie Narrationen einer Vorstellung des Ich nützlich sein können.

Kapitel 2
Die frühen Erzählungen
Evolutionsbiologische Überlegungen zu Täuschung und Ausrede

Wie und warum haben Menschen die Fähigkeit zum Erzählen entwickelt? Warum verbringen sie so viel Zeit damit? Und inwiefern sind die Keime des Erzählvermögens noch in heutigen Narrationen aufbewahrt?

In diesem Kapitel soll untersucht werden, welche evolutionären Faktoren in der Ausbildung des Narrationsvermögens eine Rolle gespielt haben und welche kognitiven Fähigkeiten dabei maßgeblich gewesen sein könnten. Zu betonen ist dabei vorab, dass ungeklärt ist, ob evolutionäre Faktoren überhaupt eine direkte Rolle im Erwerb der Erzählfähigkeit gespielt haben. Es ist gut vorstellbar, dass das Erzählvermögen ein bloßes Nebenprodukt etwa der Sprachfähigkeit oder auch des allgemeinen Vermögens, intentionale Handlungen zu verstehen, ist. Voraussetzung dafür wäre wiederum, dass das Sprachvermögen zunächst anderen Funktionen als dem Narrativen galt, was ebenfalls nicht erwiesen ist. Weder wissen wir, von welchen anderen kognitiven Fähigkeiten sich das Narrationsvermögen abgeleitet hat, noch ist geklärt, für welche dieser möglichen Voraussetzungen des Erzählens Selektionsdruck bestanden hat.

Es gibt allerdings eine Reihe von Theorien darüber, welchen Selektionsvorteil das Narrationsvermögen den frühen Menschen verschafft haben könnte. Einige dieser Theorien sollen zunächst referiert und kurz diskutiert werden (Abschnitt 2-3). Diesen bestehenden Theorien soll die These dieses Buches gegenübergestellt werden, dass die ersten Erzählungen Ausreden waren (Abschnitt 5-8). Als Belege wird das Kapitel dabei einerseits evolutionsbiologische Vergleiche zu Primaten heranziehen, andererseits ausgehend von heutigen Narrationen mittels einer rückwärtsgewandten Kalkulation (»reverse engineering«) versuchen, auf die Ursprünge des Erzählens zu schließen.

Zwei Kernthesen der Argumentation seien dabei vorab hervorgehoben:

1. Der entscheidende Schritt zur Narrationsfähigkeit war vielleicht nicht die Sprachfähigkeit. Vielmehr wird vorgeschlagen, dass die Protoerzählung beziehungsweise die Protoerzählsituation bereits vor der Sprache evolutionäre Relevanz hatte.
2. Eine der Konsequenzen der folgenden Überlegungen ist es zudem, dass die »erste Erzählung« nicht im Kopf des Erzählers entstand, sondern im Auge eines Rezipienten, der sich gegenüber einer Protoerzählung zu verhalten hat. Genauer besagt die These, dass ein Beobachter unter bestimmten, wenn auch unwahrscheinlichen Bedingungen in die Lage kommen kann, das Ablenkungsverhalten anderer richtig interpretieren zu müssen.

1. Verschafft das Erzählen einen Selektionsvorteil?

Ein Wort der Vorsicht ist angebracht. Wie kaum eine Disziplin lädt die Evolutionsbiologie zum Spekulieren ein. Dies ist bereits historisch dokumentiert. Kaum hatten sich die Darwin'schen Ideen halbwegs durchgesetzt, übernahmen etwa Herbert Spencer und Darwins Halbcousin Francis Galton diese Ideen und übertrugen sie auf die Beschreibung und aktive Gestaltung der Gesellschaft (wie etwa Sir Francis Galtons Theorien zur Verbesserung der Menschenrasse mittels Eugenik). Man könnte geradezu von einer evolutionären Imagination sprechen, die sich seit der Mitte des neunzehnten Jahrhunderts zum Massenphänomen ausgeweitet hat. Das spricht natürlich nicht gegen die Theorie der Evolution. Es deutet allerdings an, dass evolutionäre Erklärungen offensichtlich gerne erdacht und erfunden werden, um bestehende Formen zu interpretieren oder (wie im Falle des sozialen Darwinismus) zu legitimieren. In der Sprache dieses Buches kann man formulieren, dass die Evolutionstheorie bestens zur Erfindung von Narrationen geeignet ist, weil es immer auch andere Versionen zur Erklärung einer Entwicklung geben könnte.

Wie kann man aber entscheiden, ob tatsächlicher Selektionsdruck für eine im Erbgut verankerte Ausprägung verantwortlich ist oder nicht? Selbst manche scheinbar offensichtlichen Adaptionen an eine Umwelt können sich mehr als einem Faktor verdanken. Selten sind die Biologen in der glücklichen Lage, viele Generationen einer Population hintereinanderreihen zu können, so dass sie mit relativer Sicherheit feststellen können, welche Eigenschaften einzelner Individuen sich warum durchgesetzt haben. Als warnende Beispiele sei etwa an die zwanzig evolutionsbiologischen Theorien zum weiblichen Orgasmus erinnert, die eine je verschiedene Adaption im weiblichen Orgasmus erkennen. Von diesen kann wohl behauptet werden, dass keine einen wirklichen Vorzug aufweist, so dass die Theorie einer zufälligen Entwicklung plausibler bleibt.[1] Ein anderes Beispiel ist die populärwissenschaftlich gern diskutierte Frage, warum die Nordeuropäer vor etwa 11 000 Jahren blondes Haar entwickelt haben. Eine der zirkulierenden Theorien ist, dass blondes Haar Jugend und also Stärke, Gesundheit und Fruchtbarkeit vermittelt, da blondes Haar im Alter normalerweise dunkler wird. Die Haarfarbe wird deshalb zum Selektionsmerkmal, so diese »Theorie«, da im kalten Norden der Rest des Körpers verhüllt ist. Wer einen Geschlechtspartner sucht, tue also gut daran, eine Blondine oder einen Blonden auszuwählen. Diese fadenscheinige Argumentation nimmt dabei sonderbare kulturelle Bedingungen an. Dazu gehört, dass die Männer anscheinend im tiefen Winter Frauen als Partnerinnen »aussuchen«, die ihnen offensichtlich zuvor nicht bekannt waren, denn sonst wüssten sie ja in etwa ihr Alter. Diese armen Freier müssen entsprechend lange Wege durch den Schnee stapfen, um dann eine verhüllte Frau wie die Katze im Sack nach Hause zu schleppen … (Die vorherrschende Theorie verbindet das blonde Haar mit dem sonnenbedingten Vitamin-D-Mangel.)

Die Fehlerquelle dieser Theorien liegt darin, eine bestehende Ausformung von vorneherein als »optimale« Anpassung zu betrachten. Tatsächlich kann den meisten Eigenschaften nur attestiert werden, dass sie bisher schlicht nicht das Aussterben der Art herbeigeführt haben. Ob sie aber glückliche Anpassungen, schlicht akzeptable Kompromisse, Übergangsformen, zufällige Formen, Nebenprodukte anderer Anpassungen oder Relikte sind, ist weniger leicht zu entscheiden, wenn es überhaupt entschieden werden kann.

Die folgenden Überlegungen zu den möglichen Funktionen und evolutionär vielleicht relevanten Aspekten des Narrationsvermögens müssen also mit aller Vorsicht betrachtet werden. Man darf sich fragen, was dann eigentlich der Sinn dieser Übung ist, wenn

1 Zur eingehenden Kritik siehe Elisabeth A. Lloyd, *The Case of the Female Orgasm: Bias in the Science of Evolution*, Cambridge, Mass. 2005.

schließlich nur gesagt werden kann, dass auch die beste Theorie am Ende nichts als Theorie bleibt. Die Antwort hierauf ist einfach: Wir können hoffen, dass die beste Erklärung der Entstehung des Erzählvermögens uns auch den besten Aufschluss über das Wesen, die kulturellen Funktionen und die Formen des Erzählens geben wird. Erzählen ist ein zentrales Medium der Menschlichkeit. Selbst wenn wir feststellen müssen, dass Erzählen ein reines Nebenprodukt anderer Fähigkeiten ist, so kann uns eine nähere Betrachtung dieser anderen Fähigkeiten vielleicht erklären, was die Menschen dazu führt, so viel Zeit mit dem Erzählen zu verbringen, durch Erzählungen zu lernen und Erzählungen aktiv zu erfinden. Auch die Zusammenhänge von Narration und Moral, Erziehung, Innovation und so fort dürften dabei zum Vorschein kommen. Selbst wenn die frühen Funktionen des Erzählens inzwischen längst obsolet geworden sind, so kann doch, vielleicht, aufbauend auf den Ursprüngen eine Genealogie etabliert werden.

Wie also können wir uns der Frage nach evolutionär relevanten Aspekten des Narrationsvermögens annähern?[2] Die Möglichkeit der direkten Beobachtung dieser Evolution besteht nicht. Auch gibt es denkbar wenige Vergleichsbeispiele im Tierreich. Hier bieten sich immerhin noch folgende Mittel an:

1. Archäologische Befunde zur kulturellen Entwicklung der Hominiden.
2. Die Beobachtung bei den Menschen nahe verwandten Arten, also vor allem den, wie man annimmt, erst vor etwa 6 Millionen Jahren vom Menschen getrennten Schimpansen und Bonobos. Gibt es hier Verhaltensformen, die dem Erzählen eine Funktion zuweisen könnten?
3. Untersuchung der Tätigkeit im Gehirn, wenn Narrationen erdacht, wiedergegeben oder gehört werden, etwa mittels fMRI und anderen Brain-Imaging-Verfahren.[3]

2 Vgl. hier auch die Arbeit von Michelle Scalise Sugiyama, »Reverse-Engineering Narrative: Evidence of Special Design«. Diese Arbeit hat den Vorzug einer vorsichtigen methodischen Annäherung an die Frage von Evolution und Narration, krankt dann aber, meiner Meinung nach, an einem zu simplen Narrationsbegriff (nämlich als bloßer Abbildung von Ereignissen).

3 Bei allem Optimismus sei hier an die Grenzen der zur Verfügung stehenden Mittel erinnert. Brain Imaging, Tomographie und fMRI liefern sehr grobe Muster von

4. Die Bezugnahme auf andere Fähigkeiten und Adaptionen, die mit der Narrationsfähigkeit verbunden sein dürften oder könnten. Hierzu gehören neben der Sprachfähigkeit etwa die bildliche oder akustische Repräsentation, aber auch die Kommunikation im Allgemeinen, etwa mittels Gesten,[4] die Imitation, das Gedächtnis, das Verstehen anderer Individuen (*Theory of Mind*[5]), das Verstehen von Ursache und Wirkung, zeitlicher Aufeinanderfolge und imaginärer Vorgänge.
5. Die Analyse des Erwerbs der Erzählfähigkeit bei Kindern.[6]
6. Das Studium von Läsionen, Aphasien und anderen Gehirnstörungen.[7]
7. Das Reverse Engineering, wenn ausgehend von tatsächlichen Narrationen auf ihre Grundstruktur und auf ihren Ursprung geschlossen wird.[8]
8. Experimentelle Verfahren, die uns Aufschluss über erfolgreiche und als befriedigend wahrgenommene Narrationen gewähren.[9]
9. Interkulturelle Vergleiche von Narrationen.[10]
10. Die Geschichte der Kunstform der Narrationen, also Litera-

Durchblutungsmengen im Gehirn. Wir sind noch weit davon entfernt, konkrete Prozessverläufe wie beim Erzählen in Echtzeit verfolgen zu können.

4 Michael Tomasello betont etwa eindringlich, dass der Beginn menschlicher Kommunikation weniger in akustischen Signalen als vielmehr im Austausch von individuellen Gesten zu suchen sei; Michael Tomassello, *Die Ursprünge menschlicher Kommunikation*, Frankfurt am Main 2010, S. 30-40.

5 Also die Fähigkeit, eine mentale Vorstellung von den Intentionen, dem Wissen und dem Befinden (»mind«) eines anderen zu entwickeln, siehe Kapitel 6.

6 Zur Einführung, wenn auch teilweise überholt, siehe Michael Bamberg (Hg.), *Narrative Development. Six Approaches*, Mahwah, NJ. 1997.

7 So schon Roman Jakobson, *Kindersprache, Aphasie und allgemeine Lautgesetze*, Frankfurt am Main 1992.

8 Dieses Verfahren hat Wladimir Propp entwickelt; siehe Wladimir Propp, *Morphologie des Märchens*, München 1984 [1928].

9 Hier denke ich etwa an die Versuche wie diejenigen von Ara Norenzayan und Kollegen, die getestet haben, welche Erzählungen am genauesten erinnert oder im »Stille-Post«-Verfahren weitergegeben werden. Vgl. Ara Norenzayan, Scott Atran, Jason Faulkner, Jason und Mark Schaller, »Memory and Mystery. The Cultural Selection of Minimally Counterintuitive Narratives«, in: *Cognitive Science: A Multidisciplinary Journal* 30 (2006), S. 531-553. Der Frage des Selektionsvorteils von Narrationen können diese und verwandte Studien natürlich nur sehr indirekt näherkommen.

10 So bereits James G. F. Frazer, *The Golden Bough. A Study in Magic and Religion*, New York und London 1890.

tur und Fiktion, sofern diese etwa in Mythen (schriftlich oder mündlich) überliefert ist.

11. Und schließlich die aus den Lebenssituationen abgeleiteten Annahmen über die Vorteile, die sich aus der Narrationsfähigkeit ergeben haben könnten oder immer noch ergeben.

Diese erste Liste an möglichen Vorgehensarten kann uns zumindest gedämpft optimistisch stimmen, dass wir uns der Frage wenigstens annähern können. Doch auch mit diesem Instrumentarium wird uns die Entscheidung schwerfallen, ob die Vorteile, die sich den Menschen aus dem Narrationsvermögen vielleicht ergeben haben könnten, derart massiv waren, dass sie selektiv zur Geltung kamen. Es bleibt, wenn nicht deutliche Belege angeführt werden können, immerhin eine durchaus plausible Hypothese, dass Menschen erzählen gelernt haben, weil sie bereits sprechen konnten und plötzlich auch die Zeit hatten, es zu tun, ohne dass ihnen das Erzählen per se einen Selektionsvorteil eröffnet hat.[11] Sowohl die Sprachfähigkeit als auch der Zeitgewinn dürften (doch auch das ist nicht vorab zu entscheiden) in der Tat Produkte von echtem Selektionsdruck sein.[12] Aber ob das Narrationsvermögen diese oder andere Vorteile weiter gesteigert hat, muss erst aufgezeigt werden.

Im Folgenden sollen daher einige der möglichen Theorien zum evolutionären Ursprung des Erzählens auf ihre Wahrscheinlichkeit hin geprüft werden. Im Anschluss wird ab Abschnitt 4 die These dieses Buches, die den Lesern natürlich bereits bekannt ist, weiter entfaltet.

2. Ursprung von Narration: Kooperation?

Eine Reihe von Theorien ist in den letzten Jahren den möglichen positiven Effekten des Erzählens für den Zusammenhalt von sozialen Gruppen nachgegangen. In der Tat gehört der große soziale Verband der Menschen zu einem ihrer Wesenszüge und es ist insofern naheliegend, in der Herausbildung solcher großer Gruppenverbände einen Überlebensvorteil zu finden. Ein großer Gruppenverband ist einer Vielzahl von Aufgaben und Situationen besser

11 Siehe Michelle Scalise Sugiyama, »Reverse-Engineering Narrative«.

12 Siehe Tecumseh Fitch, *Origins of Language.*

gewachsen, als es ein kleiner wäre. Dazu gehören etwa Kooperation in der Großwildjagd, das Aufsuchen von Nahrungsquellen in einem weiten Gebiet, die Verteidigung gegen Feinde und Arbeitsaufteilung etwa in der Aufzucht des Nachwuchses. Allerdings ist die Vergößerung der sozialen Verbände auch mit einer Reihe von Nachteilen verbunden. Bei Nahrungsknappheit (Dürre, Winter etc.) könnten auf dem gleichen Gebiet mehrere Kleinverbände insofern eine bessere Überlebenschance haben, wenn zumindest ein besonders spezialisierter Kleinverband die Notzeit überstehen kann, während im Falle einer Großgruppe die ganze Population gefährdet ist. Man muss die optimale Gruppengröße daher artspezifisch von zahlreichen Faktoren abhängig machen und auch die Entwicklung von Untergruppen untersuchen.[13]

Zudem darf nicht unterschätzt werden, dass größere soziale Gruppen auch eine Vielfalt von internen sozialen Konflikten und Machtkämpfen produzieren, die zumindest Zeit kosten und zudem mit Verletzungsgefahr einhergehen (wie schon die Machtkämpfe unter den Schimpansen innerhalb einer Gruppe demonstrieren). Hier gibt es sicherlich verschiedene Strategien der Konfliktminimierung. Staatenbildende Insekten leisten dies anscheinend anders als Primaten. Primaten befinden sich in intensivem kommunikativem Austausch untereinander, in dem vor allem ihr Status und ihre Rollen in der Gruppe verhandelt werden. Man darf annehmen, dass diese soziale Kommunikation die Gruppe festigt. Dieser Austausch wiederum verlangt die Ausbildung eines großen Gehirns, die wiederum auf Kosten der Ausbildung anderer Organe geht. Jede Form der Kooperation besitzt zudem das Risiko des unerwiderten Altruismus, das dem Individuum in evolutionärer Hinsicht meist schädlich sein dürfte. In großen Gruppen profitiert, das ist das Risiko, der Faulste, der seine Reserven auf Kosten anderer schont.[14]

Altruismus ist natürlich ein großes Risiko für Träger von Erbgut. Sicherlich gibt es Phänomene des Altruismus, die evolutionär eindeutig sinnvoll sind. Dazu gehören die Aufopferung von nicht fortpflanzungsfähigen Ameisen zugunsten der Königin oder das Opfer des Spinnenmännchens nach Weitergabe des Erbguts als

13 So bereits Hans Kummer, *Primate Societies. Group Techniques of Ecological Adaption*, Chicago und New York 1971.

14 Daher ist das altruistische Strafen für hochsoziale Wesen derartig wichtig, siehe William Flesch, *Comeuppance*.

Nahrungsquelle für das nun allein entscheidende Weibchen. Bei Säugetieren ist Altruismus allerdings problematisch, wenn er nicht durch massiven Vorteil ausgeglichen wird. »Ich opfere mich gerne für zwei Geschwister oder acht Cousins«, wie John B. S. Haldane einmal pointiert äußerte. Daher soll die Frage des Altruismus im vorliegenden Kontext als eine Frage der Reziprozität gestellt werden: Wie kann sichergestellt werden, dass der der Gruppe dienende Akt auch für das Individuum vorteilhaft ist?

Eine Reihe von Theorien zum Erwerb der Narrationsfähigkeit setzen eben hier an, indem sie zu zeigen versuchen, dass Narrationen beziehungsweise die Rituale des Erzählens den Gruppenverband direkt festigen oder indirekt die negativen Effekte der Großverbände und der sozialen Kooperation ausgleichen können, so dass wiederum die positiven Faktoren deutlicher zum Zuge kommen können.

A) Mythos und Gruppenidentität (Durkheim)

Eine weitverbreitete Annahme ist, dass die frühen Menschenkulturen der nomadischen Sammler- und Jägergesellschaften mittels Ritualen und Mythen ihren sozialen Verband befestigt haben. Die Idee ist hier, dass die Mitglieder einer Gruppe sich stärker mit der Gemeinschaft als Ganzem identifizieren, wenn die Einheit symbolisch repräsentiert, dargestellt oder inszeniert wird. Dazu eignen sich rituelle und künstlerische Praktiken wie etwa Gesang, religiöse Handlungen wie Opfer und Übergangsriten (rite de passage), Sportwettkämpfe, Malereien, theatralische Imitationen von Jagdszenen oder Erzählungen von Mythen, um nur ein paar der Praktiken zu nennen, die von Ethnologen seit vielen Jahrhunderten in den meisten Gesellschaften (inklusive der westlichen Gegenwartskultur) beobachtet werden. Viele dieser Praktiken haben dabei eine narrative Struktur (Mythen, Imitation von Jagdszenen, Theater, Rituale) und werden allem Anschein nach von den Gruppenmitgliedern ernst genommen. Dies drückt sich etwa darin aus, dass sie oft die einzigen Aktivitäten sind, bei denen alle Gruppenmitglieder teilnehmen (es sei denn, sie sind nur einer privilegierten Gruppe zugänglich), und dass die Teilnahme oder Nichtteilnahme sanktioniert wird. Insofern könnte ein oder der Ursprung von Narration im Mythos gesucht werden.

Hinter diesen kollektiven Veranstaltungen könnte nun die evolutionär relevante Idee der Kooperation stehen. Wer sich deutlich in die Gemeinschaft der Gruppe aufgenommen sieht, könnte eher dazu bereit sein, zugunsten des Kollektivs zu kooperieren und dabei auch Opfer zu bringen. Wer etwa ein Stammesmitglied aus Lebensgefahr rettet, ohne sich dabei selbst in große Gefahr zu bringen, hat in evolutionärer Hinsicht sicherlich schlau gehandelt, da der Gerettete vielleicht einmal in die Lage der Erwiderung kommt und zudem vermutlich einen gewissen Prozentsatz an Genen mit dem Retter teilt. (Es sei allerdings erneut daran erinnert, dass nicht jede Kooperation dem Einzelnen hilft.)

Tatsächlich haben Ethnologen vor allem seit Ende des neunzehnten Jahrhunderts nach dem funktionalen Hintergrund dieses Verhaltens gesucht und ihn regelmäßig, aber keineswegs ausschließlich in der Stärkung des Gruppenzusammenhalts gefunden. Was vielleicht auf den ersten Blick plausibel klingen mag, wird allerdings problematisch, wenn man sich fragt, wie genau denn dies funktioniert. Man muss sich vor Augen führen, dass die Gruppe anscheinend ohnehin die Muße hat, gemeinsam Zeit zu verbringen, ohne dabei unmittelbare körperliche Bedürfnisse zu befriedigen. Man könnte also schlicht annehmen, dass die Gruppe so oder so soziale Zeit miteinander verbringt. Es ist also keinesfalls eindeutig, ob die Gruppe durch das narrativ strukturierte Ritual einen relevanten »Sozietätsgewinn« verbuchen kann.

Um die Theorie der Gruppenstärkung durch narrativ strukturierte Rituale konkreter zu fassen, soll hier exemplarisch eine der zentralen Theoriebildungen aufgegriffen werden, wie sie kanonisch 1912 von Emile Durkheim in *Die elementaren Formen des religiösen Lebens* formuliert wurde. Durkheims Theorie ist dabei sicherlich nicht der einzige Versuch, dem Kern der rituell verfassten Gesellschaften näher zu kommen, aber es ist eine der bis heute einflussreichsten Antworten auf die Frage, wie Gruppen durch Rituale verfestigt werden.

Durkheims zentrale These ist, dass die menschlichen Kulturen und Verbände sich dadurch verfestigen, dass die Gruppe als Ganzes eine konkrete Identität erhält, die jedem Einzelnen vor Augen steht. Da das Kollektiv und Gemeinwohl als Ganzes eigentlich nur als Abstraktum gedacht werden kann, so Durkheim, welches den Mitgliedern emotional und intellektuell unzugänglich bleibt, muss diese abstrakte Existenz des Kollektivs als ein konkretes Ding fassbar werden. Dies leistet das Totem. Das Totem, Durkheim versteht darunter ausgehend von ethnologischen Studien seiner Zeit meist Tier- und Pflanzenarten, fungiert dabei nicht nur als arbiträres Zeichen, sondern unmittelbar als das Wesen oder die Identität der Gruppe. In Mythen wird dieses mythische Totemwesen als handelnde Gestalt überhöht, die über das Wohlergehen der Gruppe entscheidet und etwa ihr Retter in der Not sein kann. Gewonnen wird dieses Totem (in sachlicher Nähe zu Freuds fast zeitgleicher Theoriebildung[15]) durch einen Opferprozess, in dem das heiliggesprochene, tabuisierte Totem in rituell tradierten Prozessen von den Gruppenmitgliedern gegessen, also verinnerlicht wird. Mittels dieser Verinnerlichung partizipieren die Gruppenmitglieder am Totem, gleichen sich dadurch an, da sie ja von innen durch dieses durchdrungen werden, erhalten somit eine Identität und werden die Gemeinschaft des Totems.[16]

Für die vorliegende Frage ist die Annahme über den Mechanismus der Gruppenstärkung von größerer Bedeutung als der genaue Prozess, wie dieses Totem gewonnen wird, und sie ist auch relevanter als die narrative Form der Mythen. Durkheim nimmt an, dass die Gruppe dadurch gestärkt wird, dass sie eine konkrete Identität erhält, die jedem Mitglied der Gruppe stets bewusst ist und seine Identität prägt. »Ich bin ein Teil des Känguruklans« und »ich bin ein Känguru«. Der funktionale Kern des Rituals und mithin auch der Narration ist diese Identitätszuschreibung.

Dürfen wir also annehmen, dass der evolutionär relevante Aspekt der Narrationsentwicklung in der Zuschreibung von Identität liegt? Dafür könnte sprechen, so könnte man anhand von Durkheims Argumentation vorschlagen, dass erstens alle oder doch die größte Anzahl der Kulturen über ein derartiges identitätsstiftendes Totem verfügen. Zweitens könnte dafür sprechen, dass eine derartige Identität der Gruppenmitglieder in der Tat den Zusammenhalt nach innen und nach außen gegen andere Gruppen stärkt, und drittens,

15 Siehe Sigmund Freud, *Totem und Tabu*, in: Ders., *Studienausgabe, Bd. 9: Fragen der Gesellschaft, Ursprünge der Religion*, hg. v. Alexander Mitscherlich, Angela Richards, James Strachey, Frankfurt am Main 2000, S. 287–444. Freud ergänzt dabei einen konkreten Mechanismus der Schulderzeugung, der die Gruppenmitglieder bannt.

16 Vgl. Emile Durkheim, *Die elementaren Formen des religiösen Lebens*, Frankfurt am Main 1994.

dass die Mythen innerhalb der Gruppe eine funktionale Differenzierung fördern oder verfestigen, in denen einige (der Ritusführer, ein Geschichtenerzähler) näher an der Macht des Ritus stehen als andere.

Jeder dieser Punkte erscheint mir zumindest zweifelhaft. Durkheim kann sich mit seiner Annahme, alle Kulturen oder zumindest die meisten hätten konkrete totemistische Identitäten, durchaus auf zahlreiche ethnologische Studien seiner Zeit stützen. Auch in der Populärkultur hat sich bis heute die Vorstellung erhalten, dass etwa die Indianerstämme sich konkret mittels ihrer Totemtiere »identifizieren«. Doch diese Annahme könnte auf einem westlichen Vorurteil beruhen, dass ein Individuum oder eine individuelle Gruppe eine sich und anderen mitteilbare Identität brauche. Mir scheint, dass dieser Identitätszwang ein Produkt der komplexen Verschränkung der Geschichte der westlichen Ökonomie mit Vorstellungen von Individualität ist und eben keine menschliche Universalie ausmacht. Gerade um 1900, in der Zeit also, als Durkheim und auch Freud mit seinen verwandten Thesen arbeiteten, hatte dieser Identitäts- oder Ich-Zwang einen enormen Einfluss auf zahlreiche Praktiken und Denkformen. Man denke nur an den Nationalismus der europäischen Mächte vor dem Ersten Weltkrieg, der einen Ethnologen an totemistische Kulte erinnern könnte. Insofern ist es naheliegend zu vermuten, dass Durkheim seine anthropologischen Annahmen über die Gruppenbildung ungewollt und relativ unreflektiert von der Strukturform der westlichen Moderne mit ihrer Betonung der Corporate Identity abgeleitet hat und dabei die Bedeutung des Totems als individuelle Identität verwestlicht hat.

Es ist zudem auch nicht klar einsehbar, warum eine individuelle Identität wie die des Totems unbedingt den Gruppenzusammenhalt auf vorteilhafte Art und Weise verstärkt. Die Abschottung von Gruppen unter totemistischen Symbolen hat Feindschaften und Kriege gefördert. Die rituelle Tätigkeit und das zeitaufwendige Pflegen der Tabus rund um das Totem müssten also evolutionär deutlich vorteilhaft sein, um sich trotz Zeitinvestition durchzusetzen. Da etwa die Menschenaffen, aber auch andere Primaten wie die Kapuzineraffen[17] und viele Säugetierarten ausgeprägte soziale

17 Zum Lernen der Kapuzineraffen vgl. Phyllis C. Lee und Antonio C. de A. Moura, »Capuchin Stone Tool Use in Caatinga Dry Forest«, in: *Science* 306 (2004), S. 1909.

Zugehörigkeitsformen entwickeln, ohne dazu auf Rituale zurückgreifen zu müssen, stehen hier viele offene Fragen.

B) Klatschgeschichten als Ersatz des Lausens (Dunbar)

Der englische Psychologe Robin Dunbar ist einer der Vertreter der These, dass die Menschen einen entscheidenden Selektionsvorteil erringen konnten, indem sie die Gruppen vergrößerten. Er geht davon aus, dass die meisten Affen inklusive der Menschenaffen eine maximale Gruppengröße von etwa 50 Individuen haben. Diese Obergrenze begründet Dunbar mit der Schwierigkeit, den Sozialverband dergestalt zusammenzuhalten, dass jedes Individuum mit jedem a) eine direkte Beziehung haben müsse, dies aber b) vornehmlich durch Lausen bewerkstellige. Aus diesen beiden Bedingungen und aus Gründen der beschränkten zeitlichen Kapazität ergebe sich, so Dunbar, eine Obergrenze von Individuen in einer Gruppe.[18] Dunbar vermutet, dass den Affen höchstens 30-40% des Tages zum Lausen zur Verfügung stehe. Insofern nimmt Dunbar an, dass der Mechanismus des Kraulens als Mittel des sozialen Zusammenhalts unter evolutionärem Druck steht. Eine Beschleunigung des Lausens und Kraulens zum wechselseitigen Abtesten der Befindlichkeit und der Sympathiebekundung könnte entsprechend Überlebensvorteile verschaffen.

Hier nun setzt Dunbars These ein: das Lausen der Affen wurde von den Menschen durch sprachliche Kommunikation ersetzt. Die Funktion des Lausens, also wechselseitiges körperliches und psychisches »Abtasten«, wird von den kleinen Gesprächen wie dem Klatsch und Tratsch übernommen. Wir können hier ergänzen, dass dieser Klatsch dabei durchaus eine ansatzweise narrative Form des Typus »wer mit wem« aufweist. Die sprachliche Kommunikation hat jedoch den Vorteil, zeitlich schneller zu sein und zudem eine größere Zahl von Individuen zu erreichen. Man kann nur einen auf einmal kraulen, aber mit drei anderen gleichzeitig sprechen. Dies ermöglichte es den frühen Menschen, die Gruppenzahl auf etwa

18 Amanda H. Korstjen, Ingrid Lugo Verhoeck und Robin I. M. Dunbar, »Time as a Constraint on Group Size in Spider Monkeys«, in: *Behavioral Ecology and Sociobiology* 60 (2006), S. 683-694; und Robin I. M. Dunbar, Amanda H. Korstjens und J. Lehmann, »Time as an Ecological Constraint«, in: *Biological Reviews* 84 (2009), S. 413-429.

150, so Dunbar, zu vergrößern. Diese Zahl sieht Dunbar auch heute noch vielfach als die Zahl bestätigt, die die typische menschliche Obergrenze an intensiven persönlichen Kontakten ausmache.

Dunbars These klingt abenteuerlich und ist es vielleicht auch, doch sie hat den Vorteil, dass sie das Sprechen und die Kommunikation in einen funktionalen Kontext stellt, der über den einfachen Austausch von Information hinausgeht. Es wird inzwischen vielfach (aber nicht allgemein) angenommen, dass die Entwicklung der Sprachfähigkeit nicht schlicht durch die Vorzüge des Informationsaustausches zu erklären ist.[19] Als Belege führt Dunbar die erwähnte Gruppenvergrößerung der Hominiden und die damit einhergehende Vergrößerung des Gehirns (Neokortex) an. Archäologische und andere Belege für die Zahl 150 bleiben aber recht dürftig. Ein wichtiger Punkt, der für Dunbars Thesen sprechen könnte, ist auch, dass Menschenaffen in der Tat viel Zeit mit Lausen verbringen, ohne dass dies eine äußere Funktion wie etwa Hygenie besitzt, und dass Menschen dies offenbar nicht tun. Dass die menschliche Kommunikation in der von Dunbar genannten Hinsicht in der Nachfolge des Kraulens stehen könnte, ist insofern nicht abwegig.

Allerdings bleibt der Vorschlag von Dunbar vage, dass tatsächlicher Selektionsdruck ein Ersetzen des Kraulens durch sprachliche Formen wie Klatsch und Tratsch bewirkt haben könnte. Dunbars Theorie des Sprachursprungs hat große Schwierigkeiten mit der Begründung der ersten Schritte in Richtung Sprache, da der von ihm versprochene Selektionsvorteil erst dann zum Zuge kommen dürfte, wenn komplexe Kommunikationen über Gefühle und Situationen möglich sind, die das Wohlbefinden beim Kraulen ablösen können. Es ist aber nicht ganz einfach, sich die Übergangsformen vorzustellen beziehungsweise deren Reste im heutigen Sprechen auszumachen. Ausgehend von Dunbars Thesen sollte man vermuten, dass das Klatschgespräch zwischen drei oder vier Teilnehmern 1) vor allem einem Abtasten nach der wechselseitigen Befindlichkeit gilt und 2) die Gruppe festigt, indem alle Gruppenmitglieder einander schätzen. Doch das ist weniger der Fall. Klatsch und Tratsch hat ja eher selten die Gesprächsteilnehmer zum Gegenstand als vielmehr abwesende Dritte. Und diese kommen dabei nicht immer

19 Zur Einführung Robin Dunbar, *Klatsch und Tratsch. Wie der Mensch zur Sprache fand*, München 2002; siehe auch Tecumseh Fitch, *Origins of Language*.

gut weg, sondern werden oft degradiert. (Man könnte zum Beispiel vermuten, dass die Funktion des Klatsches darin besteht, das eigene Selbstwertgefühl der Sprecher daduch zu stärken, dass scheinbar erfolgreichere, reichere, schönere, höherstehende Individuen kritisiert werden.) Gerade die das Lausen ablösende wohlwollende und wohltuende Kommunikation findet – nach wie vor – in den mir vertrauten Gesellschaften oft als intimes Zweiergespräch statt, so dass eine Gruppenvergrößerung gerade hier nicht zu erwarten ist. Es scheint also wahrscheinlicher, dass die Evolution von Sprache und Klatsch aus anderen Gründen zustande kam, auch wenn soziale Kooperation dabei natürlich eine entscheidende Rolle gespielt haben dürfte. Dunbars Theorie könnte mithin zwar dazu beitragen, zu erklären, wie Klatschkommunikation die Gruppe festigt, ist aber weniger dazu geeignet, den gesamten evolutionären Rahmen der Sprachentwicklung und des Narrationsvermögens abzustecken.

C) Stärkung der Moral durch Narrationen

Eine andere Art und Weise, die Karriere des Narrationsvermögens zu erklären, könnte in der Einübung von Moral durch Narration bestehen. In der Tat ist die Zunahme an Vergesellschaftung ohne eine Vielzahl von Mechanismen nicht denkbar, die Individuen davon abhalten, jedem ihrer Verlangen nachzugehen (Inhibitionen). Der Biologe Hans Kummer hat dies in den folgenden beiden Prinzipien festgehalten, als er versuchte, die sozialen Ordnungen der Paviane zu beschreiben: Eine Gesellschaft »verlangt zwei Eigenschaften von ihren Mitgliedern: eine hochentwickelte Fähigkeit, die eigenen Motivationen je nachdem, was die Situation erlaubt oder verbietet, zum Zuge kommen zu lassen oder zu unterdrücken; und die Fähigkeit, komplexe soziale Situationen zu bewerten, so dass die Mitglieder nicht auf einen einzelnen sozialen Reiz, sondern das gesamte soziale Feld reagieren«.[20] Die Mechanismen der Inhibition beziehungsweise der Zensur der eigenen Motivationen und Verlangen müssen dabei nicht unbedingt das Produkt einer bewussten Kalkulation sein. Jede Affenart inklusive der Menschen ist darauf vorbereitet, auf bestimmte Motivationen zu verzichten und manche Regungen zu unterdrücken.

20 Hans Kummer, *Primate Societies*, S. 36.

Eben hier könnte man ansetzen, um den evolutionären Ursprung der Moral zu suchen, nämlich dort, wo eine individuelle Motivation vorliegt, diese aber vom Individuum unterdrückt wird, ohne dass unmittelbare Gründe diese Unterdrückung nahelegen (etwa die Anwesenheit eines starken Individuums, das die Tat negativ sanktionieren würde). Auch beim Menschen darf hier sicher nicht vorschnell das Vorliegen eines freien Willens zur Inhibition attestiert werden. Immerhin ist es wahrscheinlich, dass wir schrittweise durch Straferfahrungen darauf konditioniert werden, uns bestimmte Akte zu verbieten.[21]

Worauf es ankommt, ist, dass viele Angehörige von sozialen Verbänden auch in komplexen Situationen entscheiden, wann sie Motivationen nachgehen können und wann sie sie zu unterdrücken haben. In den Pavian-Verbänden, die Hans Kummer sowie Dorothy Cheney und Robert Seyfarth[22] aufbauend auf vielen Jahren der Freiwildbeobachtung eindringlich beschreiben, sind diese Situationen bereits erstaunlich komplex und umfassen etwa die Normen oder normähnlichen Codes, wann ein Pavianmännchen sich einem Weibchen nähern kann und es sich etwa (bei den Mantelpavianen) aneignen kann, und wann dies zu einem Konflikt führt. Hierbei handelt es sich allerdings weitgehend um konkrete und ritualisierbare Situationen, von denen man annehmen kann, dass die meisten heranwachsenden Paviane sie vielfach beobachtet haben und die ungefähren Grenzen zwischen toleriertem und nicht toleriertem Verhalten instinktiv einschätzen können. Doch bei zunehmender Vielfalt an Verhaltensformen und sozialen Situationen stößt die direkte Beobachtung an ihre Grenzen. Eben hier könnten Narrationen ihre Funktion in dem Einüben von ritualisierten Verhaltensformen finden.

Tatsächlich ist der Zusammenhang von Narration und Moral kaum von der Hand zu weisen. Evidenz liefert die Vielfalt an frühen religiösen Texten, die Narrationen und Moral verbinden. Man kann hier auch weiter gehen und darauf hinweisen, dass es ein We-

21 Ob diese Konditionierung dabei aber in den von Jean Piaget abgesteckten Rahmen einer stufenweisen Adaption der moralischen Normen fällt, muss hier nicht entschieden werden. Wir kommen dazu im dritten Kapitel in der Diskussion des Gewissens.

22 Dorothy L. Cheney und Robert M. Seyfarth, *Baboon Metaphysics. The Evolution of a Social Mind*, Chicago 2007.

sensmerkmal von eigentlich allen klassischen literarischen Narrationsformen ist, klar zwischen Gut und Böse zu unterscheiden.

Erneut können wir hier nur exemplarisch verfahren und eine der interessanteren Theorien herausgreifen, die einen Zusammenhang zwischen Ursprung und Funktion der Narration und Moral postuliert. Dies leistet etwa die Theorie des altruistischen Strafens von William Flesch.[23] Flesch argumentiert, dass der Sinn von Narrationen darin besteht, den Hörern zu zeigen, dass die Bösewichte, die Nichtstuer, die auf Kosten des Gemeinwesens schmarotzend leben, sowie diejenigen, die sie dafür nicht bestrafen, mit ihrem Verhalten nicht durchkommen. Geschichten führen vor, wie diese Verfehlungen bestraft werden. Damit bieten sie den Hörern der Geschichte mit der Genugtuung auch das Gefühl, dass sie gut daran tun, ihren Beitrag zur Gemeinschaft zu leisten. Die Bestrafung des Missbrauchs im narrativen Text ist insofern altruistisch, als der Strafende selbst keinen unmittelbaren Vorteil hat, sondern Nachteile, da er sich Repressalien ausgesetzt sieht, aber der Gemeinschaft einen Dienst erweist und davon mittelbar profitiert.

Es besteht wohl wenig Zweifel daran, dass die narrative Verfestigung und Ausweitung moralischer Bewertungen von Verhalten eine wichtige kulturelle Funktion von Narration war und ist. Aber ob und wie deutlich Selektionsdruck diesen Komplex erzeugt hat, ist nicht leicht zu entscheiden. Fleschs These hat hier auf jeden Fall den Vorzug der Deutlichkeit, insofern er einen konkreten Prozess zur Diskussion stellen kann. Bösewichte und Nutznießer zu bestrafen steht natürlich im Zentrum vieler Ideen der Moral. Doch zu den sonderbaren Fakten von Erzählungen und Fiktion im Allgemeinen gehört es ja, dass es das negativ sanktionierte Verhalten stets auch ausstellt und damit zur Nachahmung einlädt.

Man denke etwa an die lange und fortdauernde Diskussion, ob und in welchem Maße Gewalt im Fernsehen Kinder gewalttätiger macht. Man darf hier ergänzen, dass auch in den Fernseh- und Kinofilmen in den weitaus meisten Produktionen am Ende die Guten gewinnen und die Bösen die verdiente Strafe erhalten. (Allerdings wird auch im Sieg der Guten das Muster der Gewalttätigkeit eingeübt.) Visuelle Narrationen mögen ein besonderer Fall sein, aber auch dies ist nicht eindeutig. Ob Literatur Menschen verbessert

23 William Flesch, *Comeuppance.*

hat, ist zumindest eine Streitfrage.[24] Es ist insofern vielleicht nicht nur Zynismus, wenn man vorschlägt, dass das moralische Ergebnis der Literatur der letzten Jahrtausende wohl meist nicht in der Verbesserung des moralischen Verhaltens der Rezipienten lag, sondern in ihrem *Vergnügen*, vorherzusagen, wer bestraft wird oder werden sollte. Die Genugtuung/Zufriedenheit am Sieg des Guten über das Böse ist durchaus ein zentrales literarisches Phänomen. Doch bereits Platon und Rousseau haben, je verschieden, polemisiert, dass die Fiktion mehr moralische Verwirrung stiftet als Gutes tut (Platon, *Politeia)* beziehungsweise dass die Freude über den Sieg der Moral im Theater schlicht keinen positiven Einfluss auf das Verhalten der Zuschauer außerhalb des Theaters habe (Rousseau, *Lettre a M. d'Alembert sur les Spectacles*). Das moralische Kalkül könnte also weitgehend ein innernarratives Phänomen sein, das sich vor allem auf Literatur und Narration bezieht, aber in der Alltagswelt kaum Anwendung findet.

Angedeutet ist damit bereits ein weiterer Einwand gegen Fleschs Ableitung der Narration aus der Moral: Moralisch wirksame Literatur und Narration kann nur bedingt erklären, was eigentlich das Vergnügen an Narration ausmacht. In Frage kommt dann vor allem die Freude über die richtige Vorhersage, was geschieht. Die Ableitung der Narration von der Moral kann stets nur ein negatives Vergnügen attestieren, etwa die Genugtuung über die Bestrafung der Bösewichte. Selbst die von Flesch nicht diskutierte Freude am Exempel, also die Freude über das vorbildliche Beispiel etwa der Heiligen, kann nur in solchen Kulturen und Epochen voll zur Geltung kommen, in denen mächtige Institutionen das Gute kodifizieren. Es scheint mir, dass damit ein wesentliches Merkmal des Narrativen zu kurz kommt, nämlich die Lust am Reden und Fabulieren, die Freude an der sozialen Kommunikation, der Austausch an Neuigkeiten, die Spannung und Neugier, was denn passiert sei oder passieren wird, die Freude an der Entdeckung, dass alles anders sein könnte, mit der jeder Rezipient selbst zum Autor seiner Version wird.

Mit diesen kurz skizzierten Einwänden sind die Überlegungen

24 Um die Kontroverse anzudeuten, vgl. zur affirmierenden Position Russell A. Berman, *Fiction Sets You Free. Literature, Liberty, and Western Culture*, Iowa City 2007; und zur Gegenposition Benjamin Bennett, *The Dark Side of Literacy. Literature and Learning Not to Read*, New York 2008, und Stanley Fish, *Save the World on Your Own Time*, Oxford 2008.

zur Festigung der sozialen Gruppen mittels Narration natürlich keineswegs vollständig abgehandelt, zumal man die konkreten Vorteile der Narration für die Gruppe noch in einer Vielfalt weiterer Effekte suchen könnte. Insofern Narration ein weitgehend kommunikatives Instrument ist, liegt es auf der Hand, die gemeinschaftsbildenden Tendenzen innerhalb der Narration zu betonen. Doch die Schwelle zum im biologischen Sinne selektiv relevanten Vorzug ist sicherlich hoch. Auch die soziale Kommunikation von Narration hat kein Monopol. Es gibt ja auch eine Reihe nicht zu unterschätzender narrativer Kommunikationen eines Individuums mit sich selbst, wie diejenigen, die auf Selbstlegitimation hinauslaufen, die wir im fünften Kapitel untersuchen werden. (Wer eine Theorie der Narration aus dem Geiste der Selbstrechtfertigung konstruieren will, sei herzlich dazu eingeladen. Und wer weiß, vielleicht sind es dann nicht die Schimpansen, von denen in diesem Buch die Rede sein wird, sondern Einzelgänger wie die Orang-Utans, die evolutionär Modell stehen.) Insgesamt scheint es mir zumindest fraglich zu sein, Narrationen einen echten Selektionsvorteil durch die Stärkung des sozialen Verbandes zuzusprechen.

3. Spiel, Antizipation und Wissenschaft

Nun gibt es auch eine Reihe von Möglichkeiten, das Narrationsvermögen mit einem evolutionär relevanten Überlebensvorteil zu verbinden, ohne dabei auf das Feld der sozialen Kohäsion auszuweichen. Zu diesen werde ich auch die These dieses Buches zählen. Eine andere Theorie sei aber vorab kurz benannt.

Diese Theorie besagt, dass es eine oder die entscheidende Leistung der mit Narrationsvermögen ausgestatteten Wesen ist, künftige Ereignisse antizipieren zu können. Wer Erzählungen kennt, hat damit ein Repertoire an Verhaltensmustern gespeichert. Stephen Pinker formuliert dies kurz so: »Fiktionale Narrationen liefern uns einen Katalog von lebensgefährlichen vertrackten Situationen, in denen wir uns einmal befinden könnten, sowie die Ergebnisse der Strategien, die wir in ihnen anwenden könnten.«[25] Dafür sind durchaus mehrere Mechanismen denkbar.

25 Stephen Pinker, *How the Mind Works*, S. 543.

Eine erste Möglichkeit besteht darin, dass das Repertoire der in einer Gemeinschaft kursierenden Geschichten als Fundus operiert, der den Erwartungshorizont der Individuen erweitert. Wer weiß, welche Gefahren einen bei der Jagd oder an einem unbekannten Ort erwarten, ist besser vorbereitet, wird weniger leicht überrascht und kann gegebenenfalls schneller reagieren oder kühler entscheiden, was zu tun ist. Antizipation kann dabei durch einen kollektiven Mechanismus der Weitergabe an Wissen zustande kommen, etwa durch Erzählungen, theatralische Darstellungen oder in bildlicher Form wie in den steinzeitlichen Höhlenbildern. Antizipation kann aber auch Resultat eines individuellen Vorstellens sein, in dem der Einzelne Was-wäre-wenn-Szenarien durchspielt.

Ein zweiter Mechanismus, der Antizipation erlaubt und daher Narrationen zugrunde liegen könnte, besteht im Spiel. Spiel kann eine direkte theatralische, mimetische Wiedergabe einer vergangenen Situation zum Gegenstand haben, es kann aber auch kreativ neue Situationen heraufbeschwören und vor Augen führen, zu denen man sich spielerisch zu verhalten hat. Wer spielt, erprobt Situationen in einer entschärften Form. Spiel kann eine theatralische Bearbeitung bedeuten, eine kleine Imitation von relevanten Situationen, die die Individuen kennen oder sich vorstellen können. Die Kinder üben spielend die Techniken ein, auf die sie später zurückgreifen können. Dazu gehören durchaus praktische Fertigkeiten, was man gegen einen Feind tun kann, strategisches Kalkül ebenso wie die Bewältigung komplexer rhetorischer Situationen. Im ungefährlichen Raum der bloßen Worte und Gesten wird erprobt, was später strategisch, militärisch, juristisch und politisch Bedeutung haben wird.

Diese generelle Stoßrichtung der Spieltheorie hat eine große Plausibilität, insofern wir die weite Verbreitung des Spielens bei vielen Tieren beobachten können. Spiel ist sicherlich ein ungemein wichtiger Faktor von Sozialität, Intelligenz und emotionaler Entwicklung.

Die Spieltheorie entspricht dabei auch einem beliebten Bild, dass Menschen das bloß instinktive, nichtkomplexe Verhalten anderer Tiere durch die im Spiel erlernten komplexeren Verstehensprozesse ersetzen. Es ist insofern nicht verwunderlich, dass auch Literaturwissenschaftler ebendiese Theorie aufgegriffen haben.[26]

26 Vgl. Gerhard Lauer, »Das Spiel der Einbildungskraft. Zur kognitiven Modellierung von Nachahmung, Spiel und Fiktion«, in: Thomas Anz, Heinrich Kaulen

Doch gegen die Idee, dass Spiel der evolutionäre Motor von Narration ist, spricht, dass es unklar bleibt, ob der selektiv relevante Mechanismus direkt vom Spiel ausgeht oder Spiel schlicht ein Nebenprodukt eines anderen Selektionsvorteils war, wie etwa des Zeitgewinns, der den Individuen Müßiggang erlaubte.

Ein weiterer möglicher Einwand gegen die Antizipationsthese besteht darin, dass der eigentliche Vorteil der narrativen Antizipation sehr vage bleibt. Auch andere Tiere sind anscheinend darauf eingestellt, auf die vielfältigsten Gefahren effektiv zu reagieren, unabhängig davon, ob sie die Gefahr im eigentlichen Sinne antizipieren oder spielerisch eingeübt haben. Hier besteht schlicht viel Unklarheit.

Schließlich muss bemerkt werden, dass manchen Spieltheorien die naive Annahme eigen ist, dass das Spiel in einem harmlosen früheren Raum der Kindheit stattfinde, während erst das spätere Leben den Ernst mit sich bringt. Mit gleichem sachlichem Recht könnte man argumentieren, dass das Spiel bereits das Echo der späteren Herausforderung ist, die der Heranwachsende aufgeschnappt hat. Insofern ist das Spiel bereits Teil der Gesamtsituation der Herausforderung und weniger eine therapeutische narrative Antizipation. Daher wird es fraglich, Narration vom Spielen abzuleiten.

4. Narration zwischen Sprache und Kommunikation

Die meisten der bisher behandelten Theorien, vor allem die Theorien der Stärkung der Gemeinschaft mittels Narrationen, setzen bereits ein hohes Niveau an Sprachfähigkeit voraus, bevor die Vorzüge des Erzählens überhaupt wirksam werden können. Wenn es um Moral geht, also die Bestrafung der Bösewichte oder die Einübung von akzeptablen Codes, muss die sprachliche Kommunikation bereits die Möglichkeit zur Wiedergabe komplexer Vorgänge besitzen. Dazu gehört die Wiedergabe vergangener Ereignisse, die zueinander wiederum in einem klar definierten Verhältnis der Abfolge und Synchronizität stehen, und dazu gehört die Markierung

(Hg.), *Literatur als Spiel. Evolutionsbiologische, ästhetische und pädagogische Konzepte*, Berlin und New York 2009 S. 27-38, sowie Karl Eibl, *Die Entstehung der Poesie*, und Brian Boyd, *On the Origins of Stories*.

zahlreicher auch abwesender Akteure mittels Personalpronomen.[27] Ähnliches gilt für die Klatschgeschichten und die Vielzahl der Mythen, die zudem vielfach die Beschreibung und Benennung von imaginären Wesen beinhalten. Einen meßbaren Selektionsvorteil durch Narration könnte es hier also nur dann geben, wenn man all die durch die Sprachfähigkeit bereits gegebenen Adaptionen und Möglichkeiten abrechnen kann und anschließend immer noch ein tatsächlicher Vorteil bleibt.

Damit wird die Latte für den Selektionsvorteil dieser Narrationstheorien sehr hoch gelegt, denn komplexes Sprechen erlaubt ja bereits nicht nur den Austausch von Information über Gegenwärtiges und Vergangenes, sondern auch die Kommunikation über sozial relevantes Verhalten, ohne dabei auf Narration angewiesen zu sein. Wer etwa seinen alleinigen Anspruch auf Nahrung, einen Geschlechtspartner oder eine Schlafstätte kundtut, eine Wegbeschreibung liefert, eine soziale Leistung eines anderen fordert, einen Wunsch oder eine Hoffnung ausdrückt, sich beschwert, einen Tausch vorschlägt oder ein Versprechen macht, kann dies tun, ohne dabei die Fähigkeit zum Erzählen zu benötigen. Strittig wäre nur der Fall des Berichts. Der Meinung mancher Autoren nach ist bereits die Wiedergabe einer vergangenen menschlichen Handlung Narration. »Gestern hat Markus sie geküsst« oder »Er war gestern hier« wären dann bereits eine Narration. Andere Autoren legen einen höheren Standard für Narrationen an. Dazu gehört auch die große Mehrzahl der Mitglieder der Narratologiebewegung, deren Mindeststandard meist in der *Verknüpfung* von *zwei* Ereignissen besteht. Das eröffnet die Möglichkeit von so etwas wie einer kognitiven Grammatik von Narration, da über verschiedene Formen der Verknüpfung nachgedacht werden kann.[28]

Mit oder ohne Hinzunahme des Berichts wird der Standard eines echten Selektionsvorteils durch Narration auf jeden Fall sehr hoch, wenn man all die mit dem Sprechen bereits verbundenen Möglichkeiten abziehen muss. Ja, bereits die Trennung zwischen Sprachfähigkeit und Narrationsfähigkeit wirkt recht künstlich. Man könn-

27 So sieht Michael Tomasello den Zuwachs an sprachlicher Komplexität im Erzählen. Michael Tomasello, *Ursprung der menschlichen Kommunikation.*

28 Siehe Kapitel 1, Abschnitt 4 B; vgl. Monika Fludernik, *Toward a »Natural« Narratology*, London und New York 1996; David Herman (Hg.), *Narrative Theory and the Cognitive Sciences*, Stanford 2003.

te argumentieren, dass Sprache mit der Universalgrammatik à la Noam Chomsky bereits die wesentlichen Elemente von Narration bereitstellt, wie die Möglichkeit zur Vergangenheitsform, der zeitlichen Abfolge von Ereignissen, Konditionalsätzen und die Markierung verschiedener Charaktere durch Personalpronomen. Doch die jüngsten Diskussionen zum Ursprung von Kommunikation geben uns mehr als nur einen Fingerzeig, dass es ein Irrtum sein könnte, Narration von vorneherein auf die Wortsprache zu reduzieren (beziehungsweise, dass es eine Verengung wäre, Sprache auf symbolisch verfahrende Zeichensysteme zu reduzieren). Insbesondere die Arbeiten von Michael Tomasello, Josep Call und ihren Mitarbeitern,[29] die uns später näher beschäftigen werden (Kapitel 2, Abschnitt 7), sind hier aufschlussreich, insofern sie die Genese der Kommunikation im gestischen Zeigen verorten und uns damit die Möglichkeit verschaffen, die Präsenz von protonarrativen Strukturen im Zeigen zu suchen. Sicherlich ist Sprache (oder ein anderes Aufzeichnungssystem) notwendig, um Kausalität überhaupt als Problem zu fassen und vergangene Ereignisse mit komplexen Kausalitätsbeziehungen und vielen Akteuren sortieren zu können. Doch wenn wir die Frage nach den Quellen und Ursprüngen von Narration stellen, verdeckt die Fokussierung auf Sprache mehr, als sie erhellt. Statt also von Sprache als Voraussetzung der Narrationsfähigkeit auszugehen, soll hier auch vor und unabhängig von der Sprache über die Funktion des Narrativen nachgedacht werden. Wenn die Narrationsfähigkeit in der Tat einen Selektionsvorteil haben könnte, dann muss gezeigt werden, dass diese Funktion nicht von anderen Adaptionen adäquat übernommen werden kann oder wird. Suchen wir also nach Situationen, in denen protonarratives Verhalten den Individuen einen Selektionsvorteil bereitet haben könnte.

5. Ursprung der Narration: Auf frischer Tat ertappt

Wo liegen die Ursprünge des Erzählens? Eine in dieser Hinsicht interessante Verhaltensform stammt von den Primaten. Bei den Mantelpavianen wird regelmäßig Folgendes beobachtet (man verzeihe

29 Etwa Josep Call und Michael Tomasello, »The Gestural Repertoire of Chimpanzees (pan troglodytes)«, in: Josep Call, Michael Tomasello (Hg.), *The Gestural Communication of Apes and Monkeys*, London 2007, S. 17-40.

mir das Ausstaffieren der Szene, die ich selbst nur aus Forschungsberichten kenne[30]): Ein Weibchen entfernt sich von der Gruppe. Allerdings hat dies nicht unbedingt den Anschein der Absicht. Sie bleibt sitzen und kratzt sich, als die anderen sich erheben. Oder sie wandert anscheinend nicht sehr zielstrebig zu ein paar Büschen. Noch sichtbar von den anderen Individuen ihrer Haremsgruppe setzt sie sich und pflückt etwa ein paar Blätter. Auf jeden Fall gibt sie der kleinen Haremsgruppe hinter ihr keinen Fingerzeig, was dort geschehen könnte. Ohne dass die anderen es sehen können, befindet sich hinter einer Sichtblockade das schwächere und noch nicht ausgewachsene Männchen, das dem Harem als Begleiter angehört.[31] Die Vorsicht des Weibchens ist durchaus angemessen.

30 Ich muss hier zunächst aber betonen, dass ich wohl kaum dazu qualifiziert bin, mich im Bereich der Verhaltensbiologie zu bewegen. Man kann mir zudem zu Recht vorwerfen, dass ich mir die Rosinen aus dem Kuchen picke, ohne jahrelange Feldarbeit geleistet zu haben. Man könnte also einwerfen, ich sollte den Vorstoß in ein mir fremdes Feld schlicht sein lassen. Vielleicht. Doch wäre es nicht ebenso falsch, diese Daten zu übergehen? Die saubere Trennung der akademischen Disziplinen und Spezialisierungen würde sich dann vor allem in dem Verlust von Inspiration über die eine Disziplin hinaus ausdrücken. Übrigens hat das folgende Kapitel dabei durchaus die Form einer Ernüchterung, insofern der erste Ansatz und die Vermenschlichung zunächst in eine Sackgasse führen. Mein Dank gilt den wohlmeinden Kollegen, die zumindest bereit waren, sich die eine oder andere dieser Ideen anzuhören, und sei es auch nur, um mir den Kopf zu waschen. Sie haben mich sicher vor einigen Fehltritten bewahrt, haften aber natürlich nicht für meine Fehler. Gedankt sei Colin Allen, Dorothy Cheney, Julia Fischer, Kurt Hammerschmidt, Armin Moczek und Robert Seyfarth.

31 Vgl. zu dieser fiktiven Szene die Beobachtungen des Schweizer Biologen Hans Kummer. Kummer berichtet, dass die Mantelpaviane (*papio hamadryas*) drei unterschiedliche Formen der Verbände besitzen. Auf der untersten Stufe stehen Kleinstgruppen von einem Männchen, einer kleinen Anzahl an Weibchen, die dem Männchen exklusiv gehören, mit ihren Kindern sowie häufig ein »Begleiter«, ein halb ausgewachsenes Männchen, das von dem dominanten Männchen toliert wird. Das dominante Männchen hat das alleinige Recht zur Paarung mit den Weibchen. Nur das Lausen und Kraulen wird von dem dominanten Männchen toleriert, allerdings nicht mit Wohlwollen beobachtet. Dennoch kommt es mit einer gewissen Regelmäßigkeit zur Paarung zwischen den Weibchen und dem »Begleiter«, wenn sie sich außerhalb des Sichtfeldes des dominanten Männchens bewegen. Kummer betont dabei, dass das Aufsuchen einer Sichtblockade wie etwa eines großen Steins allem Anschein nach intentional erfolgt. Vgl. Hans Kummer, *Primate Societies*; vgl. auch Hans Kummer, *Social Organization of Hamadyras Baboons*, Chicago und London 1968, S. 41-43; und Richard Byrne, *The Thinking Ape. Evolutionary Origins of Intelligence*, Oxford 1995.

Stets wachen die Argusaugen des Haremshüters eifersüchtig über seine Weibchen. Denn bei den in der Steppe lebenden Mantelpavianen sind die Weibchen in kleine Haremgruppen mit nur je einem dominanten Männchen aufgeteilt. Nicht nur der halbstarke Begleiter ihrer Kleinstgruppe ist eine Gefahr. Auch die weibchenlosen Männchen sowie die anderen Haremshüter liegen immer auf der Lauer, ihm ein Weibchen abzujagen. Das Weibchen bewegt sich nun hinter die Sichtblockade, wo es zur Begattung kommt. Da das junge Männchen noch sehr unerfahren ist, kann dies bis zum Gelingen mehr als einen Versuch kosten. Dabei unterdrückt das Weibchen jeden Laut. Doch irgendetwas schreckt das dominante Männchen auf. Viel braucht es nicht, um das Männchen zu erregen. Er stürmt mit aufgerichteten Haaren heran. Die beiden ertappten Tiere hatten kaum die Zeit, sich zu trennen.

Der erregte Haremshüter verschafft sich schnell einen Überblick über das Geschehen. Viel fehlt nicht, dass das ohnehin stets aggressive Männchen tätig wird und, wie menschliche Beobachter gerne unterstellen, zur »Bestrafung« schreitet (was natürlich eine Einsicht in schuldhafte Kausalität voraussetzen würde). Seine Zähne sind gefletscht. Doch die Lage ist nicht eindeutig. Das schwache Männchen (der Begleiter der Gruppe) hat sich bereits auf die andere Seite des Felsens geworfen. Das Weibchen hat einen Blätterzweig in den Händen, beginnt den Haremshüter zu lausen oder sich ihm anzubieten. Sie erweckt den Eindruck, als wäre sie hier nur bei der Nahrungsaufnahme gewesen. Zufällig war der Begleiter in der Nähe. Den Eindruck dieser Szene steigert das Weibchen vielleicht noch. Es macht einen Schritt auf das dominante Männchen zu, dann dreht es einmal kurz den Kopf zurück zu dem Begleiter und fletscht die Zähne, als wolle es das junge Männchen beißen. Auf jeden Fall sieht es nicht nach Intimität oder menschenähnlicher Zuneigung aus.

Der Haremshüter ist vielleicht verwirrt genug, um in der »Bestrafung« seines Weibchens innezuhalten. Oder da er nun einmal erregt ist, fällt das Abreagieren der Aggression kurz aus. Er beißt sie in den Nacken. Zugleich akzeptiert er das Kraulangebot des Weibchens. Das schwächere Männchen schlüpft davon.

Bei den Schimpansen (*pan troglodytes*) gibt es eine ähnliche Szene. Bei den Schimpansen mit größeren Verbänden und mehreren Männchen in der sozial dynamischen Gruppe kann prinzipiell jedes Männchen zum Geschlechtsverkehr kommen, doch das Alphamännchen kommt weitaus häufiger zum Zuge. Frans de Waal ermittelt anhand einer Kolonie in Gefangenschaft, dass ein allein herrschendes Alphamännchen doppelt so viel Geschlechtsverkehr hat wie die beiden in der Hierarchie direkt unter ihm stehenden Männchen zusammen. Allerdings beobachtet er ebenfalls, dass die Position des Alphamännchens auch von Koalitionen eingenommen werden kann und dass in Zeiten eines Führungsvakuums oder Machtwechsels die rangniederen Männchen häufig Geschlechtsverkehr haben. De Waal beschreibt die männlichen Schimpansen als in jeder Hinsicht eifersüchtige Aufpasser, die den Verkehr zwischen den anderen Männchen und den fruchtbaren Weibchen auf jeden Fall und mit Gewalt zu verhindern suchen. Und sie haben Grund zur Eifersucht. Die rangniederen Tiere haben ihrerseits Verhaltensmuster eines geheimen Verabredens (»make a date«) entwickelt, die, sofern beide willig sind, zu Verkehr außerhalb der Reichweite des Alphamännchens führen, wobei die Weibchen dann die Kopulationslaute unterdrücken.[32] Wenn das Alphamännchen in die Lage kommt, beide zu erwischen, trennt es sie aggressiv und kann dabei auch eines der Individuen verletzen. Überhaupt neigen die dominanten Männchen auch ohne konkreten Anlass zu aggressivem Verhalten, bei dem sie die Umstände nicht groß abwägen.Dass die allgemeinen Codes der sozialen und sexuellen Hierarchie den Gruppenmitgliedern bekannt sind, belegt de Waal unter anderem mit einer Beobachtung, bei der ein rangniederes Männchen (Dandy) Zeuge wird, wie ein Rivale des Alphamännchens (Yeroen) einem Weibchen den Hof macht. Dandy eilt daraufhin unter Ausstoßung lauter Rufe zum Alphamännchen, anscheinend um dessen Aufmerksamkeit auf sich zu ziehen. Daraufhin führt Dandy Yeroen zu den beiden sich paarenden Individuen. Der Petzer, Dandy, scheint also sehr genau zu wissen, dass Yeroen die Avancen seines Rivalen nicht toleriert.[33]

De Waal beobachtet ebenfalls einmal, wie ein Petzer die Aufmerksamkeit des Alphamännchens auf sich zieht, was die Erwischten noch vor dem Verkehr zum Abzug bewegt, »als wäre nichts

32 Frans de Waal, *Chimpanzee Politics. Power and Sex among Apes.* Baltimore und London 1996, S. 163, 169.

33 Frans de Waal, *Chimpanzee Politics,* S. 169.

passiert«.[34] In anderen Fällen verstecken die erwischten Männchen auch ihren erigierten Penis. Wenn es bei den Schimpansen zur aggressiven Reaktion kommt, gilt sie den Männchen. Die Weibchen haben bei den Schimpansen mehr sozialen Einfluss als bei den Mantelpavianen. Die Weibchen können deutliche Präferenzen für bestimmte Männchen zeigen und sich auch gänzlich verweigern. Bei Konflikten unter den Männchen können sie als entscheidende Kraft einschreiten.

Bei den Schimpansen sind gegenüber den Pavianen mithin zwei für uns interessante Verhaltensweisen hinzugekommen. Das Verstecken des männlichen Genitals durch Knie oder baumelnden Arm ist eine in dieser Situation bei Schimpansen beobachtete Form der taktischen Täuschung oder zumindest eines Ablenkungsverhaltens. Und ein petzendes Individuum, welches das junge Männchen und das Weibchen in flagranti erwischt und daraufhin das ranghöchste Männchen alarmiert, ist, soweit ich weiß, bisher ebenfalls nur bei Schimpansen beobachtet worden.[35] Bei den Mantelpavianen ist dies so nicht zu finden, und zwar vielleicht auch deshalb nicht, weil es in der Haremsgemeinschaft außer dem »Begleiter« kein Individuum gibt, welches von der Anzeige (dem Petzen) an den Haremshüter profitieren könnte. Bei den Schimpansen mit einem zwar losen Gruppenverband, dafür aber klaren Hierarchien zwischen diversen Männchen und Weibchen ist das anders. Ein tiefer stehendes Männchen könnte vielleicht von der Anzeige profitieren und sich zum »Günstling« machen. Aber ob die Anzeige dem Petzer förderlich ist, ist nicht erwiesen, zumal dieses Verhalten zu selten dokumentiert ist.

Was bei den Mantelpavianen ebenfalls auffällt, ist, dass die Aggression dem Weibchen und nicht wie bei den Schimpansen dem anderen Männchen gilt. Wenn das dominante Männchen sie in flagranti erwischt, beißt es das Weibchen in den Hals, während das halbstarke Männchen entwischt.[36] Hans Kummer erklärt die gegen das Weibchen gerichtete Aggression bei den Mantelpavianen damit, dass die Mantelpaviane als einzige Paviane eine feste Haremsgruppe bilden. Dies könnte als Anpassung an die Steppe

34 Frans de Waal, *Chimpanzee Politics*, S. 169.

35 Frans de Waal, *Chimpanzee Politics*, S. 169.

36 Hans Kummer, *Primate Socities*, S. 21-22; Hans Kummer, *Social Organization of Hamadyras Baboons*, S. 41-42.

erklärt werden. Da die stärkeren Männchen mehr als ein Weibchen besitzen, können sie nicht allen gleichzeitig folgen. Daher konditionieren sie die Weibchen auf Gehorsam.[37] Es ist zudem dokumentiert, dass zumindest eine andere Pavianart anhand von akustischen Signalen genau die räumliche Distanz zwischen dem dominanten Männchen und den ihm angehörenden Weibchen verfolgt und auf signifikante Distanz zwischen beiden reagiert. Signifikant wird die Distanz anscheinend ebenda, wo sie von den Gruppenangehörigen als Möglichkeit des »Fremdgehens« wahrgenommen wird.[38] Gemeinsam haben die Mantelpaviane und die Schimpansen, dass die rangniederen Affenmännchen regelmäßig zum Zuge kommen, obgleich dies von dem ranghöheren Männchen nicht geduldet wird, und dass die Männchen und Weibchen diesen »illegitimen« Kontakt suchen und zugleich verheimlichen. Anscheinend ist die gesamte Sequenz Teil des Standardrepertoires an Verhalten.[39] Bei beiden Arten ist häufig beobachtet worden, dass Männchen und Weibchen Orte außerhalb der Sichtweite des dominanten Männchens aufsuchen, wo es dann zur Paarung kommt. Bei beiden Arten ist zudem dokumentiert, dass auch unbeteiligte Dritte derartige Szenen genau verfolgen (bei den Pavianen ist das akustische Belauschen, von dem eben die Rede war, hoch entwickelt, und bei den Schimpansen dokumentiert dies möglicherweise der »Petzer«). Zudem ist bei beiden Arten das strafähnliche Verhalten dokumentiert, welches das Stressniveau bei den Weibchen erheblich anheben dürfte (Mantelpaviane) beziehungsweise dem ertappten Männchen erhebliche Verletzungen bereiten kann (Schimpansen). Und bei beiden Arten kommt es, wenn das Pärchen erwischt wird, zu Verhaltensformen der gezielten Täuschung oder zumindest zu Verhalten, welches den Effekt der Ablenkung hat. Täuschung wird hier

37 Hans Kummer, *Primate Socities*, S. 93.

38 Dies wurde anhand von Experimenten nachgewiesen, in denen den Pavianen Tonbandaufnahmen ihrer Gruppenmitglieder vorgespielt wurden. Dabei reagierten die Paviane stets dann, wenn die Rufe von Weibchen und Männchen von verschiedenen Seiten kamen, siehe Catherine Crockford, Roman Wittig, Robert Seyfarth und Dorothy Cheney, »Baoboons Eavesdrop to Deduce Mating Opportunities«, in: *Animal Behavior* 73 (2007), S. 885-890. Vgl. für den größeren Kontext Robert Seyfarth und Dorothy Cheney, *Baboon Metaphyiscs*.

39 So beschreibt Kummer dieses Fremdgehen als Teil der Standardsituationen, die er beobachtet. Frans de Waal beobachtet ebenfalls die für ihn erstaunliche Häufigkeit, mit der die rangniederen Männchen zum Zuge kommen.

als strategisch bewusster Einsatz von Vorspiegelungen verstanden, die einen anderen zu einem falschen Bild eines Sachverhalts bewegen sollen; Ablenkung dagegen als ein Verhalten, welches zwar den Effekt der Täuschung hervorrufen kann, aber vom Ablenkenden ohne Rekurs auf die Vorstellungen des anderen eingesetzt wird. Die evolutionsbiologische Relevanz dieses Verhaltens ist in jedem Fall offensichtlich. Die schwächeren Männchen bekommen vielleicht nur so je eine Chance, Nachwuchs zu zeugen. Die Weibchen sichern sich und allen Nachkommen durch dieses Verhalten, wie oft angenommen wird, möglicherweise eine größere Zahl an Beschützern.[40]

Ebendiese Szene einer Täuschung oder Ablenkung könnte als Urszene der Ausrede und damit eben auch der Narration in Betrachtung kommen. Auf den ersten Blick scheint diese Szene dem, was wir geläufig mit Narration und Erzählen verbinden, nämlich einer durch Sprache vermittelten Wiedergabe von Handlungen, unähnlich zu sein. Doch wenn wir die kognitiven Leistungen und Akte dieses Verhaltens in den Blick nehmen, scheint hier durchaus eine Nähe zwischen dieser Form der Täuschung oder Ablenkung und der Narration vorzuliegen, insofern beide in der Produktion einer Szene bestehen, die durch mehr als eine Version des Hergangs erklärt werden kann (siehe Kapitel 1). Es handelt sich um Kontextakte. Tatsächlich sind eine Vielfalt von »Täuschungen« beziehungsweise Ablenkungen bei Primaten dokumentiert. Bereits Jane Goodall hat eine Liste solcher Verhaltensformen angelegt. Dazu gehört das Wegführen von einer Essensquelle, um sich dieser später alleine zu nähern;[41] das falsche Ausstoßen eines (Löwen- oder Leoparden-)Warnrufs, um andere Artgenossen zur Flucht zu bewegen, oder das Unterdrücken des Essensrufes bei den Rhesus-Affen, um eine Nahrung alleine zu verschlingen.[42] Insofern steht das von uns hervorgehobene Verhalten in einer Reihe von taktischen Täuschungen oder zumindest Ablenkungen, in denen die Individuen Spuren beseitigen, die Lautproduktion unterdrücken oder neue Spuren produzieren, mit dem Effekt, die anderen Mitglieder einer sozialen

40 Siehe Parry M. R. Clarke, S. Peter Henzi und Louise Barrett, »Sexual Conflict in Chacma Baboons, *Papio hamadryas ursinus*: Absent Males Select for Proactive Females«, in: *Animal Behavior* 77 (2009), S. 1217-1225.

41 Vgl. die Arbeiten vom Gombe-Stream-Nationalpark, Jane Goodall, *In the Shadow of Man*, London 1971.

42 Jane Goodall, *The Chimpanzees of Gombe: Patterns of Behavior*, Boston 1986.

Gruppe in Unwissenheit zu halten. Ob und inwieweit diese Handlungen allerdings intentionale und bewusste »Täuschungen« sind, ist sehr umstritten.

Das hier hervorgehobene Verhalten der Ablenkung oder Täuschung nach illegitimem sexuellem Kontakt stellt in zweierlei Hinsicht einen Sonderfall im Vergleich mit den anderen erwähnten Formen dar. Bemerkenswert ist nämlich erstens, dass die Ablenkung oder Täuschung *ex post* erfolgt, um bereits Geschehenes zu überdecken. Daraus folgt der zweite ungewöhnliche Aspekt dieser Ablenkung oder Täuschung. Es ist nämlich so, dass erstaunlich wenige der oben dokumentierten Täuschungsformen nachweislich zu Strafverhalten führen, wenn die Täuschung als Täuschung aufgedeckt wird. Die »Strafe« scheint eher die Ausnahme zu sein. »Bestraft« wird nur die Tat an sich, also etwa das Fremdgehen, nicht aber der zusätzliche Täuschungswille, der sich in einem Verbergen der Tat ausdrücken könnte. Damit wird auch wieder deutlich, dass überhaupt die Annahme von »Strafe« als einer gezielten und abgewogenen Reaktion auf ein nicht toleriertes Verhalten bereits problematisch wird. Bestenfalls können wir von einem strafähnlichen Verhalten sprechen. Zwar könnte eine evolutionstheoretische Spekulation aus anthropomorpher Sicht die Bestrafung von Täuschungen nahelegen,[43] doch echte Belege für Strafverhalten sind selten.[44] Bei den Rhesusaffen etwa ist es üblich, dass ein Individuum, welches Nahrung findet, einen Essensruf ausstößt, der die anderen Tiere alarmiert und meistens auch herbeilockt. Dies führt dann dazu, dass der Finder selbst weniger Nahrung erhält. Das Unterdrücken des Essensrufs qualifiziert insofern in der Tat als Täuschung oder zumindest ablenkungsähnliches Verhalten. Es wäre also aus menschlicher Sicht plausibel, dass der Schweigende zu bestrafen wäre. Das Unterdrücken des Essensrufes ist in der Tat auch keine Seltenheit. Doch der Täuschende wird zwar ein wenig

43 Siehe Marc Hauser, »Costs of Deception: Cheaters are Punished in Rhesus Monkeys (*macca mulatta*)«, in: *Procedures of the National Academy for Sciences* 89 (1992), S. 12137-12139. Siehe auch M. Keith Chen und Marc Hauser, »Modeling Reciprocation and Cooperation in Primates: Evidence for a Punishing Strategy«, in: *Journal of Theoretical Biology* 235 (2005), S. 5-12. Marc Hauser wird derzeit vorgeworfen, Daten verfälscht zu haben.

44 Harold Gounzoules und Sarah Gounzoules, »Primate Communication: By Nature Honest or by Experience Wise?«, in: *International Journal of Primatology* 23.4 (2002), S. 821-848.

häufiger als der korrekt Rufende aggressiv behandelt, aber es gibt keine eindeutige Korrelation zwischen Strafe und Täuschung, so dass auch die Abschreckungsfunktion der Strafe nur bedingt wirksam zu sein scheint.[45] Anhand von jüngeren theoretischen Modellen kann gezeigt werden, dass sich Strafverhalten für die Strafenden nur in dem seltenen Fall rentiert, in dem der Aufwand und das Risiko der Strafe im Verhältnis zum Nutzen für das strafende Individuum gering und die Mehrzahl der Gruppenmitglieder involviert ist.[46] Dies dürfte in der Tat nur bei hochsozialen Wesen die Regel sein. In unserem Fall der heimlichen Paarung des Rangniederen mit einem Weibchen kann eines der Tiere allerdings durchaus mit einer Konsequenz rechnen. Die »Strafe« erfolgt hier wohl nicht für die Täuschung als vielmehr für den verbotenen Akt als solchen. All dies deutet darauf hin, dass Täuschung sich lohnen könnte.

Haben wir hier also bereits eine Protoerzählung gefunden?

Es lohnt sich auf jeden Fall, die Schritte dieses Täuschungs- oder Ablenkungsakts näher zu beleuchten. Beginnen wir mit einem schematischen Ablaufprotokoll. Das Geschlecht des Individuums A spielt dabei keine entscheidende Rolle:

1. A und B tauschen Intimität aus, obwohl diese von einem ranghöheren Männchen X nicht toleriert wird und aggressives Verhalten zu erwarten ist, sofern sie erwischt werden.
2. A und B registrieren das Nahen von X und brechen die Intimität ab.
3. Vielleicht werden Spuren der Intimität verwischt. (Erigierter Penis wird verdeckt.)
4. Schnelles Beginnen einer neuen Tätigkeit (etwa Futtersuche).
5. Dies kann den Effekt haben, dass X über die vorherigen Ereignisse getäuscht wird.

Aufbauend auf dieses Ablaufprotokoll können wir nun erste Vermutungen über die notwendigen kognitiven Elemente dieser Täuschung, wenn es denn eine ist, anstellen.

45 Zur Diskussion siehe Gounzoules und Gounzoules, »Primate Communication«, S. 838 f.

46 Robert Boyd, Herbert Gintis und Samuel Bowles, »Coordinated Punishment of Defectors Sustains Cooperation and can Proliferate when Rare«, in: *Science* 328 (2010), S. 617-620.

Eine Möglichkeit der Deutung, die etwa von Frans de Waal nahegelegt wird, besteht darin, dass einige hochkomplexe Fähigkeiten hier hineinspielen: In Frage käme erstens, dass der Täuschende die Situation wie durch die Augen des anderen sieht, um ihn dann auszutricksen. Man nennt diese Fähigkeit, wie oben erwähnt, häufig *Theory of Mind*, also die Kapazität, das Wissen und die emotionalen Zustände eines anderen zu erkennen. In diesem Falle hieße dies, dass A »in die Haut von X schlüpft«, um wahrzunehmen, was dieser wahrnimmt. Zweitens könnte ein komplexes Verständnis von Zeichen und Realität angenommen werden. In diesem Falle hieße das, dass A zwischen empirischer Realität (tatsächlichem Fremdgehen) und den Zeichen (Spuren und Referent) unterscheiden kann. In einer Art Saussure'schen Wende oder gar dreigliedrigen Peirce'schen Semiotik könnte man nun annehmen, dass A versteht, dass X' Annahme, was hier stattgefunden habe (also in semiotischer Hinsicht der »Referent«), erst durch die Spuren und Indizien erzeugt wird. Eine Einsicht in diese Struktur erlaubt es A, X über das tatsächliche Geschehen zu täuschen, das dieser ja nicht kennt und von dem er sich erst anhand der Spuren ein Bild machen muss. A könnte also mittels der aktiven Zeichenproduktion die gezielte Vorstellung einer je bestimmten Wirklichkeit für X zu erzeugen versuchen. Wenn man diese Fähigkeiten attestiert, hätte man einen Computer mit gigantischer Rechenleistung konstruiert oder einen fiktiven Sherlock Holmes, aber kaum einen tatsächlichen Primaten (egal ob menschlich oder nicht).

Da das Gehirn und seine Rechenzeit biologisch sehr teuer sind, also einen erheblichen Verbrauch an Energie verlangen, einer Energie, die dann anderswo fehlt, kann es nicht verwundern, dass sich selektiv, wenn immer möglich, Abkürzungen und Annäherungen durchgesetzt haben. In diesem Fall dürfte A in der Tat mittels einer Abkürzung und einem ungleich weniger aufwendigen kognitiven Prozess zu einem ähnlichen Ergebnis kommen.

Eine andere Möglichkeit, diese Szene zu deuten, besteht darin, ihr weitgehend kognitive Relevanz abzusprechen. Dies ist auch allein als Schutz vor Anthropomorphismus sicherlich keine schlechte Ausgangsvermutung. In diesem Fall könnte man das Verhalten des ertappten Pärchens als das Produkt von Versuch und Irrtum erklären. Die Situation kommt anscheinend häufig genug vor, so dass die meisten Individuen sie vielfach durchlaufen. Und entsprechend könnten sie »gelernt« haben, dass ein bestimmtes Verhalten besser ist und also weniger Strafe evoziert als ein anderes Verhalten. Dazu gehört etwa das Unterdrücken der Kopulationsrufe. Besonders schlechtes Verhalten dürfte etwa darin bestehen, in der Begattung fortzufahren, während das dominante Männchen anwesend ist. Und besonders gutes Verhalten besteht dann in einem schnellen Wechsel der Tätigkeit, was dann wiederum den Effekt der Täuschung hat, ohne dass die »Täuschenden« eine Einsicht in ihre Täuschung haben müssen.

Es ist sicher vernünftig, sich vor allem an der Erklärung mit dem geringsten kognitiven Aufwand zu orientieren. Und in der Tat kann die Erklärung durch Versuch und Irrtum dieses Verhalten weitgehend erhellen. Auf den ersten Blick scheinen die Versuche der Individuen, vorab ihre Absicht zu vertuschen, indem sie den verborgenen Ort getrennt aufsuchen, nicht zu passen. Doch auch hier kann Versuch und Irrtum viel oder alles erklären. Die Individuen hätten dann schlicht assoziativ gelernt, dass sie nur dann zum Zuge kommen, wenn sie sich getrennt von der Gruppe entfernen. Selbst die mehr vereinzelt beobachteten Verhaltensformen (wie das halbe Verstecken des Weibchens, das noch in Sicht von ihrem Haremshüter bleibt, zugleich aber seine Hinterseite verdeckt, wie Hans Kummer beobachtet hat), könnte so Erklärung finden. Auch das Verdecken des Genitals bei Schimpansen gehört dazu. Vielleicht passt das Verhalten des »Petzers« nicht hierher, da er ja offensichtlich ein Wissen des Verbotenen hat, das er dem ranghohen Männchen sofort melden will. Allerdings zeigt sein Verhalten ja nur ein Wissen, dass es sich um nichttoleriertes Verhalten handelt. Es könnte also sein, dass der Lerninhalt der Erwischten schlicht darin besteht, dass das ablenkende Futtersuchverhalten oder Lausen das dominante Männchen beruhigt, dagegen Angstverhalten oder Flucht die Aggression nur verstärken. Dies sind auch außerhalb des Erwischtwerdens gängige Muster. Natürlich könnte man nun spekulieren, dass von diesem ersten Erlernen mittels Versuch und Irrtum eine gewisse Möglichkeit der Einsicht besteht, warum diese Ablenkungen fruchten. Aber dafür besteht wenig Notwendigkeit, außer wenn durch eine solche Einsicht die Ablenkung optimiert wird.

Im Großen und Ganzen erweist sich eine Erklärung durch Versuch und Irrtum also durchaus als plausibel, zumal sie den Vorteil hat, in kognitiver Hinsicht wenige Voraussetzungen zu benötigen. Das Lernen durch Versuch und Irrtum ist sicherlich eine privilegierte Strategie zur Perfektion, wo immer es in Betracht kommt. Doch damit ist nicht gesagt, wie das solcherart eingeübte Verhalten kognitiv verarbeitet wird und sich dann entwickeln kann.

Die Erklärung durch Versuch und Irrtum erhält zusätzliche Plausibilität, wenn man hinzudenkt, dass Primaten und manche andere Säugetiere bereits ein reiches Repertoire an Verhaltensformen entwickelt haben, in dem eine Aktivität schnell in eine andere überleitet. Dies wird im Spielen trainiert. Im Spielen wechseln sich viele Verhaltenssequenzen wie Kampf, Kraulen, Sich-Jagen und Kopulationsverhalten schnell ab. Insofern ist es durchaus naheliegend für ein Individuum, dass es sein Verhalten von einer Aktivität schnell auf eine andere umstellt, wenn das erste Verhalten abgebrochen werden muss.

Zur Erklärung der Entwicklung dieses Täuschungs- und Ablenkungsverhaltens konnten wir festellten, dass relativ einfache Mechanismen von Versuch und Irrtum zur Erklärung ausreichend sein dürften. Wir sind also weit entfernt von einem echten »Ausredenerzähler«. Es scheint also, als hätten wir ein Luftschloss errichtet, da in kognitiver Hinsicht keine Täuschung und bestenfalls eine schwache Ablenkung vorlag. Es gibt bisher keine dokumentierten und systematischen Beobachtungen, dass die Individuen die Täuschung vorab planen und etwa ein seltenes Nahrungsmittel an den Ort des Stelldicheins deponieren, um dann, wenn sie entdeckt werden, aufgeregt auf dieses zu deuten. Und selbst wenn dies dokumentiert wäre, müsste man sich fragen, inwieweit es wirklich über Versuch und Irrtum hinausgeht, da auch hier das erste Mal zufällig entstanden sein könnte. (Ein Affe versteckte begehrte Nahrung, stieß dabei unerwarteterweise auf ein anderes Tier und so kam es zum illegitimen Verkehr ...).

Die obige Darstellung hat eine starke Grenze zwischen höheren und niederen kognitiven Fähigkeiten gezogen (also etwa zwischen der aktiven Täuschung und der bloßen Ablenkung sowie zwischen der bewussten Kalkulation einer sozialen Situation und dem bloßen assoziativen Lernen). Für die vorliegende Untersuchung kann diese grobe Unterscheidung genügen. Es soll jedoch zumindest angemerkt werden, dass es schwierig, wenn nicht unmöglich ist, eine derart starke qualitative Grenze zwischen diesen niederen und höheren Bewusstseinsformen zu ziehen. In der Tat wird ebendiese Grenzziehung derzeit sehr kontrovers diskutiert.[47] Es scheint hier zumindest plausibel zu sein, statt eines qualitativen Umschlags einen quantitativen Übergang zu vermuten. Dabei könnten sich die assoziativ erlernten Muster schlicht in der einen oder anderen Weise verdichten. Als Maßstab eines höheren Bewusstseinszustandes kommen dabei eine Vielzahl an Kriterien in Betracht: genaue Reaktion auf eine Vielzahl an Stimuli, schnelles Lernen von Mustern, Berücksichtigung unterschiedlicher Kontexte, Möglichkeit des Ignorierens alter erlernter Muster in veränderten Situationen, Abstraktionsfähigkeit und schnelle Anpassung von Erwartungen.[48]

Trotzdem ist unsere Suche nach einer Protoerzählung hier nicht zu Ende. Die Ablenkungsstrategie der Mantelpaviane und Schimpansen bleibt weiter ein Kandidat. Dazu im Folgenden.

6. Andere erwischen: Was nun?

Bisher sind wir schlicht von der intellektuellen Leistung des Erwischten ausgegangen. Dabei fragten wir uns, auch wenn wir diese Wörter bisher eher vermieden haben, inwieweit der erwischte Affe »bewusst« und »intentional« auf die Täuschung des anderen zuarbeitet. Und wir mussten feststellen, dass dies zwar möglich, aber nicht notwendig der Fall ist. Stattdessen genügt zur Erklärung des Verhaltens des Affen auch ein Mechanismus von Versuch und Irrtum. Der erwischte Affe lernt aus Erfahrung, dass bestimmtes Ver-

47 Während die Mehrzahl der Kognitionswissenschaftler an der Unterscheidung festhält, gibt es inzwischen eine Reihe prominenter Einwände, siehe Derek Penn und Daniel Povinelli, »Causal Cognition in Human and Nonhuman Animals: A Comparative, Critical Review«, in: *Annual Review of Psychology* 58 (2007), S. 97-118; David Papineau und Cecelia Heyes, »Rational or Associative? Imitation in Japanese Quail«, in: Susan Hurley, Matthew Nudds (Hg.), *Rational Animals,* Oxford 2006, S. 198-216; Colin Allen, »Transitive Inference in Animals: Reasoning or Conditioned Associations?«, in: Susan Hurley, Matthew Nudds (Hg.), *Rational Animals,* S. 175-185. Zu einem ausgezeichneten Überblick vergleiche Cameron Buckner, »In Defense of the Distinction between Cognition and ›Mere Association‹«, in: *International Journal for Comparative Psychology* (im Druck).

48 Zu einem genaueren Überblick siehe auch hier Cameron Buckner, »In Defense of the Distinction between Cognition and ›Mere Association‹«.

halten beim Erwischtwerden bessere Resultate, also weniger Strafe, nach sich zieht. Warum dies so ist, kann dem Affen dabei durchaus verborgen bleiben.

Es gibt allerdings bereits in dem ersten Ablenkungsverhalten mehr als nur den Ablenkenden. Es gibt auch denjenigen, dessen Wut die Erwischten fürchten. Selbst wenn die Erwischten diesen nicht bewusst oder intentional zu täuschen versuchen, befindet sich dieser doch in einer Lage, in der er entscheiden muss, wie er sich verhalten soll. Soll er strafen oder nicht? Und wenn ja, mit welcher Intensität? In den meisten Fällen und bei den meisten Tieren dürfte der Druck zur jeweils richtigen Entscheidung hier relativ gering sein, wie man überhaupt wohl nur selten oder nie von eigentlicher Strafe sprechen kann. Als das dominante Individuum kann er sich durchaus irren und einen Unschuldigen strafen beziehungsweise einen Schuldigen laufen lassen. Einen Schuldigen laufen zu lassen könnte diesen zu künftigen Versuchen anspornen, was in der Situation der Produktion von Nachwuchs evolutionär an Selbstmord grenzt. Dies muss der Aufpasser nicht erst kalkulieren. Geleitet wird er vermutlich vermittels deutlicher emotionaler Reaktionen, also Wut und Eifersucht. Man kann darüber hinaus annehmen, dass kein dominanter männlicher Schimpanse vor einer einem Menschen ambivalent anmutenden Situation mit einem Konkurrenten ins Grübeln kommt. Insofern könnte man vermuten, dass es eine Tendenz in Richtung der Wutreaktion gibt.

Doch dieser einfachen Tendenz zur Aggression steht eine andere Tendenz entgegen. Die aggressiv behandelten Tiere könnten aufgrund der Strafe ihre Bindung an die Gruppe auflösen. Dies könnte schlicht geschehen, weil sie aggressiv behandelt wurden und vor der Aggression als solcher fliehen. Es könnte aber auch geschehen, weil manche Tiere (Menschenaffen? Delfine? Hunde?) die wütende Reaktion als ungerecht wahrnehmen *könnten.* Je deutlicher die Individuen dabei eine Erwartung haben, ob sie die Wut verdient haben oder nicht, desto stärker könnte in ihnen das Gefühl einer Ungerechtigkeit entstehen. Dieses Gefühl einer Ungerechtigkeit könnte dann Konsequenzen haben, wenn es zu nachfolgenden Protestaktionen führt. Ein in der Tat radikaler Schritt könnte darin bestehen, dass die Weibchen dem dominanten Männchen die Folgschaft aufkündigen. Das Aufkündigen der Gefolgschaft ist in der Tat bei manchen Primaten dokumentiert. Bei Gorillas etwa schleichen sich die Weibchen einfach davon und schließen sich einer anderen Gruppe an. Auch bei den Mantelpavianen wechseln die Weibchen ihre Haremshüter, wobei die Rolle des weiblichen Handelns dabei ungewisser ist. Bei Schimpansen können Weibchen die bestehenden Hierarchien der Männchen kippen.[49] Es ist, um dies klar zu sagen, nur Spekulation, dass die Weibchen davonlaufen, weil sie sich »ungerecht« behandelt fühlen und mithin ein »Strafbewusstsein« besitzen. Doch exzessive Aggressivität der dominanten Tiere scheint zumindest eine Rolle zu spielen.

Die als ungerecht wahrgenommene Strafe könnte also Konsequenzen haben. Dazu muss natürlich geklärt werden, in welchem Grade die Primaten ein Gefühl dafür entwickeln, ob eine Strafe »gerecht« ist oder nicht. Dies ist jedoch strittig. Allerdings belegen eine Reihe von Studien, dass etwa Schimpansen ein klares Gefühl der gerechten Belohnung haben, so dass sie, bleibt die Belohnung aus, höchst unzufrieden reagieren. Auch in Situationen des Teilens oder abwechselnden Rückenkratzens zeigen sie deutliche Zeichen des Ärgers, wenn sie ihren gerechten Anteil nicht bekommen.[50] Viele Autoren, allen voran der Primatologe Frans de Waal, gehen davon aus, dass die Menschenaffen in der Tat die Grundsteine eines moralischen Codes besitzen und also gerechte und ungerechte Strafen unterscheiden können.[51] In der Regel wird dabei angenommen, dass gerechte Strafe für das Funktionieren der Gemeinschaft notwendig ist.[52] Als ungerecht wahrgenommene Strafen könnten mithin direkte Konsequenzen für den Harem oder die Gruppe haben. Dies kann bei solchen Strafen der Fall sein, für die es keinen Anlass gab, da die verbotene Tat nicht stattfand und sich der Bestrafte schlicht unprovoziert angegriffen findet, oder für Strafen, die disproportional zum »Vergehen« ausfallen.

Insofern scheint es, dass für den Erwischenden Druck in zwei entgegengesetzte Richtungen besteht. Zum einen besteht der Druck

49 Frans de Waal, *Good Natured*, S. 131.

50 Jessica C. Flack und Frans de Waal, »Any Animal Whatever: Darwinian Building Blocks of Morality in Monkeys and Apes«, in: *Journal of Consciousness Studies* 7.1-2 (2000), S. 1-29.

51 Neben Frans de Waal sind hier etwa Marc Hauser und Robert Boyd zu nennen.

52 Robert Boyd und Peter J. Richerson, »Punishment allows the Evolution of Cooperation (or anything else) in Sizeable Groups«, in: *Ethology and Sociobiology* 13 (1992), S. 171-195.

zur Strafe als Abschreckung für künftiges Verhalten. Deshalb muss die Strafe erheblich genug sein, um Eindruck zu hinterlassen. Zum anderen aber gibt es eine Reihe von Faktoren, die gegen die Strafe sprechen. Dazu gehören im Allgemeinen die Kosten der Strafe, nämlich der Energie- und Zeitaufwand der Bestrafung, die Vertreibung einzelner Gruppenmitglieder sowie die Verletzungsgefahr bei allen Beteiligten.[53] Dies kann erklären, warum Bestrafung bei den Nichtmenschenaffen eher selten ist.[54]

Das ranghohe Männchen, das eins seiner Weibchen in einer verdächtigen, aber nicht eindeutigen Situation auffindet, befindet sich mithin in einer schwierigen Lage. Wenn das Weibchen sowie das in der Nähe herumlungernde Männchen in der Tat gemäß der oben beschriebenen Verhaltensformen scheinbar mit durchaus harmlosen Dingen beschäftigt sind, also etwa eine Futterquelle aufgetan haben, so befindet sich das dominante Männchen in der Situation, entscheiden zu müssen, was es tun soll. Und hier könnte es zu komplexen, protonarrativen Prozessen kommen. Man kann dabei durchaus vermuten, dass auch in diesem Falle Versuch und Irrtum eine gute Annäherung an die richtige Entscheidung bilden. Doch damit Versuch und Irrtum hier zu einer Verminderung der Fehlerquote führen können, muss der Beobachter in der Lage sein, feine Verknüpfungen herzustellen. »Wenn Indiz A, B oder C vorliegt, ist die Strafe anscheinend ein angemessenes Verhalten. Dass die Strafe angemessen ist, ergibt sich daraus, dass das Weibchen auf die Strafe nicht aggressiv reagiert.« Um also einen Lernprozess in Gang zu setzen, der dem ranghohen Beobachter ein richtiges Beurteilen der Lage erlaubt, muss dieser bereits in der Lage sein, zahlreiche Nuancen zu erkennen und als potenziell relevant einzustufen.[55]

Natürlich gibt es eine Vielzahl von Mechanismen, die eine eigentliche »Entscheidung« unnötig machen. Bei den Mantelpavia-

53 Vgl. Robert Boyd, Herbert Gintis und Samuel Bowles, »Coordinated Punishment of Defectors Sustains Cooperation and can Proliferate when Rare«, in: *Science* 328 (2010), S. 617-620.

54 So Robert Boyd, Herbert Gintis und Samuel Bowles, »Coordinated Punishment of Defectors Sustains Cooperation and can Proliferate when Rare«.

55 Zu den erstaunlichen Fähigkeiten der Rezipienten von Kommunikation bei Primaten vgl. Julia Fischer, »Transmission of Acquired Information in Nonhuman Primates«, in: John H. Byrne (Hg.), *Learning and Memory: A Comprehensive Reference,* Vol. 1., *Learning Theory and Behaviour*, Oxford 2008, S. 299-314.

nen etwa genügt bereits die Distanz des Weibchens zum Männchen, um eine Wutreaktion zu provozieren. Es ist durchaus möglich, dass alle Primaten inklusive der Menschen über Mechanismen verfügen, eine schnelle Entscheidung zu ermöglichen, um die Ambiguität auszuschalten. Dafür gibt es viele Möglichkeiten, etwa: »Im Zweifelsfall strafen«. Aber es ist zumindest denkbar, dass sich hier für den, der zu entscheiden hat, ein Dilemma einstellt. Je deutlicher ein Individuum beide Möglichkeiten dessen, was passiert sein könnte, erkennt, desto näher steht er an der Grundsituation des Narrativen, wie wir gleich erörtern werden.

Zugegeben, diese Annahmen können sich nicht vollständig auf empirische Befunde stützen. Es wäre etwa interessant festzustellen, ob ranghohe Individuen dann eine stabilere oder größere Gruppe dauerhaft an sich binden können, wenn ihr Urteilsvermögen besser ist als das der anderen Alphamännchen.

Fassen wir zusammen: Auch wenn das Verhalten des auf frischer Tat Ertappten kein Bewusstsein von Täuschung enthält, so kann dennoch Druck für den Aufpasser bestehen, die Situation richtig einzuschätzen. Der Druck zur »richtigen«, also dem Vergehen entsprechenden Entscheidung könnte in dem Maße anwachsen, wie es bei den vermeintlichen Tätern ein Gefühl der Angemessenheit von Strafe gibt. Und insofern die vermeintlichen Täter »wissen«, welches Verhalten geahndet wird, können sie voraussichtlich auch beurteilen, ob eine Strafe angemessen ist oder nicht. Unter diesen Umständen besteht der Druck auf das dominante Individuum, auch eine unklare Lage zumindest tendenziell derartig zu beurteilen, dass die vermeintlich Erwischten sich nicht falsch behandelt fühlen.[56] In der Figur des Dritten, des Aufpassers, der zu rekonstruieren hat, was passiert ist, beginnt mithin die tendenzielle Vielversionalität der Vergangenheit. Die Vergangenheit ist kein abrufbares Wissen, sondern wird erzählt, und das heißt, sie wird verschieden erzählt. Dies entspricht unseren obigen Thesen zur Natur der Nar-

56 Eine weitere Komplikation sei hier zumindest kurz erwähnt: Wer eine Ausrede produziert und sie für gut hält, glaubt sich auch zu einem hohen Maße, selbst wenn die Ausrede eigentlich eine Lüge des Typus »Es war anders« darstellt. Wird der Sprecher dennoch bestraft, fühlt er sich (zu Unrecht) ungerecht bestraft. Heißt dies, dass der Aufpasser in bestimmten Fällen gut daran tut, eine gute Ausrede zu akzeptieren, damit beide das Gesicht wahren können? Zu dieser Überlegung kommen wir in Kapitel 5.

ration als einem Prozess im Auge des Betrachters und eben nicht des Produzenten.[57]

7. Zwei Formen von Kontext: Verhaltenssysteme und der gemeinsame Horizont von Kommunikation

Wie genau ist die unklare Szene in den Augen des Aufpassers beschaffen? Wenn der Aufpasser die beiden Delinquenten in flagranti erwischt, liegt eine eindeutige Situation des nichttolerierten Fremdgehens vor. Wenn er zu spät kommt, sind dagegen fast alle Spuren beseitigt und eines der Individuen hat sich entfernt, so dass er eine vollkommen harmlose Szene vorfindet. Das Weibchen frisst oder ruht. Doch wenn er in einem Zeitraum zwischen diesen beiden Szenen kommt, ist die Lage weniger klar. Er findet zwei Individuen, also ein ihm angehörendes Weibchen und ein rangniederes Männchen. Das ist an sich alarmierend und deutet auf illegitime Akte hin. Doch die beiden sind anderweitig beschäftigt, suchen etwa Nahrung. Welche kognitiven Schritte muss der Aufpasser durchlaufen, um eine derart unklare Situation aufzuschlüsseln? Eine gute erste Annäherung besteht sicher im Ignorieren zahlreicher Details. Wenn wir davon ausgehen, dass zunächst eine deutliche Tendenz in Richtung der aggressiven Reaktion geht, dann kann man annehmen, dass nur die Merkmale der Verfehlung als relevant wahrgenommen werden. Die reine Abwesenheit des Weibchens aus dem Gesichtskreis des Haremshüters (Mantelpavian) würde dann bereits reichen oder die Anwesenheit von Weibchen und Männchen an einem gemeinsamen Ort. Dies ist kognitiv relativ einfach zu handhaben. Diese Auswertung einiger weniger Merkmale mit Signal- oder Reizwirkung ist sicherlich eine relativ gute erste Strategie. Erst wenn die Fehlerquote dieser Methode inakzeptabel wird, muss kognitiv aufgerüstet werden.

Denkbar wäre nun ein weiterer Schritt, der das systematische Ignorieren der ablenkenden Details noch gezielter erlaubt. Etwa könnte man sich vorstellen, dass der Aufpasser bereits gelernt hat, welche ablenkenden Spuren auftauchen können, die den Sachverhalt nicht beeinflussen. Dies ist insbesondere dann möglich, wenn

57 Natürlich nehmen schlaue Produzenten von Narrationen imaginär die Position der Rezipienten und Leser ein.

der Aufpasser selbst einmal in der umgekehrten Situation war, was in dem Affenbeispiel wahrscheinlich ist. Vielleicht könnte der Affe daraus gelernt haben, was Teil seines Verhaltens war, als er selbst »schuldig« war.[58] Dazu ist nicht einmal ein Perspektiven- oder Rollentausch notwendig, da das Erlernen der Szene als eines Ganzen bestimmte Elemente wie die ablenkenden Merkmale enthält. (Diese Überlegungen zur »Szene« werden wir gleich weiter entfalten und zur Frage des Kontextes im Allgemeinen ausweiten.)

Doch wenn man annimmt, dass der Erfolgsdruck des richtigen Beurteilens weiter zunimmt, kann es sein, dass auch dieses Verfahren zu ungenau wird. Irgendwann sind die Grenzen des Ignorierens erreicht. Immerhin gibt es zahlreiche Fälle, wo die bloße Nähe von zwei Individuen eine andere Erklärung findet. Es gibt auch Fälle, die die illegitime Tätigkeit nahezu aussschließen, wie die Verletzung eines der Individuen. Hier nun beginnen die nächsten Stufen des Abwägens. Dazu kann es gehören, die vielen Indizien der Szene zu beurteilen. An einer der unteren Stufen dieses Abwägens steht dabei vermutlich die Suche nach einem sehr starken Indiz, welches in die eine oder andere Richtung weist. Das Wahrnehmen von sexueller Erregung eines der Individuen wäre ein solches Indiz. Umgekehrt kann etwa die Präsenz einer sehr begehrten Nahrungsquelle einen legitimen Kontext der gemeinsamen Anwesenheit an einem Ort nahelegen.

58 Man denke hier an die Arbeiten von Nicola Clayton, die gezeigt hat, dass bestimmte Vögel lernen können, dass andere, sie beobachtende Vögel das von ihnen versteckte Futter stehlen können, wenn sie zuvor selbst von anderen Vögeln gestohlen haben. Das Bemerkenswerte ist hier, wie die eigene Beteiligung an der Szene (Beobachten des Versteckens von Nahrung durch einen anderen, dann Stehlen) auf spätere Wiederholungen dieser Szene übertragen wird. Würden wir von Menschen sprechen, wären wir versucht, von einem Rollenwechsel zu sprechen. Doch es scheint angebrachter zu sein, von dem Erlernen einer Szene zu sprechen, die den Versteckenden und den Beobachter zugleich einschließt. Der Vogel hätte dann gelernt, dass die Anwesenheit eines anderen Vogels beim Verstecken eine besondere Szene darstellt, zu deren Verlauf der »Diebstahl« gehört. Entsprechend meidet er als Besitzer von Nahrung das Verstecken in einer solchen Szene mit Beobachter. Ähnlich könnte auch der Affe gelernt haben, was zu der Szene des Ertapptwerdens gehört. Doch das kann hier nur Spekulation sein. Vgl. genauer Nicola Clayton, Joanna Dally, James Gilbert und Anthony Dickinson, »Food Caching by Western Scrub-Jays (*aphelocoma californica*) is Sensitive to Conditions at Recovery«, in: *Journal of Experimental Psychology: Animal Behavior Processes* 31 (2005), S. 115-124.

Wenn nun aber die eindeutigen positiven Merkmale fehlen, die in die eine oder andere Richtung weisen, kann nach negativen Merkmalen gesucht werden, also nach Merkmalen, die nicht passen, beziehungsweise wieder auf einer Stufe höherer Abstraktion nach fehlenden Merkmalen, die zu erwarten wären, die aber eben nicht vorliegen. Diese letzteren Erwägungen sind allerdings voraussetzungsreich. Sie verlangen, dass die möglichen Kontexte einer Situation aufgeschlüsselt werden. Sollte es also der Fall sein, dass hier massiver Selektionsdruck besteht, dass der Aufpasser sich meist richtig entscheidet, so wie wir es im vorangegangenen Abschnitt hypothetisch durchgespielt haben, dann stellt sich die Frage, welche Fähigkeit er benötigt, um sich dieser Szene gewachsen zu zeigen. Welches Kalkül oder welches Wissen würde ihm hier helfen?

Viele Szenen sind durch eine Überlagerung von Merkmalen gekennzeichnet, die in unterschiedliche Richtungen deuten. Je nachdem, welchen Kontext man unterstellt, kann man die Verhaltensweise der beteiligten Individuen erklären. In unserem Beispiel ist dies relativ simpel. Wer den Kontext des Fremdgehens unterstellt, sieht eine Szene des gerade unterbrochenen Verkehrs. (Die ablenkenden Elemente werden dabei entweder ignoriert oder als gezielte Ablenkungsmanöver und somit als verstärkende Indizien hinzugerechnet. Wer diesen Kontext unterstellt, kann vielleicht auch schnell weitere Indizien finden, wie den abgelegenen Ort der Zusammenkunft.) Wer dagegen den Kontext der Essenssuche unterstellt, findet dies in den typischen Verhaltensformen der Essenssuche belegt. Vielleicht findet sich hier eine in der Tat begehrte Nahrungsquelle, vielleicht bekunden die beiden Individuen in der Szene ihren Hunger oder zeigen andere typische Verhaltensformen der Essenssuche.

Wie aber kommt man zu einem Kontext? Wie kann man unterschiedliche Kontexte miteinander vergleichen, um sich zwischen ihnen für den wahrscheinlicheren zu entscheiden? Und was ist Kontext in kognitiver Hinsicht?

Im täglichen Leben rufen Primaten inklusive der Menschen sicherlich tausendfach Kontexte auf, ohne sich darüber im Klaren zu sein. Wir erkennen einen Kontext habituell, ohne auch nur über die Konturen dieses Kontextes nachzudenken. Kontexte verleihen den Handlungen und Mitteilungen anderer Lebewesen, die wir beobachten, einen Sinn. Genauer gesagt: Der Kontext besteht ebendarin, der Handlung oder Mitteilung eines anderen einen Zweck oder ein Ziel zu unterlegen, welcher oder welches in ihr noch nicht gegeben ist, aber sie als intendierte Absicht leitet oder zu leiten scheint. Ein solcher Kontext kann eine mehrgliedrige Handlung (er nimmt den Autoschlüssel, damit er einkaufen fahren kann), eine Mitteilung (er nimmt den Autoschlüssel, um zu zeigen, dass er unzufrieden ist und gleich wegfährt) oder eine erwünschte Gegenleistung sein (er nimmt den Autoschlüssel, um anzuzeigen, dass er einkaufen fährt; dafür erwartet er, dass ich koche). In diesem Beispiel dürfte der menschliche Beobachter je sofort wissen, was gemeint ist. Um einer beobachteten Handlung oder einer wahrgenommenen Mitteilung einen Sinn zu verleihen, muss der Kontext bekannt sein. Doch wenn dies nicht der Fall ist, wird es schwierig. Wenn ein Individuum sich von der Gruppe fortbewegt, kann dies heißen, dass es einfach nur umherstrolchen will, dass es ein sonderbares Objekt gesichtet hat, das es erkunden will, dass es ein geheimes Techtelmechtel plant oder dass es die Gruppe für immer verlässt. Um seine Intention aufzuschlüsseln, müsste sein innerer Zustand bekannt sein, müsste der Kontext schon gegeben sein. Das ist aber oft nicht der Fall. (Und selbst wenn es der Fall ist, können Handelnde ja ihre Intention ändern oder einer Handlung nachträglich einen anderen Sinn geben, da sich neue Gelegenheiten ergeben haben.) Tatsächlich kann in theoretischer Hinsicht eine Unendlichkeit von möglichen Kontexten angelegt werden, da kein Kontext je von der Handlung oder Mitteilung kontrolliert wird. Und entsprechend kann die Handlung oder Mitteilung die unterschiedlichsten Dinge »bedeuten«, und sei es nachträglich.[59] Der Beobachter kann den Radius der möglichen Kontexte nur mittels sekundärer Erwägungen, wie etwa dem Erwägen von Wahrscheinlichkeiten, einengen.

Kontexte sind den Handlungen und Mitteilungen nie fest eingeschrieben und sind ihnen dennoch nicht rein äußerlich.[60] Dieselbe Handlung oder Mitteilung kann theoretisch immer auch eine andere Absicht als die scheinbar offensichtliche haben und kann somit in einen anderen Kontext gestellt werden. Jede Handlung oder Mitteilung braucht einen Kontext, um einen Sinn zu finden.

59 Diese Einsicht hat Jacques Derrida zu einer weitreichenden Theorie der virtuellen Kontextualität und der Singularität ausgebaut; vgl. Jacques Derrida, *Limited Inc.*
60 Vgl. Jacques Derrida, *Limited Inc.*

Doch weder kontrolliert die Handlung den Kontext noch dieser sie. Der Beobachter kann also aus der Handlung oder der Mitteilung allein nicht mit Sicherheit sagen, was ihr Sinn und Kontext ist. Umgekehrt kann kein Beobachter mit Sicherheit von einem gegebenen Kontext auf die Handlungen und Mitteilungen schließen. Auch wenn sich in einer kontextuellen Situation alles stimmig einzufügen scheint, kann eine jede Handlung oder Mitteilung plötzlich einen neuen Kontext aufrufen. Dabei wird diese Handlung zu einer anderen, ohne dass »sie sich selbst« geändert hat. Der »äußere« Kontext prägt die Tat »von innen«. Diese Aporie ist in theoretischer Hinsicht nicht hintergehbar.

Insofern müsste man denken, dass die korrekte Aufschlüsselung des Kontextes einer Handlung oder Mitteilung unwahrscheinlich ist. In der Tat stellt sich dieses Dilemma einem jeden Hermeneuten in der Aufschlüsselung von Texten und Mitteilungssystemen (oder anders gewendet: es geht den Hermeneuten der akademischen Literatur- und Kulturwissenschaft auch deswegen so gut, weil sie ein und denselben Text immer wieder in neue Kontexte stellen und einen neuen Trend oder Turn erfinden können, um die Texte je unterschiedlich zum Reden zu bringen). Trotzdem widerspricht die Unwahrscheinlichkeit unserer Alltagserfahrung, in der Kontexte meist richtig erkannt werden.

Wie bewerkstelligen wir diese korrekte Zuordnung von Handlung/Mitteilung und Kontext? Man darf vermuten, dass es kein optimales Verfahren gibt, sondern nur Strategien, die mit einer gewissen Wahrscheinlichkeit einen Kontext auf angemessene Art und Weise entschlüsseln. Im Folgenden sollen dabei zwei Strategien der Kontext-Entschlüsselung unterschieden werden. Es sind nicht die einzigen, aber für soziale Wesen sicher relevante Strategien, die sich ergänzen können. Und es sind die zwei Strategien, die auch mit unserer Frage der Deutung von Vielversionalität des Narrativen verbunden sind.

Die erste Art von Kontextentschlüsselung verleiht einer Handlung oder Mitteilung Sinn, indem sie sie als Teil einer habitualisierten oder ritualisierten Standardsituation von Verhalten begreift. Jede halbwegs komplexe Tierart verfügt über ein Repertoire an Verhaltensweisen, die in der Regel vielfach ausdifferenziert und der Umwelt angepasst sind. Jede dieser Verhaltensweisen stellt dabei ein relativ fest umrissenes System mit vielen Subsystemen dar. William Timberlake definiert ein Verhaltenssystem (*behavior system*) als »eine komplexe Kontrollstruktur, die mit einer bestimmten Funktion oder einem Bedürfnis des Organismus verbunden ist wie die Nahrungsaufnahme […], Reproduktion […], Verteidigung […] oder Körperpflege«.[61] Zu diesen Verhaltenssystemen gehören (je nach Art und Gruppe) etwa die Nahrungssuche, die Verteidigung gegen Leoparden, die Reihenfolge bei Futterverteilung, Rivalitätskampf, Werbung um Geschlechtspartner, Aufzucht der Jungen, Eintreffen von unbekannten Artgenossen, das Aufsuchen eines neuen Schlafplatzes, das Überqueren eines Flusses ebenso wie primär emotionale Situationen wie Entspannen und Lausen etc. Jedes dieser Verhaltenssysteme ist vielfach unterteilt in Untersysteme. Timberlake etwa unterscheidet auf die Ratte bezogen ein großes Repertoire an Verhaltensformen der Nahrungssuche.

Diese Verhaltenssysteme stellen eine Adaption der Tiere an ihre Umwelt dar und sind zugleich habituell oder rituell erlernt. Sie schließen jedoch nicht notwendigerweise ein, dass Artgenossen voneinander verstehen, in welchem System sich die anderen befinden beziehungsweise was die nächsten von anderen zu erwartenden Handlungen sein könnten. Dennoch ist die Schwelle zum Verstehen des Verhaltens von Artgenossen gemindert, insofern die Artgenossen lernen können, bestimmte bei einem anderen beobachtete Einzelhandlungen (reflexiv, instinktiv, assoziativ oder methonymisch) mit anderen Handlungen aus demselben Verhaltenssystem zu verbinden. Hier könnte durchaus eine positive Adaption liegen, denn es kann einem Individuum vorteilhaft sein zu wissen, in welche Tätigkeit andere Individuen verstrickt sind. Auch wenn ein Individuum unvermittelt zu einer Gruppe stößt, kann es dann, wenn es über die entsprechende Erfahrung verfügt, die Tätigkeit der anderen erkennen. Wer das Verhaltenssystem kennt, kann Einzelhandlungen entsprechend in ihren Kontext stellen. Insofern liegt in den Verhaltenssystemen auch die Möglichkeit einer spezifischen Kontextaufschlüsselung begründet. Eine Handlung (oder Mitteilung) wird einem Verhaltenssystem zugeordnet, in dem sie regelmäßig erscheint. Für unseren allgemeinen Zusammenhang ist

61 William Timberlake und Gary A. Lucas, »Behavior Systems and Learning: From Misbehavior to General Principles«, in: Stephen B. Klein, Robert R. Mower (Hg.), *Contemporary Learning Theories: Instrumental Conditioning Theory and the Impact of Biological Constraints on Learning*, Hillsdale, NJ 1989, S. 237-275, S. 241.

es dabei nicht entscheidend, ob diese Kontextentschlüsselung eher assoziativ verfährt und eine Handlung schlicht mit einer ähnlichen aus dem gleichen Verhaltenssystem verbindet oder ob sie über eine Kategorie erfolgt und ausgehend von wenigen Spuren die allgemeine Kategorie von Verhalten aufspürt, von der ausgehend alle weiteren Prognosen über das zu erwartende Verhalten getroffen werden können. Entscheidend ist die Assoziation der Einzelhandlung mit einem System ähnlicher Verhaltensformen.

Dies ändert sich mit der zweiten Art der Kontextentschlüsselung. Die zweite Strategie der Kontextentschlüsselung besteht darin, dass man Handlungen *als Kommunikationen* auffasst. Kontext wird dabei aus dem konkreten Handlungs- und Kommunikationsfeld der beteiligten Individuen abgeleitet. Der Beobachter unterstellt, dass eine Handlung einen Sinn *für einen anderen* hat. Egal was für eine Handlung es sein mag, der Beobachter kann sie stets als eine an ihn oder einen Dritten gerichtete Mitteilung auffassen. Das Weggehen etwa kann dann zur Abweisung werden – oder aber zur Aufforderung, ihm zu folgen. Wenn ein Individuum eine Mitteilung macht, etwas äußert oder sich gegenüber einem anderen auf eine bestimmte Art und Weise verhält, dann versteht der Empfänger der Nachricht diese, wenn er sie als eine *an ihn (oder einen anderen) adressierte* Nachricht auffasst. Um die Nachricht als eine adressierte Nachricht auffassen zu können, unterstellt er ihr eine Absicht, die ihm oder dem anderen, dem Sender oder Empfänger, im weitesten Sinne hilfreich ist. Ein einfacher Fingerzeig in eine Richtung wird dann zur Mitteilung, dass sich das Wasser, von dem der Zeigende annimmt, dass der andere es begehrt, dort befindet.

Aus diesem Beispiel folgen auch schon die Implikationen des Modells: Die mittels von Gesten Kommunizierenden bringen auch ihr konkretes Vorwissen übereinander und ihre Vorgeschichte mit ein. Der Zeigende in dem Beispiel weiß bereits, dass der andere durstig ist. Dies kann entweder konkret aus sichtbaren Zeichen folgen oder es kann aus ihrer Vorgeschichte folgen, in der der andere bereits seinen Durst ausgedrückt hat. Erweitert können dann auch weiter zurückliegende Episoden zu dem möglichen Kontext zweier Kommunizierender kommen.

Ein solches Modell von Kontext hat Michael Tomasello zu einem Modell der Genese von Kommunikation im Allgemeinen ausgebaut. Da einige der Thesen Tomasellos direkt auf eine Theorie der

Narration hinauslaufen, sei dieses Modell hier kurz vorgestellt. Tomasello hat vorgeschlagen, den Ursprung der menschlichen Kommunikation (und mithin auch von Narration) nicht allein in akustischen Signalen und der Sprache im engeren Sinne zu suchen.[62] Anhand von vergleichenden Studien bei Affen beobachtet er, dass die Menschenaffen keine komplexen Laute von sich geben und nur wenige erlernen können, aber die Fähigkeit besitzen, komplexe Kommunikation mittels Gesten durchzuführen. Zudem können die Menschenaffen Gesten spontan oder durch Imitation lernen und adaptieren, was ein weiteres Indiz dafür sei, dass die Gesten den Ursprung auch der menschlichen Kommunikation ausmachen.

In der Kommunikation mit Gesten kommt dem Zeigen und Blicklenken eine zentrale Rolle zu. Tomasello unterscheidet zwei Arten von gestischer Kommunikation: 1) Das Zeigen auf ein gewünschtes Objekt und 2) ein Zeigen, das Aufmerksamkeit auf sich ziehen soll (*attention getter*). Der zweite Fall ist der seltenere Fall und zudem der wesentlich komplexere, denn das beabsichtigte Ziel dieses Zeigens ist nicht mit dem Führen der Blickrichtung übereinstimmend. Indem der Zeichengeber den Empfänger dazu bewegt, ihn anzuschauen und ihm Aufmerksamkeit zu zollen, kann er seinen eigentlichen Zweck (etwas ganz anderes) bewirken. Referent und Blickrichtung sind mithin geteilt. Tomasello sieht diesen zweiten Fall daher als das fehlende Bindeglied (*missing link*) zur menschlichen Kommunikation, in der diese Teilung die Norm ist, insofern unsere Zeichen weitgehend arbiträre Zeichen sind, in denen ein Signifikant schlicht konventionell auf eine Referenz deutet. (Man muss hier allerdings einwenden, dass der »attention getter« weit von einem Peirce'schen Zeichen entfernt ist, da die Aufmerksamkeit stets auf den Sender gezogen wird. Man könnte den »attention getter« daher etwa vielmehr als eine bloße Unterbrechung der vorherigen Tätigkeit sehen. Ist die Unterbrechung erfolgreich, kann anderes passieren.)

Mit Karl Bühler und anderen Sprachwissenschaftlern argumentiert Tomasello weiter, dass auch die menschliche Kommunikation nach wie vor zeigend verfährt, auch wenn viele der zeigenden Funktionen nun mittels Sprache erledigt werden.[63] Das Bemerkenswerte dabei ist, dass dieses Zeigen nur in solchen spezifischen

62 Michael Tomasello, *Ursprung der menschlichen Kommunikation.*

63 So bereits Karl Bühler, *Sprachtheorie. Die Darstellungsfunktion der Sprache*, Jena 1934.

Kontexten erfolgreich kommuniziert, in denen der Sender und Empfänger einer zeigend verfahrenden Kommunikation über einen gemeinsamen Horizont (*common ground*) verfügen und zudem unterstellen, dass ihr gemeinsames Ziel die Kooperation sei. Eins der Lieblingsbeispiele von Tomasello ist der Mann in der Bar, der gegenüber dem Barkeeper auf sein leeres Glas zeigt. Damit diese Kommunikation erfolgreich ist, also den Wirt zum Nachschenken bewegt, müssen beide Seiten die spezifische Situation einer Kneipe verstehen. Dies könnte man mit Timberlake als das Verhaltenssystem Kneipe verstehen, das wiederum ein Subsystem des Bewirtungssystems ist. Allerdings könnten, wie Tomasello zu Recht ausführt, beide auch durch einen anderen gemeinsamen Horizont verbunden sein. Wenn der Gast etwa ein Alkoholiker auf Entzug ist und der Wirt dies weiß, könnte die Geste auch heißen: »Siehst du, seit einer Stunde sitze ich hier und habe nichts getrunken.« Die angemessene Antwort ist dann eben kein Nachschenken, sondern etwa eine Geste der Beglückwünschung. Entscheidend an dem zweiten Kontextmodell ist die individuelle Befindlichkeit der Handelnden beziehungsweise Kommunizierenden.

Tomasello nimmt an, dass menschliche Kommunikation von dieser Kreation eines je gemeinsamen Horizonts (*common ground*) geprägt ist. Dazu gehört, dass Menschen von vorneherein annehmen, dass Kommunikation ihnen etwas mitteilen will. Und dazu gehört, dass wir auf ein Repertoire an Strategien zurückgreifen, den Horizont eines Kommunizierenden auszuloten, um wiederum zu erkennen, was dieser von uns annimmt und uns also mitteilen möchte. Dies kann entsprechend zu Endlosschleifen führen, wenn wir etwa annehmen, der andere nehme von uns an, dass wir annehmen, dass er annimmt, dass wir Durst hätten.

Tomasellos explizite Theorie der »Narration« ist für uns dabei weniger erheblich, insofern er unter Narration anscheinend nur eine sprachliche Darstellung einer vergangenen Handlung versteht.[64] Wichtig ist jedoch die Annahme der Entwicklung von Kontext als gemeinsamem Horizont.

64 Tomasello diskutiert die linguistischen und grammatischen Voraussetzungen, die nötig sind, um von einer ersten deiktischen Sprache zu einer Sprache zu gelangen, die verschiedene Zeitstufen in der Vergangenheit untereinander vergleichen kann und zudem mittels von Personalpronomen verschiedene Akteure auseinanderhalten kann; Michael Tomasello, *Ursprung der menschlichen Kommunikation*.

Der Beobachter muss in dem Prozess der Kontextaufschlüsselung durch den gemeinsamen Horizont Annahmen auch über die Befindlichkeit des Empfängers machen beziehungsweise genauer: Er muss Annahmen über die Annahmen machen, die der Sender über den Empfänger macht. Dabei ist es in dem vorliegenden Zusammenhang nicht wesentlich, ob er selbst oder ein anderer der unterstellte Empfänger ist.

Wir können nun beide Arten der Kontextauffassung miteinander vergleichen. Die erste Art setzt ein allgemeines Wissen um die Verhaltenssysteme einer Gruppe voraus, die zweite dagegen einen gemeinsamen Horizont mit dem handelnden Individuum, um dessen Intentionen zu erraten. Man kann das Verhältnis der ersten und zweiten Kontextaufschlüsselung dabei so beschreiben, dass das Ziel der zweiten Kontextaufschlüsselung die Einordnung der kommunikativen Handlung in einen Kontext der ersten Art ist. Wer das Verhalten eines anderen als kommunikative Handlung entschlüsselt, kann ihr einen kommunikativen Sinn zuschreiben. Und dieser Sinn fällt, so wird dann klar, sicherlich in ein Verhaltenssystem oder ein ähnlich kohärentes System an miteinander verbundenen Akten. Statt von »Verhaltenssystem« könnte man bei hochgradig sozialen Wesen wie den Menschen von ritualisierten Codes sprechen, um dadurch zu betonen, dass einzelne Gruppen eigene Wert- und Bedeutungssysteme ausbilden können und sie durch Wiederholungen verfestigen.

Die Leistung des Beobachters, der eine Handlung oder Mitteilung beobachtet, besteht mithin darin, sie in ein System einzubetten, auch wo dieses nicht vorab angezeigt ist. Dies ist, wie die Überlegungen zur zweiten Strategie der Kontextentschlüsselung andeuten, durchaus ein kreativer Akt. Die Kreativität des Beobachters kann so weit reichen, dass er einen Kontext schlicht erfindet und etwa auch ein Verhaltenssystem oder einen ritualisierten Code generiert, der zu der einzelnen Handlung passen könnte.

Hier nun beginnen die eigentlichen Suggestivkräfte des Narrativen. Wenn der Beobachter nicht mehr klar zu unterscheiden weiß, was seine Projektion ist und was in der Handlung oder Mitteilung angelegt ist, er aber diese Differenz bemerkt oder auf sie gestoßen wird, so kann er nicht anders, als verschiedene Versionen zu unterscheiden. Dies beginnt mit zwei Versionen der tatsächlichen Ereignisse, weitet sich aber auch auf die möglichen Intentionen,

Implikationen und Interpretationen der gleichen Handlung aus. Das Blätterkauen des Weibchens kann schlicht Teil des Verhaltenssystems Futtersuche sein, es kann aber zudem eine kommunikative Mitteilung sein, deren Sinn die Täuschung des Beobachters ist, dass sie gegessen habe. Im Kopf des Betrachters regt sich der Verdacht, alles könnte anders sein, und so entsteht das erste narrative Bewusstsein.

8. Zusammenfassung

In diesem Kapitel haben wir die möglichen evolutionsbiologischen Faktoren der Narrationsfähigkeit erwogen. Dabei haben wir uns auf eine Variante konzentriert, die eine vorsprachliche Protonarration enthält. Diese Protonarration haben wir in einer Situation gefunden, in der ein Aufpasser eine unklare Situation vorfindet, die ein von ihm nicht toleriertes Verhalten enthalten *könnte* und über dessen mögliche Strafe er zu entscheiden hat. Es ist zumindest hypothetisch möglich, dass das ranghohe Individuum unter Selektionsdruck steht, sich meist richtig entscheiden zu müsen, ob es straft oder nicht, da sowohl Strafe als auch Nichtstrafe gravierende Konsequenzen nach sich ziehen können: Im Falle der Nichtstrafe kann der Normbrecher sich zur Wiederholung ermutigt fühlen, im Falle der falschen oder überzogenen Strafe kann der Bestrafte seinen Gehorsam quittieren. Ebendieser Akt der Beurteilung durch den Aufpasser nähert sich der Rezeption von Narration an: Im besten Fall erkennt der Aufpasser beziehungsweise Rezipient, dass mehr als eine Version das Geschehene erklären kann. Beide Versionen unterscheiden sich dabei nicht schlicht dadurch, was faktisch passiert ist, sondern auch durch die Intention, die die Handlungen leitet. Das Kauen auf Blättern kann einmal die Intention des Essens haben und einmal die Ablenkung von anderen Ereignissen. Die freundliche Geste kann ein Ausdruck der Zuneigung ebenso wie eine Irreführung sein. Hier nun finden wir das fehlende Bindeglied zwischen dem Druck auf die Primaten, die eine Situation richtig entschlüsseln müssen, wenn sie andere erwischen, und einer vorsprachlichen Protoerzählung. Dieses fehlende Bindeglied ist das aktive Aufrufen und Erwägen von Kontexten, die den Handlungen Sinn verleihen. Mit dem kontextschaffenden Akt der Beurteilung, sei es durch Aufpasser oder Rezipient der Narration, verschiebt sich auch das Augenmerk von dem Faktischen in Richtung auf die sprachlich verwaltete Konstruktion von Wirklichkeit. Wenn die gleiche Handlung verschiedenen Intentionen dienen und unterschiedliche Bedeutung haben kann, dann muss der Rezipient ein Gespür für diese subtilen Verhältnisse entwickeln. Die Zeichen, Spuren und Indizien stehen dabei noch vor dem Wissen, müssen gewissermaßen von diesem getrennt werden, um als vieldeutige Zeichen erkannt zu werden, die zu Wissen erst führen.

Und so kommt es zu einer Verschiebung auch innerhalb der Ausreden. Während in diesem Kapitel weitgehend nur die erste Form der Ausrede mobilisiert wurde, das heißt die Ausrede des Typus »Es war anders«, wächst hier aus dieser die Möglichkeit der Ausrede des zweiten oder adamitischen Typus. Die zweite Form der Ausrede hatten wir ähnlich wie die Rechtfertigung als eine Bejahung der Tat aufgefasst. »Ja, ich habe es getan und ich durfte es, weil...« In diesem Kapitel lag der selektiv wirksame Druck vor allem auf dem Erwischenden. Doch im Wettstreit und evolutionären Aufrüsten gegenüber der Szene des Erwischens und Strafens ist der Erwischte stets unter Zugzwang. Vielleicht ist dabei nicht so sehr die bewusste Täuschung der nächste Schritt als vielmehr auch eine andere Strategie der Entwaffnung des Aufpassers: Das Zugeben der Tat bei gleichzeitiger Beteuerung der Unschuld. Dazu mehr im Folgenden.

Kapitel 3
Zur Genese von Verantwortung: Der Pakt von Anklage und Verteidigung

1. Der Wal

Als Gott Jona einen Auftrag gab, lieferte dieser keine Antwort, sondern rannte davon. Bekanntlich kam er nicht sehr weit. Von einem Wal wurde er wieder an Land gebracht. Im Bauch des Untiers hatte er Gott mittels eines Gebets geantwortet. Das Gebet handelt von der verweigerten Antwort Jonas und der Annahme, dass Gott nun seinerseits die Antwort auf das Bittgebet verweigern würde.[1] Gott antwortet. Jona kann sich seinerseits dem Auftrag jetzt nicht mehr entziehen: Er muss nach Ninive, um die Einwohner vor dem Zorn Gottes zu warnen und ihnen ihren Untergang anzukündigen. Seine Botschaft wird erstaunlich gut aufgenommen. Man hört ihn an, bekennt, büßt. Die Einwohner Ninives liefern in ihren Taten Antwort auf die Vorwürfe, stellen sich derart erfolgreich allen Forderungen, dass Gott nun von der Bestrafung der Stadt absieht. Dies wiederum gefällt Jona nicht. Er hält Gott vor, er habe ebendeshalb seinen Auftrag nicht ausführen wollen, weil er das gute Ende geahnt habe. Er wirft Gott vor, dass er wankelmütig sei und Gnade vor Recht ergehen lasse. Gott stellt sich der Anklage und verteidigt seine Gnade. Schmollend zieht sich Jona zurück.

Die Geschichte könnte als exemplarisch für die Großmut Gottes gelesen werden, der gewillt ist, Ninive zu verzeihen. Doch dies scheint nur eine Nebengeschichte zu sein, die in wenigen Sätzen abgetan wird. Offensichtlich geht es hier auch nicht um bloße Gehorsamkeit, denn Gott straft Jona eigentlich nicht für seine Flucht (er lässt ihn nur nicht entkommen). Stattdessen wird hier eine Szene des Sich-Stellens durchexerziert, die Szene von Rede und Antwort, Forderung und Entgegnung, Anklage und Buße. Das Buch Jona dramatisiert ebendiese Struktur von Forderung und Antwort,

1 »Du warrfst mich in die Tieffe mitten im Meer / das die Flut mich vmgaben / Alle deine wogen vnd wellen giengen vber mich. / Das ich gedacht / Jch were von deinen Augen verstosse«. Und: »JCH rieff zu dem HERN in meiner Angst / vnd er antwortet mir.« So in der Übersetzung Luthers, zitiert nach D. Martin Luther, *Die gantze Heilige Schrifft*, S. 1615.

Anklage und Entgegnung. Um Jona zur Antwort zu bewegen, braucht es ein monströses Wesen, den Wal. Denn Jona will nicht Rede und Antwort stehen und will auch nicht, dass andere dieses Privileg erhalten. Er insistiert wie der Gott des Pentateuch auf dem klaren Strafkatalog ohne Buße, Verhandlung und zweite Chance. Das Seeungeheuer ist damit das monströse Bild des Widerstandes gegen die Zumutung des Rede-und-Antwort-Stehens, gegen die Zumutung des Antwortgebens.

In diesem Kapitel soll von dem Wal die Rede sein. Genauer: Es soll diskutiert werden, wie sich die ungeheure Forderung durchsetzen konnte, sich dem anderen zu stellen und ihm Rechenschaft abzulegen. Wie wurde aus einem urzeitlichen Monster, das einen von außen kommend überwindet, eine innere Einstellung, dass man sich selbst zu verantworten hat?

2. Übersicht des Kapitels

Die meisten Theorien der Entstehung der Verantwortung setzen mit einem ersten vagen Gefühl des Unrechts ein. Die Bewertung von gutem und bösem Verhalten, also die Entwicklung eines moralischen Codes, wird als Triebfeder der Genese der Verbesserung von Kooperation verstanden. In seiner Arbeit zur Idee der Gerechtigkeit beginnt Amartya Sen mit der Überlegung, was für einen tiefen Schmerz ein einmal erlebtes Unrecht hinterlässt.[2] Damit baut er auf der Arbeit von John Rawls auf, der eine grundlegende Fairness als Basis von Gerechtigkeit annimmt.[3] Gerade weil wir nicht wissen, wer wir sind und wo wir stehen (ein Zustand, den Rawls als den »Schleier des Nichtwissens« charakterisiert), einigen wir uns im Zweifelsfall auf ein System der Gleichheit. (Rawls erzeugt hier eine durchaus fiktive Urnarration, denn kein Mensch ist je in der Situation, die Rawles imaginiert.) Auch Evolutionsbiologen und Kognitionswissenschaftler haben sich vor allem auf die Frage eines moralischen Codes und der Entwicklung des Gefühls der (Un-)Gerechtigkeit konzentriert.[4]

2 Amartya Sen, *The Idea of Justice*, Cambrigde, Mass. 2009.

3 John Rawls, *A Theory of Justice*, Cambridge, Mass. 1971.

4 Etwa Marc D. Hauser, *Moral Minds. How Nature Designed Our Universal Sense of Right and Wrong*, New York 2006.

Entgegen diesen Ansätzen, die von einer emotional-konzeptionellen Wahrnehmung der Ungerechtigkeit ausgehen, nehmen die folgenden Überlegungen ihren Ausgang von dem Drama oder der *Szene* des Rechts, so wie es sich bereits im Buch Jona niederschlägt. Ich möchte vorschlagen, dass Moralempfindung ihren Ursprung und ihre Kernstruktur in der Pflicht und Möglichkeit zur Antwort findet. Wer vom anderen als Täter einer unerwünschten Tat identifiziert wird, wer bei einer unliebsamen Tätigkeit ertappt wird oder auch wer wie Jona schlicht Adressat einer Forderung oder eines Gesuches wird (also ohne vorherige Verschuldung ist), steht in der Pflicht, etwas zu entgegnen. Dieser Imperativ, Rede und Antwort zu stehen, und also weniger ein Code von Gut und Böse, soll in diesem Kapitel verhandelt werden.[5]

Eine Tat ist gerechtfertigt, wenn sich jemand verantworten kann. Und verantworten kann er sich vielleicht weniger dann, wenn seine Tat gut war, sondern wenn er eine Antwort hat, wenn er erzählen und begründen kann, warum seine Tat ebendies war: erzählbar und begründbar. Fehlt eine solche Antwort, Narration oder Ausrede, dann ist die Tat nicht gerechtfertigt, es sei denn, ein anderer liefert eine Begründung, Narration oder Ausrede, die wiederum akzeptiert wird. Gegenstand der Verantwortung ist, so wird argumentiert werden, nicht das Gute oder Schlechte, sondern das, was in der Form einer dialogischen Rede verantwortet werden kann. Das heißt kurz: das Manipulierbare.

Diese Auffassung der Verantwortung bricht mit der Vorstellung eines Gewissens. Ein Gewissen wäre eine wie auch immer erworbene Instanz, die uns als Stimme im Ohr vor bösen Taten warnt. Ein solches Gewissen wäre sicher wünschenswert. Doch ich fürchte, seine Annahme entspringt eben weitgehend nur den Wünschen von Theologen, Juristen, Pädagogen und anderen Idealisten und weniger der tatsächlichen Verfassung der menschlichen Kultur. An die Stelle eines solchen Gewissens setzt die vorliegende Herleitung der Verantwortung das Erlernen dialogischer Strukturen von Anklage

5 In diesem Sinne hat Friedrich Nietzsche bereits 1887 entgegen solchen Ansätzen in seiner *Genealogie der Moral* vorgeschlagen, den Ursprung des Rechtsgefühls nicht in der Unterscheidung von Gut und Böse, sondern von Gut-für-mich oder Schlecht-für-mich zu sehen. Moral war für ihn von Anfang an eine Fortsetzung des Vorteildenkens mit anderen Mitteln. Diese Studie versucht, Nietzsches Vorgaben gegenüber treu zu bleiben.

und Entgegnung. Nur wenn wir eine Situation mit einer Anklage verbinden, stellt sich die Frage von Moral. Und »schlecht« fühlen wir uns nur dann, wenn wir keine uns akzeptable Antwort, keine Ausrede haben. Diese dialogische Verfassung der Verantwortung ist dabei, entgegen der Vorstellung eines Gewissens, in jeder Hinsicht variabel. Es steht nicht vorab fest, was verantwortet werden kann. Vielleicht findet man ja eine neue Begründung oder Ausrede für eine Tat. Daher ist die Verhandlung und Rede so zentral.

Zur Kritik des Gewissens gelangen wir im Laufe des Kapitels durch einige Zwischenschritte. Hier sei zur Andeutung nur noch ein Beispiel genannt. Wenn jemand von einer großen Firma stiehlt, so ist dies juristisch ein Verbrechen und ethisch ein Vergehen, ebenso als habe er von einem Mitmenschen gestohlen. Doch für den Dieb könnte sich dies anders darstellen, wenn er sich vorrechnet, wie wenig der Diebstahl im Verhältnis zum Gesamtvolumen der Firma ins Gewicht fällt, und wenn er sich die Verfehlungen der Firma als ganzer vor Augen führt. Ich fürchte, dass der Dieb in derartigen Fällen (entgegen der Ethik) gar kein »schlechtes Gewissen« empfindet (obwohl er es haben sollte). Seine Ausrede entlastet ihn vollständig.

Angedeutet ist damit, dass von dieser dialogischen Struktur der Verantwortung kein einfacher Weg zur allgemeinen Frage der Gerechtigkeit und der Ethik führt. Zwischen beiden besteht vielmehr eine Kluft. Allerdings wird am Ende dieses Kapitels erwogen werden, wie eine Gerechtigkeit aussieht, die auf dieser Form von Verantwortung beruht.

Der erste Schritt dieser dialogischen Verfassung von Verantwortung besteht im Sich-Stellen. Wer bei einer von anderen nicht gerne gesehenen und ebenso wenig gerne geduldeten Tat ertappt wird, hat sicherlich wie Jona den Impuls zur Flucht. Doch Flucht ist nicht immer möglich. Zudem, und dies ist hier von besonderem Interesse, wird von ihm erwartet, sich zu stellen. In irgendeiner Art und Weise hat er etwas zu kommunizieren, das seine Tat erklärt. Oder wenn er schlicht schuldig ist, wollen wir, dass er dafür einsteht. Er kann dabei verbal oder mittels Gesten reagieren, aber auf jeden Fall muss er sich stellen, Rede und Antwort stehen, vielleicht ein Geständnis machen. Wenn er flieht, kann dies als Zeichen seiner Schuld gelesen werden oder eben als Zeichen seiner Hoffnungslosigkeit, dass er nicht glaubt, dass er den Anklagenden von seiner Unschuld überzeugen kann.

Diese verbale oder gestische Entschärfung einer Situation der Wut mittels einer Entgegnung oder Antwort etabliert die Verantwortung. Verantwortung heißt hier zunächst nur, Antwort zu geben, den Dialog offen zu halten.[6]

Hier nehmen wir den Faden des letzten Kapitels wieder auf. Dort hatten wir festgestellt, dass die Situation des Erwischens und des Erwischtwerdens evolutionsbiologisch unter gewissen, genau zu bestimmenden Umständen große Bedeutung erlangt oder erlangen könnte. Konzentriert hatten wir uns auf die Fälle, in denen die Situation unklar ist und der Erwischte vorgibt, anderes getan zu haben. Unsere Überlegung war gewesen, dass der Druck auf den Erwischenden, die Situation richtig einzuschätzen, größer sein kann als für den Erwischten. Der Erwischte wird schlicht versuchen, mit einer Ablenkung durchzukommen. Dazu gehört nur ein begrenztes intellektuelles Vermögen. Doch die richtige Entscheidung, ob jemand Täter war oder nicht, verlangt genaueres Kalkül, ein Kalkül, das entstehen könnte, wenn der Druck zur richtigen Entscheidung gegeben ist.

Der nächste Schritt in der Entwicklung des Dramas von Anklage und Entgegnung liegt nun in der Erwartung, dass der Angeklagte sich der Anklage stellt. Dies war in der Situation, die wir im vorausgegangenen Kapitel diskutiert haben, noch nicht der Fall. Dort gab es noch keine verbale Anklage. Wer einen anderen erwischt, schreitet entweder sofort zur Bestrafung oder lässt den Verdächtigen laufen. Die Beschuldigung betrifft dabei eine vom Beschuldigenden nicht geduldete Tat (Lärm machen, das Klauen oder Zerstören eines Objekts, einem Dritten schmeicheln) oder umgekehrt eine ausgebliebene, aber erwartete Handlung (unterlassene Hilfeleistung) oder auch das Ignorieren einer Forderung (Gott hat einen Auftrag für Jona). Das Maß der Beschuldigung ist also schlicht das vom Kläger Geduldete beziehungsweise Nichtgeduldete. Hier geht es nicht um eine Klassifizierung von gutem und schlechtem

6 Bachtin nennt diese aller Verantwortung zugrunde liegende dialogische Struktur »Antwortlichkeit« (im Gegensatz zur monologischen Verantwortung). Zu den philosophisch-ethischen Implikationen dieses Konzepts siehe Wolfram Eilenberger, *Das Werden des Menschen im Wort. Eine Studie zur Kulturphilosophie von Michail M. Bachtin*, Zürich 2009; vgl. auch Bernhard Waldenfels, »Responsive Ethik zwischen Antwort und Verantwortung«, in: *Deutsche Zeitschrift für Philosophie* 58 (2010), S. 71-81.

Verhalten gemäß einem allgemeinen moralischen Code, sondern um den Willen *eines* Individuums, das eine Forderung stellt oder sich von dem Angesprochenen geschädigt sieht. Das Individuum fühlt mehr, als dass es »festlegt«, was ihm zuwider ist, und das lernen die anderen schnell. Und wenn sie es nicht lernen, folgt Strafe. Der Druck, den Richtigen zu bestrafen, kann allerdings wachsen (siehe Kapitel 2). Auch die Redeleistung des Angeklagten, wenn er überhaupt kommuniziert, beschränkte sich dabei in den von uns betrachteten Fällen weitgehend auf die Ausrede des ersten Typus »Ich habe etwas anderes gemacht«.

In dem Wettrüsten zwischen Anklage und Angeklagtem, Ansprechendem und Angesprochenem tut sich nun ein neuer Raum auf. Nach dem ersten Erwischen kommt es zu einer Folge von Kommunikationen. Die erste davon besteht in der Anklage. Diese Kommunikationen, so darf man annehmen, sind zunächst nur eine Ausweitung der Feststellung des Sachverhalts durch den Kläger. Doch sie enthalten zwei grundlegend neue Elemente: Erstens kann die Anklage auch lang vergangene Taten bezeichnen. Und zweitens kann die Anklage formuliert werden, ohne bereits identisch mit der Strafe zu sein. Hier tut sich ein möglicher Raum für eine Entgegnung auf. Der Angeklagte kann reagieren, bevor es zur Strafe kommt. Dies ist in seinem Interesse, sofern es wahrscheinlich scheint, dass er ansonsten bestraft wird.

Offensichtlich setzen diese weiteren Entwicklungen in dem Verhältnis des Klägers und Angeklagten einige Entwicklungssprünge voraus. Dazu gehört vor allem die Sprache, deren Entwicklung wir im zweiten Kapitel ja noch nicht vorausgesetzt hatten. In diesem Kapitel wird ein anderer Aspekt im Vordergrund stehen, nämlich die Ritualisierung oder Kanonisierung[7] der Antwort des Beschuldigten.

Entscheidend ist dabei der Pakt zwischen Beschuldigendem und Beschuldigtem. Dem Beschuldigenden wird, in der Idealsituation des Pakts, zugestanden, dass der Beschuldigte sich stellt, dass er nicht sofort flieht, dass er Stellung bezieht. Dafür muss der Kläger

7 Vgl. Aleida Assmann und Jan Assmann, »Kanon und Zensur als Kultursoziologische Kategorien«, in: Dies. (Hg.), *Kanon und Zensur. Archäologie der literarischen Kommuikation II*, München 1987, S. 2-27. Die Assmanns beobachten die Veränderungen, die kommunikative Nachrichten durch Schrift, Aufbewahrung und Institutionalisierung erfahren.

seine Wut zähmen oder zumindest aufschieben. Dem Beschuldigten wiederum wird zugestanden, sich äußern zu können, bevor es zur Entscheidung und damit gegebenenfalls Strafe kommt.

Die These dieses Kapitels lautet mithin in der Minimalform: Vor der Moral war die dialogische Verantwortung, also das, was Bernhard Waldenfels »das Ereignis des Sagens, des Fragens und Antwortens« nennt.[8] Und sich verantworten heißt zunächst nur Antwort geben, Rede und Antwort stehen. Diese bloße *Form* des Antwortgebens begünstigt unter gewissen Umständen Ausdifferenzierungen von komplexen Formen der Rede. Denn was soll der Beschuldigte antworten? Er kann sich rechtfertigen, die Gründe der Tat darlegen und dadurch vielleicht auf Schuldfreiheit plädieren, er kann ein Geständnis ablegen und dabei im modernen Sinne die »Verantwortung« übernehmen oder er kann entschuldigende oder mildernde Umstände geltend machen. Er kann auch ablenken, bitten und verhandeln. Er tut auf jeden Fall gut daran, seine Position in ein günstiges Licht zu rücken. Die Antwort, so können wir vermuten, führt daher sicher nicht selten zu einer Komplikation des einfachen Täter-Verursacher-Schuld-Modells, das schlicht davon ausgeht, dass der Handelnde auch der Schuldige ist. Einen möglichen Anfang dieser Komplikationen und damit der frühen Ausdifferenzierung des Rechts will dieses Kapitel skizzieren.

3. Verantwortung

Verantwortung heißt, Rechenschaft für eine Tat oder einen Verhalt ablegen zu müssen. In einer Definition, die sich vor kurzem bei Wikipedia finden ließ (Januar 2010),[9] heißt dies: »Verantwortung bedeutet die Möglichkeit, dass eine Person für die Folgen eigener oder fremder Handlungen Rechenschaft ablegen muss. Sie drückt sich darin aus, bereit und fähig zu sein, später Antwort auf mögliche Fragen zu deren Folgen zu geben.« Zu unterstreichen ist an dieser Definition zunächst, dass also schon *während* des Ausführens

8 Bernhard Waldenfels, *Antwortregister*, Frankfurt am Main 2007, S. 302.

9 Es wird in wissenschaftlichen Kreisen gerne darüber gestritten, ob aus Wikipedia zitiert werden darf. Wer sich wie ich mit der Präsentation kultureller Phänomene beschäftigt, wird just im Schwanken der Einträge und Definitionen bei Wikipedia reiches Material finden.

der Tat der Gedanke an die spätere Rechtfertigung mitschwingt, so dass die scharfe Trennung von Tat und Rechtfertigung falsch wäre. Eine Tat ist eine Tat, wenn man bereits bei ihrer Ausführung mit der Frage ihrer Rechtfertigung konfrontiert ist.

Diese und viele ähnliche Definitionen heben zudem den dialogartigen Charakter der Verantwortung hervor, wie dem Wort selbst ja die *Antwort* eingeschrieben ist, beziehungsweise in der romanischen und englischen Variante *response*. Verantwortung übernehmen heißt in diesem allgemeinen Sinn, auf den Ruf »Wer hat dies getan oder verschuldet?« oder »Du hast dies getan!« zu antworten.

Man darf sich fragen, warum Verantwortung eine kaum zu unterschätzende Bedeutung für das Menschsein hat, auch wenn das Wort selbst relativ jung ist. Um dies zu rekonstruieren, hilft es, sich darüber im Klaren zu sein, dass die Konzeption der Verantwortung an der Schnittstelle von drei Dispositiven mit verschiedenen Erwartungen steht: erstens der körperlich-persönlichen Totalität der Person, zweitens der verbalen Konstruktion von physischer Ursächlichkeit und drittens der Dialogizität der Entgegnung.

Erstens: Es ist wohl eine nahezu anthropologische Tendenz, dass ein Delinquent für seine eine, vielleicht schnell geplante und ausgeführte Tat mit der Ganzheit seines Körpers einzustehen hat. So vertraut dieser Umstand sein mag, verdient er doch betont zu werden, wie es, wenn auch auf sehr unterschiedliche Art und Weise, etwa Gustav Radbruch[10] und Michel Foucault[11] getan haben. Auch nichtmenschliche Tiere strafen körperlich. Doch in menschlichen Kulturen geschieht noch etwas anderes, das bei anderen Tieren nicht unbedingt so gilt. Zumindest wissen wir es nicht. Der Körper und die Persönlichkeit des Täters als Ganzes werden von der einen Tat geprägt. Diese eine kurze, vielleicht spontane Tat bindet den ganzen Menschen, seinen Körper, seine Identität und Persönlichkeit potenziell für immer. Wenn jemand eine drastische Tat ausgeführt hatte, fordern andere, dass er dafür mit seinem Leben haftet.

Ebendieses Verhältnis ist entscheidend: das spätere Leben eines Handelnden steht unter dem Zeichen, dass er derjenige ist, der die-

10 Gustav Radbruch und Heinrich Gwinner, *Geschichte des Verbrechens. Versuch einer historischen Kriminologie*, Frankfurt am Main 1990 [1951].

11 Michel Foucault, *Überwachen und Strafen. Die Geburt des Gefängnisses*, Frankfurt am Main 1977.

se Tat vollbracht hat. Siegfried hat nicht nur einmal einen Drachen getötet, sondern er als Ganzes ist der Drachentöter. Hat jemand eine verbotene Tat ausgeführt, so ist er von nun an schlicht der »Ehebrecher« oder »Majestätsbeleidiger«. Dieses Verhältnis, dass die Gesamtheit der Person des Täters von der Tat gezeichnet wird, ist die Grundform des Einstehenmüssens und des Antwortens auf die Frage der Verursachung. Die Tat ist mit der Ausführung nicht vorbei, sondern währt im Körper des Täters fort, schlägt sich etwa im Namen nieder (Drachentöter, Ehebrecher, Mörder). In den Fällen einer drastischen Tat ist diese Zeichnung des Lebens des Täters unabwendbar und zeitlich unbegrenzt. Bei bestimmten Verbrechen heißt es, sein Leben sei verwirkt. Bei anderen wird der Körper lebenslang markiert, wie etwa bei der Praxis des Ohrringausreißens (»Schlitzohr«) oder beim Handabschlagen.

Verantwortung haben bezeichnet also zunächst diese Form des (körperlichen, persönlichen, ganzheitlichen) Einstehenmüssens.

Zweitens: Dazu kommen die verbalen Konstruktionen von Täterschaft, Verursachung und Zurechnung (imputatio). Bevor der Körper eines Delinquenten in die Verlegenheit des Haftens kommt, muss seine ursächliche Verknüpfung mit der Tat sichergestellt werden. Der Gedanke scheint einfach zu sein: Bestraft wird der Täter, der die Tat verursacht hat. Doch die Frage der Ursachen ist bekanntlich tückisch und kulturabhängig. Zunächst sollten wir uns daran erinnern, dass hinter jedem Geschehen eine nahezu unendliche Kette an Kausalitäten steht. Dies ist auch in scheinbar eindeutigen Handlungen der Fall. Ein Mann erschlägt einen anderen mit einer Waffe. Zunächst hat also der Totschläger selbst kausale Verantwortung. Aber ebenso der Waffenhersteller, denn ohne die Waffe wäre die Tat nicht möglich gewesen. Und ebenso die Eltern des Totschlägers, denn ohne sie hätte es nicht zu der Tat kommen können. Zudem genügt selbst dem einfachsten Verständnis nach nicht schlicht die physikalisch-kausale Verursachung. Bei einem Autounfall ziehen wir den Fahrer nur dann zur Verantwortung, wenn er das Risiko eines Unfalls durch sein Verhalten unverhältnismäßig vergrößert hat. Und selbst die Grenzen der physischen Ursächlichkeit sind nicht klar definiert. Sind genetische Anlagen Teil der Kausalität (etwa von gewalttätigem Verhalten) oder nicht? Ist, um den oben erwähnten Fall aufzunehmen, der Produzent einer gefährlichen Waffe ursächlich mit der von einem anderen ausgeführten Tat verbunden oder nicht? Wann wird ein Mensch reines Mittel eines anderen, ohne »ursächlich« seine Tat zu verschulden? Ist die Quantenphysik die letzte und einzige Grundlage von Ursächlichkeit? Ursächlichkeit, das dürfte hinreichend bekannt sein, ist ein komplexes Phänomen mit einer bewegten Geschichte.[12] Eine einfache Standardformel für menschliches Verhalten gibt es ebenso wenig wie Einigkeit darüber, was eigentlich Intentionalität ausmacht.[13]

Als Präzisierung des Verursachungsprinzips haben sich römische Juristen in Anlehnung an Aristoteles auf die Formel des *sine qua non* berufen. Dahinter steht das Gedankenspiel des Hinwegdenkens: wie wäre es ohne eine bestimmte Bedingung. Dieses Raster ist zur Ausgrenzung gut geeignet, doch zur eigentlichen Definition nicht. Bereits anhand der oben aufgelisteten Fälle könnte man also den Vater eines Mörders gemäß der *Sine-qua-non*-Formel ursächlich mit der Tat verknüpfen, denn »ohne« ihn wäre es zur Tat nicht gekommen. Es gibt schlicht keine sachlich-objektive Kausalität, die in eine juristische Lehre der Kausalität übersetzt werden kann. Stattdessen muss das Recht die gesetzmäßigen Bedingungen von Ursächlichkeit definieren, das heißt: setzen. Spätestens damit wird deutlich, dass juristische Ursächlichkeit Sache der Definition ist und mithin historischen und kulturellen Wandlungen unterliegt.

Doch mit der Definition durch das positive Recht kommt nun eine zweite Komplikation juristischer Ursächlichkeit in den Blick. Zur reinen physischen Ursächlichkeit kommt in den wohl weitaus meisten Rechtsformen eine psychische Komponente des Wollens der Tat. Dies wird uns etwas später genauer beschäftigen, wenn wir uns *mens rea* zuwenden. Hier sei aber bereits hervorgehoben, dass zur juristischen Ursächlichkeit stets auch ein minimales Bejahen und Wollen der Tat gehört. Die Frage ist aber, ob diese psychischen Elemente der Tat ein zusätzliches Merkmal sind oder ihr bereits innewohnen. Hier bestehen eine Reihe unklarer Sachverhalte, die mit diesem einen Zusatz der Intention nicht geklärt sind. Inten-

12 Für einen unsystematischen Überblick, siehe Stephen Kern, *A Cultural History of Causality. Science, Murder Novels and Systems of Thought*, Princeton 2004.

13 Zur Frage der Intentionalität siehe auch Colin Allen und Marc Bekoff, *Species of Mind*, S. 87-114.

diert der Waffenbauer nicht, dass die Waffe zum Töten eingesetzt wird? Hat vielleicht ein Dritter dem Ersten gezeigt, wo er sein Opfer finden kann? Hat dann dieser Dritte nicht ebenfalls Verantwortung? Und wie ist es mit dem Totschläger selbst? Ist seine Intention, den anderen mit einer Waffe zu treffen, ihn zu töten oder durch den Tod etwas anderes zu bewirken?

Hier zeigt sich, dass die Intention zur Kennzeichnung einer Tat problematisch und eben ihrerseits nur Produkt einer spezifischen Kontextualisierung ist. Das berühmteste Beispiel stammt von Elizabeth Anscombe, die anhand einer Tat eine Serie von Ringen der Intentionalität unterscheidet. Ein Mann hebt einen Arm hoch und runter (1); dadurch wird Wasser in ein Haus gepumpt (2); doch dieses Wasser ist vergiftet (wie er weiß), so dass seine Tat auch ein Vergiften der Einwohner darstellt (3); diese sind aber üble Politiker, so dass der Giftmord das Wohl des Staates befördern könnte (4).[14] Anscombe zieht die Schlussfolgerung, dass eine Handlung nur eine Handlung in bestimmten sprachlichen Beschreibungen ist und nur durch diese zu einer wird. Diese Beschreibungen unterstellen eine Intention, die mithin nicht einer psychischen Instanz entspringt, sondern einer Versprachlichung. Die psychische Komponente wandert in die sprachliche Beschreibung dergestalt ein, dass sie die (sprachliche Beschreibung der) Tat prägt: das Pumpen wird dann zum Vergiften. Zu Anscombe und diesem Beispiel kommen wir am Ende des Kapitels zurück.

Mit der psychischen Komponente der Tat kommen nun wiederum ihre Ausnahmen in den Blick. Wer das Strafgesetzbuch liest, weiß, dass dort eine große Anzahl an Ausnahmen verhandelt wird. Krieg, Minderjährigkeit, Rache, Trunkenheit, Täuschung, Irrtum, Handeln im Auftrag der Staatsgewalt, Stockholm-Syndrom, andere psychische Sonderzustände und vieles mehr können die scheinbare Klarheit der Verantwortung in Zweifel ziehen, vielleicht für den Totschläger grundsätzlich suspendieren. Je genauer diese Sachverhalte erwogen werden, desto deutlicher kann das juristische Bedürfnis dahin gehen, den subjektiven, psychischen Zustand des Täters vor, während und nach der Tat zu beleuchten. Und dies gelingt nach gängiger Praxis am besten, wenn der Angeklagte in der Verhandlung präsent ist und selbst auf alle Anklagen antworten kann.

14 G. E. M. Anscombe, *Absicht*, Berlin 2010, § 23.

Hier finden wir denn auch die dritte Seite der Verantwortung, das Antworten auf die Ansprache und Anklage, das im Zentrum dieses Buches steht.

Insofern ist die Ursächlichkeit eines Täters also in mindestens zweifacher Hinsicht durch Versprachlichungen geprägt: Zum einen durch die juristischen Definitionen und Beschreibungen, was als Ursächlichkeit zu gelten hat, und zum anderen durch die Rede des Angeklagten selbst, die Aufschluss über seine Bewusstseinszustände liefern muss.

Der Komplex der Verantwortung umfasst mithin die Komponenten eines körperlichen Einstehens des Täters, der juristischen Kodifizierung von Ursächlichkeit und der tatsächlichen Antwortrede eines Angeklagten, die die Psyche des vermeintlichen Delinquenten beleuchten soll.

Die Frage ist, wie diese aufgeladene Mixtur adäquat beschrieben werden kann. Offensichtlich müssen hier sowohl zeitliche Prozesse als auch verschiedene Rollenverteilungen berücksichtigt werden. Wenn derjenige, der mit seinem Körper für seine Tat einsteht, »Verantwortung« übernehmen soll, so kann er zunächst eines: Sprechen. Aus diesem »Können« wird, wie wir im folgenden Abschnitt vorschlagen, eine Pflicht, wenn Ankläger und Verteidiger einen Pakt eingehen. Der Sich-Verantwortende steht dann in der Pflicht, er muss Antwort geben, muss auf den Ruf reagieren und sich melden. Aber er steht nicht mehr unmittelbar körperlich für die Tat ein. Das körperliche Einstehen wird zunächst ersetzt durch eine sprachliche Leistung des Antwortens. Doch noch in der Antwort bleibt ein minimaler Aspekt des Körpers erhalten, denn erwünscht wird die Antwort in einer ritualisierten Situation wie vor einem Gericht in Anwesenheit des Antwortenden. Und wem man zugesteht, Antwort zu geben, dem muss man auch zuhören. Wenn das körperliche Einstehen durch einen Dialog aufgeschoben werden kann, dann gibt es stets auch die Möglichkeit, dass sich alles als anders erweist, als es zunächst schien, und dass der Dialog unerwartete Lösungen aufdeckt.

Im Folgenden möchte ich daher vorschlagen, diese Mixtur der Verantwortung als einen Pakt zur beschreiben, der in eine dramatische Szene vor Publikum mündet. Die philosophischen Ahnherren dieser Form von Verantwortung finden sich dann nicht bei den klassischen Theorien der Ethik, sondern bei den Denkern, die die

Form der Ansprache zum Ausgang ihres Denkens gewählt haben, wie etwa Kierkegaard, Nietzsche, Buber, Bachtin[15] und Lévinas.[16]

4. Der Pakt zum Rede-und-Antwort-Stehen: Ausrede, Rechtfertigung, Schuld

Der eine ist erbost über eine Tat, die er dem anderen zuschreibt. Was soll er tun?

Man kann mit den einfachsten logischen Mitteln (mit oder ohne Spieltheorie) schnell die Möglichkeiten aufschlüsseln. Eine einfache Möglichkeit für den Wütenden besteht darin, den anderen zu bestrafen. Das ist kognitiv einfach. Allerdings hat es einen dreifachen Nachteil. Erstens ist es anstrengend oder sogar gefährlich für den Strafenden. Zweitens kann der Beschuldigte Groll gegen den Strafenden hegen, unabhängig davon, ob er die Tat begangen hat oder sich für unschuldig hält. Und drittens können Dritte die schnelle Strafe für unangemessen halten. Insofern könnte es eine gute Strategie sein, sich des Beistands von Dritten zu vergewissern, denn dann könnte die Strafe eine kollektive Strafe werden. Kollektive Strafen sind für den Einzelnen weniger anstrengend, verteilen den Groll des Bestraften deutlicher auf mehrere und entzweien den ersten Ankläger nicht mit der größeren Gemeinschaft (vgl. die Überlegungen im 2. Kapitel).

Doch die Beistandsvergewisserung anderer kommt nur selten automatisch. In vielen Fällen werden die anderen nur dann aktiv, wenn sie den Fall für gravierend halten, wenn er sie in der einen oder anderen Art und Weise mitbetrifft und wenn sie von der Schuld des Angeklagten überzeugt sind. Letzteres ist also in den Fällen sicherzustellen, wo die Dritten nicht Zeuge der Tat sind oder aus anderen Gründen keine Gewissheit über die Frage von Täterschaft und Verantwortung haben. Interessanterweise bewirken die Schritte, die zur Überzeugung der anderen nötig sind, auch

15 Vgl. Wolfram Eilenberger, *Das Werden des Menschen im Wort*; Bernhard Waldenfels, »Responsive Ethik zwischen Antwort und Verantwortung«.

16 Zur Diskussion vor allem der jüngeren poststrukturalistischen Theoriebildung von Verantwortlichkeit vgl. François Raffoul, *The Origins of Responsibility*, Bloomington 2010.

eine Selbstvergewisserung des Klägers, denn er könnte sich ja auch irren. Umgekehrt wird der Angeklagte eher in eine Verhandlung einwilligen, wenn er sich davon die Möglichkeit des Milderns oder Aussetzens der Strafe erhoffen kann. Allerdings verringert der Angeklagte durch die Verhandlung in der Regel seine Chance auf eine Flucht.

Und so kommt der Pakt der Verhandlung zustande. Der Ankläger erklärt sich bereit, seine Wut vorerst zu unterdrücken und verbal zu verhandeln. Der Angeklagte vermindert seine Fluchtchancen, um sich der Anklage zu stellen. Der Wal Jonas wird durch einen Pakt ersetzt. Nun kommt es zu der Szene, die das Zentrum der Überlegungen dieses Buches darstellt. Der Ankläger beschuldigt den Angeklagten einer Tat, die ihm zuwider war. Und der Angeklagte kann sich dazu äußern.

Noch einmal: Warum lassen sich beide Seiten auf diese Szene ein (zumindest sofern sie die Wahl haben und der Angeklagte nicht gezwungen wird)? Die Antwort kann nur sein: Weil beide Seiten glauben, gewinnen zu können und am Ende besser dazustehen. Dazu gehört sicher auch, dass jemand, der sehr von seiner Sache überzeugt ist, besonders fest damit rechnet, dass er sich in einer verbalen Verhandlung durchsetzen wird. Und umgekehrt gilt sicher ebenso: Wenn er besonders fest damit rechnet, sich verbal durchsetzen zu können, ist er fest von seiner Sache überzeugt (und hat wohl entsprechend weniger Gewissensbisse).

Die Paradoxie, dass beide Seiten sich Vorteil erhoffen, hat vermutlich auch damit zu tun, dass auch Teilerfolge asymmetrisch höher gewertet werden als die gleichzeitige Teilniederlage (im Sinne des *self-serving bias*). Auf Seiten der Anklage kommt zudem die drohende Geste der Klage als Vorteil hinzu, die den Angeklagten einschüchtern soll. In vielen Fällen »gewinnt« der Kläger bereits durch die Drohung der Anklage, selbst wenn diese ungerechtfertigt ist (*bullying effect*). Auch die Geste der Gegenklage gehört hierher. Zudem haben Verhandlungen den kulturellen Vorteil, dass die Dinge zu einem Abschluss kommen.[17]

Diese direkten und erhofften Vorteile helfen zu erklären, war-

17 Vgl. die Thesen von René Girard zur Funktion der Gerechtigkeit, ein Ende der Blutrache zu bewirken: René Girard, *Das Heilige und die Gewalt,* Frankfurt am Main 2002.

um der Kläger nicht unmittelbar zur Strafe schreitet (zudem mag er sich in einer Gesellschaft befinden, die das individuelle Strafen verbietet). Der Szene der Verhandlung muss also ein derart starkes Versprechen zur Konfliktlösung und Genugtuung innewohnen, dass auch derjenige, der an seinem Anspruch keinen Zweifel hat, bereit ist, sich ihr anzuvertrauen. Dies setzt eine komplexe Apparatur der Transformation von starken Gefühlen voraus. Immerhin darf von dem Ankläger erwartet werden (vor allem, wenn dieser mit dem Geschädigten identisch ist), dass er im Zustand der Wut ist. Er muss diese Wut mithin in sprachlicher Form ausdrücken. Zugleich darf diese Wut nicht verloren gehen, denn es ist wohl nicht anzunehmen, jemand würde sie schlicht fallenlassen wollen. Stattdessen muss auch noch in der Szene der Verhandlung in sublimer[18] oder latenter[19] Form ein großes Maß an Wut aufbewahrt bleiben, so dass der Ankläger sich nicht vorab doppelt durch die Tat des Angeklagten und durch den Verzicht auf Wutäußerung betrogen fühlt. Man kann insofern annehmen, dass die emotionale Mechanik der Verhandlung die Wut im doppelten Sinne »aufhebt« und ihr Versprechen auf Ausdruck und Strafe am Leben erhält.

Entsprechend kann von dem Angeklagten gesagt werden, dass seine Zuversicht, glimpflich davonzukommen, in einer gewissen Proportion zu seiner Selbsteinschätzung, ob er sich verbal legitimieren kann, stehen muss. Sonst wäre es wohl nicht immer einsehbar, dass er sich der Verhandlung stellt. Dabei ist es durchaus möglich, dass er weiß, dass die Anklage berechtigt ist. Ob er sich auf die Verhandlung einlässt oder flieht, ist vermutlich oft eher eine Frage des Kalküls als des (Schuld-)Gefühls. (Er kann ja auch durch den Akt des Sich-Stellens seine Unschuld simulieren. Wie Rotbart in Kleists Novelle *Der Zweikampf* nahelegt, scheint die Geste des Sich-Stellens anzuzeigen, dass man nichts zu fürchten hat und also wohl unschuldig ist.) Das Sich-Stellen ist mithin weitgehend strategisch als Resultat des Pakts zu begreifen.

Was spielt sich nun im Innenraum zwischen Anklage und Antwort ab? Die Verhandlung wird zur Form und zum Spielraum der Auseinandersetzung. Diese Form zeichnet vor, was kommuniziert wird. Der Anklagende zielt regelmäßig darauf, einen unabweisli-

18 Zur Sublimierung vgl. Eckart Goebel, »Aussöhnung. Sublimierung als Paradigma in Goethes *Trilogie der Leidenschaft*«, in: *Monatshefte* 100.4 (2008), S. 461-488.

19 Vgl. Stefanie Diekmann, Thomas Khurana (Hg.), *Latenz*, Berlin 2007.

chen Vorwurf zu artikulieren, den der Angeklagte nicht einfach »wegerklären« kann, so dass er dafür einstehen muss. Umgekehrt erhebt die Verteidigung eben das zum Gegenstand der Untersuchung, was entschuldigt, gerechtfertigt und insofern umgedreht werden kann.

Die Strategie der Anklage dürfte dabei zunächst in einer »Entdialogisierung« und Objektivierung bestehen.[20] Je mehr der Ankläger von sich als zornigem Betroffenen ablenkt, desto eher kann der Vorwurf gegen den anderen verabsolutiert werden. Aus dem »Ich mag nicht, dass du so laut bist« wird dann »Man darf nicht lärmen«. Solange der Anklagende noch von sich und seinem Unbehagen spricht, ist er der Rede eingeschrieben. Die Rede bleibt damit Dialog, der dem anderen einen dialogischen Kompromiss erlaubt, indem er den anderen adressiert: »Aber ich mag nicht leise sein. Du musst dich halt dran gewöhnen.« Dies geht nicht mehr, wenn die Rede symbolisch verallgemeinert ist wie in der Norm »Man darf … / Man darf nicht …«. Die Anklage oder Beschuldigung ist insofern eine Rede, die einerseits eine dialogische Situation der Ansprache nutzt, nur um diese aber zu schließen und die rückadressierte Ansprache auszuschließen.

Je mehr die Person des Anklägers verschwindet, seine Psyche und Motivation gegenüber der Norm zurücktreten, desto stärker kann der Beschuldigte allein zum Gegenstand der Untersuchung werden. Entsprechend wird dessen Tat als Produkt einer inneren (rücksichtslosen, kriminellen) Einstellung erklärt und weniger als Resultat einer Gelegenheit oder Situation dargestellt. Selbst die Rede des Beschuldigten, seine Antwort auf die Anklage, wird dann nicht mehr als Ansprache, sondern als Selbstgespräch, Selbstrechtfertigung und Monolog verstanden, mithin als ein Vehikel zum Einblick in sein Inneres. (Natürlich kann auch der Angesprochene und Beschuldigte auf eine Entdialogisierung ausweichen und umgekehrt behaupten: »Man darf das …« Damit verschiebt sich die Diskussion auf ein abstraktes Feld der Normen und wir verlassen das eigentliche Feld von Anklage und Antwort.)

Aus dieser Strategie der Anklage leitet sich umgekehrt auch ein Ziel der Rede des Angeklagten ab: Er muss die Rede als Dialog offenhalten. Was auch immer er sagt, je mehr es ihm gelingt, die

20 Vgl. hier und im Folgenden Bernhard Waldenfels, *Antwortenregister*, S. 302.

dialogische Redesituation auf die Darstellung der Tat zu beziehen, desto größer dürften seine Chancen auf günstige Beilegung des Konflikts sein. Mit wem man reden kann, mit dem kann man Kompromisse machen und dem glaubt man seine Geschichten.

Welche konkreten Möglichkeiten hat der Angeklagte? Die neutrale Variante besteht schlicht darin, zu berichten, was genau er getan und beobachtet hat, und sich dabei eines jeden Urteils über seine Verstrickung in die Tat zu enthalten. Wenn der Angeklagte nun aber dennoch implizit oder explizit Stellung zur Frage seiner Schuld bezieht, hat er prinzipiell die folgenden Möglichkeiten:

1. Er kann die Schuld abstreiten, indem er seine Verwicklung in den Sachverhalt leugnet. Dies kann etwa in der Form der Korrektur geschehen (hinter der sich natürlich eine Lüge verbergen kann). Ich habe nicht dies gemacht, sondern das.
2. Er kann die Schuld übernehmen. Eine typische, wenn auch nicht die einzige Form dafür ist das Geständnis. Auch die Form der Entschuldigung kommt in Betracht.
3. Er kann die Tat zugeben, doch zugleich entschuldigende Umstände gelten machen, die seine persönliche Schuld mildern oder aufheben.
4. Schließlich kann er sich rechtfertigen, indem er zwar die Ausführung der Tat bestätigt, aber Gründe geltend macht, warum diese Tat unter den gegebenen Umständen akzeptabel war.
5. Zudem kann er von der Situation und der Anklage ablenken, um über andere Sachverhalte zu sprechen.

Jeder Antwortstrategie entsprechen dabei bestimmte Redeformen und Manipulationsmöglichkeiten. Und jede dieser Redeformen ist Teil einer dialogischen Situation, das heißt, ist an den Ankläger (beziehungsweise Richter) adressiert.

	Strategie	Rhetorische Gattung	Manipulation
1	Abstreiten der Tat	Richtigstellung, Bericht	Lüge
2	Akzeptieren der Schuld	Geständnis, Entschuldigung, Wiedergutmachung, Appell	durch Selbstbeschuldigung Zorn mildern
3	Akzeptieren der Tat, mildernde Umstände geltend machen	Geständnis, Entschuldigung, Bitte	Empathie für mildernde Umstände erwecken (Lüge)
4	Rechtfertigung (Tatbejahung, Schuldverneinung)	Erklärung	Ausrede, Kontextmanipulation, (Lüge)
5	Ablenkung von Vorwurf	Ausschweifung	Ablenkung

Es ist offensichtlich, dass keine der möglichen Entgegnungen der faktischen Wahrheit entsprechen muss. Der Sprechende kann diese Redeformen in vielerlei Art und Weise benutzen, um seine Tat in ein vermeintlich besseres Licht zu rücken.

Trotzdem steht der Angeklagte natürlich je nach Anklage unter erheblichem Druck, sich in der bestmöglichen Art und Weise aus der Affäre zu ziehen. Alle fünf Strategien können dabei unter Umständen die günstigste Strategie darstellen. Das Geständnis (2) kann als Geste der Ehrlichkeit sofortiges Wohlwollen des Anklagenden nach sich ziehen. Wenn eins meiner Kinder eine Untat »gesteht«, ist meist alles schon erledigt. (Erstaunlich nur, dass sie ebendiesen Weg am seltensten beschreiten; vermutlich glauben sie ihren eigenen Ausreden zu sehr oder trauen mir, sicher zu Recht, nicht so ganz.) Entschuldigende oder mildernde Umstände (3) haben in vielen Verhandlungen ihren wichtigen Ort, vor allem, wenn die Verstrickung in die Tat an sich nicht fraglich ist. Wenn es erhebliche Zweifel an der Täterschaft gibt (1), kann das Bestreiten der sicherste Weg sein (»in dubio pro reo« etc.). Und schließlich, wenn die Verwicklung in die Tat erwiesen ist, kann mittels einer Rechtfertigung (4) ein Kontext aufgetan werden, der die Tat nicht mehr verwerflich macht (etwa Notwehr).

Diese Auswahl deutet an, dass dem Kalkül des Sich-Verteidigenden eine Bandbreite an Strategien zur Verfügung steht. Und wo es Auswahl gibt, da ist die Versuchung groß, es zu riskieren. Auch dies deutet wieder an, dass die Motivation zur Verhandlung auch in den Fällen gegeben sein könnte, in denen der Angeklagte sich etwa durch Flucht entziehen könnte. Dieses Kalkül fördert in der Tat kreatives Denken. Bereits im ersten Kapitel haben wir untersucht, welche Leistung mit den beiden Typen der Ausrede verbunden ist. Beide haben die Gemeinsamkeit, dass sie, wenn sie Aussicht auf Erfolg haben wollen, die dem anderen zur Verfügung stehenden Daten in einen anderen Kontext einkleiden müssen. Im »Es-war-anders«-Typus der Ausrede verschwindet die Tat dabei sachlich. (»Nein, wir haben nicht miteinander geschlafen, sondern Tierstimmen nachgeahmt«). Die sachlichen Daten der belauschten Töne werden schlicht umgedeutet. Im adamitischen Typus der Ausrede wird die Tat als Ganzes durch einen Zusatz legitimiert. (»Es stimmt schon, ich habe den Apfel gegessen, wusste es aber nicht besser, denn Eva hat es mir eingeflüstert. Also ist es nicht meine Schuld«.)

Dieser kontextschaffende Sprechakt der Ausrede kann in jeder der Entgegnungen des Angeklagten zum Zuge kommen. (Selbst im Geständnis (1) können ja etwa Motive geltend gemacht werden, die die Tat in ein besseres Licht rücken.) Überall kann eine Geschichte erzählt werden.

Und alles deutet darauf hin, dass Richter und Geschworene leicht zu beeinflussen sind.[21] In der psychologisch-juristischen Literatur wird intensiv diskutiert, wie die Verzerrungen in der Beurteilung der Glaubwürdigkeit von Zeugen und Angeklagten am besten erklärt werden können. Zwei Gruppen von empirischen Befunden werden hier meist herangezogen und zu Theorien verdichtet: Zum einen sind dies physiognomische Theorien, die den ersten Eindruck betonen, der irgendwie haften bleibt. So ist vielfach dokumentiert, dass die ersten, oft rein optischen Eindrücke der Glaubwürdigkeit eines anderen bereits nach Bruchteilen einer Sekunde gewonnen werden und dann als Vorurteile fortbestehen.[22] Zum anderen sind

21 Leslie Paul Thiele, *The Heart of Judgment: Practical Wisdom, Neuroscience, and Narrative*, Cambridge and New York 2006.

22 Alexander Todorov, Manish Pakrashi und Nikolaas N. Oosterhof, »Evaluating Faces on Trustworthiness after Minimal Time Exposure«, in: *Social Cognition* 27 (2009), S. 813-833.

es eher narrative Theorien, die betonen, wie Beobachter einen anderen anhand einer Handlungs- und Motivationssequenz zu beurteilen suchen. Die Beurteilenden legen sich anscheinend gerne kleine Geschichten über den zu Beurteilenden zurecht oder greifen angebotene Narrationen auf.[23] Beide Aspekte der Beurteilung können dabei durchaus integriert werden, insofern sich die Beurteilenden ihre Information wohl regelmäßig derartig selektieren, dass bestimmte Elemente über- und andere unterbewertet werden. Diese partielle Invisibilisierung hat den Effekt einer sich verstärkenden Tunnelvision, die ein klares Schwarz-Weiß-Urteil befördert.[24]

Gute Ausreden dürften sich insofern lohnen, auch in der heutigen Rechtspraxis. Die fadenscheinige, schlechte Ausrede allerdings schadet. Was dabei eine (solche bloße) »schlechte« Ausrede ist und was dagegen eine akzeptable Rechtfertigung oder ein entschuldigender Umstand ist, steht aber nicht vorab fest, sondern wird erst ex post bestimmt. Erst wenn ein Urteil gefällt ist, kann nun die eine Rede als bloße Ausrede abgetan, die andere dagegen als legitime Rechtfertigung anerkannt werden. Man könnte hier einwenden, dass gemäß einer bestehenden Rechtsordnung von vorneherein feststeht, welche Tat wie zu beurteilen sei. Es müssen eben nur die objektiven und subjektiven Tatbestände und Fakten auf den Tisch der Verhandlung kommen, um die Frage von Schuld und Verantwortung zu Tage zu bringen. Dies könnte gelten, wenn man sich in einer juristisch kodierten Situation bewegt. Doch selbst dann ist das Spiel von Ausrede und Rechtfertigung nicht vorüber. Wenn man annimmt, dass sich der Sich-Verteidigende über die Rechtsordnung im Klaren ist, so wird er schlaue Ausreden vorbringen, die im Rahmen der Rechtsordnung als Rechtfertigungen denkbar sind. Insofern sind die Richter oder die Jury mehr als nur Aburteilmaschinen. Und außerhalb des kodifizierten Rechts und anderer regelhafter Verhältnisse sind die Kriterien, mit denen zwischen bloßer Ausrede und tatsächlicher Rechtfertigung unterschieden

23 So bereits Nancy Pennington und Reid Hastie, »Explaining the Evidence: Tests of the Story Model for Juror Decision Making«, in: *Journal of Personality and Social Psychology* 62 (1992), S. 189-206.

24 Ein integratives Modell findet sich bei: Stephen Porter und Leanne ten Brinke, »Dangerous Decisions: A Theoretical Framework for Understanding how Judges assess Credibility in the Courtroom«, in: *Legal and Criminological Psychology* 14 (2009), S. 119-134.

wird, schlicht nicht gegeben. Das heißt, es wird also erst von dem beurteilenden Richter entschieden, ob der Beschuldigten Verantwortung zu übernehmen hat oder nicht.

Der kreative Akt der Ausrede besteht dann darin, in einer gegebenen Situation mit einer bestimmten Anklage oder Beschuldigung eben den Kontext aufzufinden, der die Tat in dem möglichst günstigsten Licht erscheinen lässt. Dazu kann auch gehören, dass die »Tat« nicht mehr als Tat dargestellt wird, sondern als eine andere Handlung. (»Nein, ich habe ihn nicht getötet. Ich habe mich gewehrt und dabei kam er zu Tode.«) Von diesen Kontexten kann wiederum angenommen werden, dass sie zumindest zum Teil ihrerseits sachlich überprüft werden können, so dass die Verhandlung an diesem Punkt nicht bereits automatisch die Sachebene verlässt. Allerdings wird mit jeder Ausrede, die nicht direkt als sachlich falsch abgewiesen werden kann, ein Register jenseits der Fakten aufgetan. Dieses Register ist ein Register der Definitionen und Konzeptionen. Es fordert die Beteiligten dazu auf, darüber nachzudenken, was ein individueller, zu ahndender Akt ist und durch welche Kausalitäten er bestimmt wird.

Es lässt sich jetzt feststellen, dass der Pakt des Sich-Verantwortens bereits die Implikation hat, Ausreden und Rechtfertigungen anzuhören und mithin zwischen ihnen zu entscheiden. Denn wenn eine Ausrede in jeder potenziellen Antwort des Angeklagten möglich, ja vielleicht zu erwarten ist, dann schließt der Pakt mit ein, dass der Anklagende gewillt sein muss, sich auch Ausreden anzuhören. Daraus folgt natürlich nicht, dass er diese tolerieren muss. Vielmehr wird er reagieren, indem er zwischen Ausreden und Rechtfertigungen Grenzen zieht und die Redesituation entdialogisiert.

Auch das kodifizierte Recht hat sicherlich in keinem Fall mit den Rechtfertigungsgründen begonnen. Die Zehn Gebote sind schlicht Verbote. Ausnahmen erscheinen in ihnen nicht. Dabei war etwa der Krieg als gängige Ausnahme des Tötungsverbots natürlich bekannt und geläufig und wurde auch von den Kindern Israels gepflegt. Jede Rechtfertigung beginnt vielmehr als Ausrede, das heißt als Komplikation der bestehenden Auffassungen. Und diese sind an eine Dialogsituation von Rede und Antwort gebunden.

Nun haben wir alle Fäden in der Hand, um die Schlussfolgerung zur Geburt des Gewissens aus dem Geist der Ausrede zu ziehen. Bevor wir dieser Produktivität der Ausrede weiter nachgehen, soll aber gefragt werden, ob dieser Pakt der Verantwortung auf die Szene der Anklage beschränkt ist.

5. Soziologie der Verantwortung: Schuldfragen und Gesuche

In diesem Kapitel wird vorgeschlagen, dass die Kultur der Ethik sich aus einer primären Verantwortung entwickelt haben könnte. Darunter wird verstanden, dass Individuen in die Pflicht genommen werden, auf Anklagen und Beschuldigungen kommunikativ zu entgegnen, ohne dass damit aber bereits (andere) Vorstellungen von Moral (etwa von Gut und Böse) gegeben sein müssen. Auf Anklagen antworten zu müssen, das ist zunächst der Kern der Verantwortung. Alles andere, so die vorsichtige Vermutung, könnte sich daraus ableiten. Bevor wir fortfahren, sollten wir uns fragen, ob diese Pflicht zum Geben einer Antwort in der Situation der Anklage ein Unikum ist oder sich auch in anderen Ritualen oder Praktiken manifestiert hat.

In der Tat gibt es eine weitere Praxis, in der sich diese Form der Verantwortung als Praxis durchgesetzt hat. Und auch in dieser Praxis steuert die Erwartung der Antwort das Verhalten der Beteiligten. Die Rede ist von der Annahme von und Entscheidung über Gesuche und Bittstellungen durch einen Höherstehenden.[25] Es ist zu vermuten, dass die Mehrzahl der Herrscher aller historischer Gesellschaften mehr Zeit mit Bittgesuchen als mit »großer Politik« wie dem Herrschen, Befehlen und Gesetzemachen verbracht haben. Solche Gesuche reichen von persönlichen Bitten um eine Wohltat, eine Beförderung, ein Amt oder ein Privileg zu günstigen Entscheidung in einem Rechtsstreit.

Auf den ersten Blick mag die Verpflichtung eines Angeklagten, Rede und Antwort zu stehen, wenig mit der »Verantwortung« eines Herrschers zu tun haben, der auf Gesuche reagieren soll. Immerhin scheinen die Machtverhältnisse sehr verschieden zu sein. Zudem muss der Angeklagte sich legitimieren, während der Herrscher

25 Hier und im Folgenden David Zaret, »Can You Help Me? A Comparative-Historical Analysis of Petitions« (bisher unveröffentlichtes Manuskript). Siehe zudem komplizierend F. S. Naiden, *Ancient Supplication*, Oxford und New York 2006.

nichts von sich und seinen Intentionen preisgeben muss. Gemeinsam ist beiden aber die Redesituation, die sich nicht den vorgegebenen Machtpositionen beugt. Selbst der Herrscher muss sich stellen, muss antworten. Anklage und Bittgesuch sind die beiden biblischen Redeformen, in denen sich der Angesprochene zu stellen hat, die Grundform der fordernden Adressierung. Gott adressiert Adam, und aus dem Bauch des Wales adressiert Jona Gott mit seinem Bittgesuch. Vor dieser Anrede gibt es kein Verstecken. Kein Feigenblatt oder Meer kann den Adressierten retten.

Bereits in der Antike gab es eine »Obsession bei Herrschern und Beherrschten [...] Privilegien, Garantien und gehobene Positionen durch den Mechanismus von ›Gesuch und Antwort‹ zu erlangen«.[26] Auch die frühmodernen Herrscher Europas standen in der Pflicht, und zur Legitimation dieser Pflicht wurden nun noch einige Bibelzitate herangezogen.[27] Die Kultur von Gesuch und Entscheidung blühte. Praktiken wie das öffentliche Gericht, in dem Menschen ihre Gesuche dem Herrscher unmittelbar vortragen konnten, waren vielfach institutionalisiert. Diese Kultur der Gesuche bestand bemerkenswerterweise auch dort, wo es bereits eine hochentwickelte Rechtskultur gab, die in der Lage war, über eine Vielzahl von Streitfällen zu entscheiden. Anscheinend erlaubte das Gesuchsystem den Verlierern eines Rechtsfalls eine zweite Möglichkeit, das von ihnen Erwünschte zu erlangen.

Heutzutage besteht die Gesuchskultur innerhalb von Institutionen fort. Der Verfasser der Arbeit, auf die ich mich hier maßgeblich stütze, David Zaret, ist zugleich der amtierende Dekan meiner Institution, des College of Arts and Sciences der Indiana University. Er kann sich insofern auf seine eigene Erfahrung stützen, wenn er von den »Herrschern« der heutigen Welt spricht, also Verwaltungsleitern und Managern, deren Alltag eher von Gesuchen und Gesuchsentscheidungen als von allgemeinen Anweisungen und strategischem Planen geprägt wird.

Diese Pflicht der Herrscher, Gesuche entgegenzunehmen, dürfte einen Kernaspekt der institutionalisierten Autorität ausmachen. Zaret spricht insofern von dem »intimen Verhältnis zwischen dem Austeilen von Befehlen und der Annahme von Gesuchen«, das

26 John Ma, *Antiochos III and the Cities of Western Asia Minor*, Oxford 2000, S. 149, zitiert nach David Zaret, »Can You Help Me?«, S 4.

27 Hier und im Folgenden vgl. David Zaret, »Can You Help Me?«.

sich in den Archiven und den öffentlichen Ritualen manifestiert.[28] Dass es der Herrscher ist, also der Inhaber der Macht, der zugleich Adressat von Gesuchen ist, dürfte dabei wenig verwundern. Da er befiehlt, hat er auch die Autorität, dem Einzelnen zu helfen. Was aber auf den ersten Blick verwundern muss, ist die vielfach historisch manifestierte *Pflicht* des Herrschenden, die Gesuche entgegenzunehmen. Zwar ist es ebenfalls historisch vielfach belegt, wie die Herrscher sich dieser Pflicht zu entziehen suchen, insofern sie Beamte zwischenschalten, sich nur zu wenigen Gelegenheiten dem öffentlichen Gesuch stellen, Gesuchsbriefkästen installieren[29] oder in einer verbotenen Stadt gänzlich abgeschirmt leben. Doch diese Distanzierungsversuche dürfen dabei wohl in den meisten Fällen als Versuche gelesen werden, die Kultur des Gesuchs am Leben zu erhalten und sich nur der praktischen Konsequenz, nämlich dem Überhandnehmen der Gesuche, zu entziehen. Nicht selten sind vormoderne und moderne Herrscher (vielmehr) deswegen gestürzt worden, weil sie auf Gesuche nicht oder zu langsam reagiert haben. In Anlehnung an Georg Simmels Überlegungen zum Wechselverhältnis von Subordination und Macht leitet Zaret eine Revision der Struktur von Macht im Allgemeinen ab.[30]

In der Sprache dieses Buches könnte man von einem Pakt der Autorität sprechen, der sich auf Reziprozität stützt. Der eine hat Macht, insofern er auch »Verantwortung« für die anderen übernimmt, da er ihnen Antwort schuldet.

Unklar ist die historische Wurzel der Gesuchskultur. Eine durchaus naheliegende Vermutung ist es, so Zaret, die Gesuchskultur in der Kommunikation mit Göttern zu suchen. Bittgesuche, Anrufungen um Gnade und Gebete verflechten in den frühesten überlieferten Belegen religiöse und juristische Strukturen. Von der Form des Gebets als eines Ganzen kann gesagt werden, dass ihm zwar

28 David Zaret, »Can You Help Me?«, S. 12.

29 So im Togugawa-Japan, wo das unmittelbare Gesuch an den Herrscher verboten war; vgl. Jonathan Ocko, »I Will Take It All the Way to Beijing: Capital Appeals in the Qing«, in: *Journal of Asian Studies* 2 (1988), S. 291-315.

30 Man denke etwa an: »Im allgemeinen liegt niemandem daran, dass sein Einfluß den Andern bestimme, sondern daran, daß dieser Einfluß, diese Bestimmtheit des Andern auf ihn, den Bestimmenden, zurückwirke.« Georg Simmel, *Soziologie. Untersuchungen über die Formen der Vergesellschaftung*, Frankfurt am Main 1992, S. 160.

nicht die Pflicht der Entgegnung innewohnt, aber es wird vom Betenden angenommen, dass das Gebet zumindest gehört wird. Das göttliche Ohr wird durch das Gebet präsent. Für den vorliegenden Kontext ist der Gedanke wichtig, dass durch die Form des Gebets, durchaus in dieser Hinsicht ähnlich wie die Form der Anklage, eine kommunikative Situation erwirkt werden soll. Wer anklagt, wer betet, wer bittet, verlangt die Ver-Antwortung des Angerufenen.

Insofern diese beiden Formen der Verantwortung, also einmal die Verantwortung, auf eine Anklage zu reagieren, und einmal die Verantwortung, auf ein Gesuch zu antworten, in der Tat miteinander verglichen werden können, müssen wir feststellen, dass nicht Schuld und ethischer Code die primären Strukturmomente von Verantwortung sind. Vielmehr steht eine kommunikative Situation mit verschiedenen Rollen im Zentrum. Der Bittsteller fordert ein, dass eine Situation entschieden wird. Selbst wenn dies nicht zu seinen Gunsten geschieht, so erwartet er eine Stellungnahme. Der Ankläger erwartet vom Angeklagten ebenfalls, dass Stellung bezogen wird, um die vergangene Situation (mit oder ohne Strafe) zu einem Ende zu bringen.

Es ist noch einmal zu betonen, dass sich Gesuch und Anklage nicht vorab an einem festen Katalog von Verhaltensformen orientieren müssen. Im Gegenteil, es kann für beide gelten, dass sie sich über bestehende Gesetze und Prozesse hinwegsetzen. Der Ankläger macht einem anderen einen Vorwurf, weil ihm ein Verhalten nicht gefällt, das er dem anderen zurechnet. Für was für eine Tat jemand als Subjekt haftet, steht nicht vorab fest: Weil er angeklagt ist, hat er die Verantwortung, sich äußern zu müssen. Der Bittsteller umgeht vielleicht den Weg des Gesetzes oder des offiziellen Amtsweges, um zu einer ihm günstigen Entscheidung zu kommen. Unabhängig von klaren Definitionen von Tat, Vergehen und Recht erwächst schlicht aus der *Form* der Anklage und der Form des Gesuchs der Anspruch an den Verantwortlichen, Rede zu stehen. Ein Indiz für die Macht der Redeform ist dabei, dass es im Falle des Gesuches auch einen Höherstehenden in die Pflicht nimmt.

Bisher glaube ich mit einiger Zuversicht sagen zu können, dass ich in diesem Kapitel relativ wenig Kontroverses gesagt habe. Sicherlich wird der ein oder andere Leser auf nicht fachgerechte Verwendungen juristischer Termini hinweisen, insofern ich etwa den Begriff der Schuld alltagssprachlich verwendet habe. Und man darf sich fragen, ob der Lauf der Untersuchung den moralischen Code wirklich ausgeklammert hat oder ihn vielleicht ansatzweise über die »nicht geduldete« Tat durch die Hintertür hat mitspielen lassen. Es schadet der Argumentation indes nicht, beides zuzugeben. Aber die Thesen an sich dürften, so hoffe ich, weitgehend akzeptabel oder zumindest plausibel sein.

Doch nun komme ich konsequent zu den Wirkungen, die der Pakt der Verantwortung gezeitigt hat. Dies dürfte einige Schlussfolgerungen beinhalten, die den Anstoß der Leser erregen werden. In den folgenden Abschnitten sollen die institutionalisierten Effekte des Pakts im Zentrum stehen: 1) die Annahme eines Gewissens, 2) die Ausdifferenzierung und Verfeinerung des juristischen Urteils durch die Erfindung des *mens rea* und 3) das Erzeugen einer auf den Pakt bezogenen Idee der Gerechtigkeit.

6. Geburt des Gewissens

Wäre die Arbeit von Richtern nicht viel einfacher, wenn sie sich schlicht auf eine innere psychische Instanz berufen könnten, die die Schuld oder Unschuld eines Angeklagten anzeigt? Und ist die in diesem Buch so oft beschworene Vieldimensionalität des Narrativen nicht eigentlich nur das Produkt eines Nichtwissens, das behoben würde, wenn man einen Blick in das Bewusstsein der Handelnden werfen würde? Was könnte also ein fester Anker zwischen den tobenden Wellen der Ausreden, der schwankenden Kontexte und der unendlichen Möglichkeiten der Deutung menschlichen Handelns sein?

Unsere Kulturgeschichte hat in der Tat eine Instanz dingfest gemacht, die für Klarheit sorgen könnte. Es handelt sich dabei um das Gewissen. Das Gewissen fungiert in vielen Diskursen als Blackbox oder Fahrtenschreiber der Seele. Kommt es zu einem Absturz, so kann an den dort gespeicherten Daten abgelesen werden, was geschehen ist und welche Schuld den Angeklagten trifft. Und noch besser, wer ein schlechtes Gewissen hat, kann gar nicht anders, als dies zu zeigen, da er ja von Gewissensbissen geplagt wird. Die Annahme ist also, dass der Schuldige seine Schuld kennt und entsprechend von der Schuld verfolgt wird, so wie Orestes nach dem Muttermord von den Erinnyen. Das schlechte Gewissen zeigt die

Schuld *und* ist die Strafe, die den Täter peinigt. Das Gewissen ist auf jeden Fall eine schöne und angenehme Fiktion.

Das Gewissen ist auch in modernen Varianten des Dialogs von Anklage und Verteidigung präsent. Wenn jemand sich verteidigt, kann er sich auf sein Gewissen berufen: »Ich habe es getan, aber ich brauche deswegen kein schlechtes Gewissen zu haben.« Oder: »Ich verliere keine schlaflose Nacht darüber, dass ich … gemacht habe.« Statt schlicht auf einen äußeren Kontext zu verweisen, der die Tat rechtfertigt, referiert der moderne Sprecher regelmäßig auf sein Bewusstsein, welches frei von Schuld sei, also sein »gutes Gewissen«. Umgekehrt appelliert auch die Anklage regelmäßig an dieses Gewissen (etwa: »Das muss er mit seinem Gewissen ausmachen«). In juristischen Verhandlungen, die uns im kommenden Abschnitt beschäftigen werden, ist ähnlich die Rede vom subjektiven Tatbestand, vom Schuldbewusstsein und vom *mens rea*.

Das Gewissen fungiert, wie angedeutet, formal als Gegenspieler der Ausrede und ihrer Varianten. Statt strategisch den je besten Kontext für eine Tat aufzurufen beziehungsweise strategisch eine Redeform (etwa Rechtfertigung, Entschuldigung oder Ausrede, siehe Abschnitt 4) zu wählen, verspricht das Gewissen eine feste Wahrheit. Das Gewissen verbietet die Ausrede, so zumindest heißt es. Dahinter steht wiederum die Annahme, dass das Gewissen sich auf einem Wissen von Gut und Böse beziehungsweise den Normen des Erlaubten und des Verbotenen gründet. Vor dem Gewissen steht der Baum der Erkenntnis. Die moderne Variante des Gewissens beschreibt dieses als eine Verinnerlichung von Normen. Eben hier kann eine kritische Revision ansetzen. Ein besonders einflussreiches Modell zur Entwicklung des Gewissens hat bekanntlich Jean Piaget vorgelegt. Er untersucht, wie das Kind erst zu handeln lernt, um Strafe zu vermeiden (»wenn ich … tue, werde ich bestraft«, präkonventionelle Stufe), dann die Norm hinter der Strafe verinnerlicht (»man darf nicht…«, konventionelle Stufe) und vielleicht am Ende in der Lage ist, unterschiedliche Normen zu vergleichen und also auch die Ausnahmen von Normen zu reflektieren (postkonventionelle Stufe).[31] Für uns ist dabei nicht wichtig, ob dieses Erlernen von Moral in drei oder neun Schritten geschieht. In jedem Fall nimmt dieses Modell in dem Übergang von der »präkonventionel-

31 Weiterentwickelt von Lawrence Kohlberg, *Die Psychologie der Moralentwicklung*, Frankfurt am Main 1996.

len« zur »konventionellen« Stufe eine schrittweise Verinnerlichung und Affirmation von Gewaltstrukturen an: Aus der äußeren Instanz des Verbots wird die innere Stimme, man dürfe etwas nicht tun. In diesem Punkt zeigt sich, auf einem sehr allgemeinen Niveau, eine gewisse Nähe zu Freuds Theorie des Ödipus-Komplexes, in der die Verinnerlichung der Vaterinstanz als Ursprung der Moral gesetzt wird. Es soll keine methodische Verwandtschaft zwischen Piaget und Freud insinuiert werden, sondern nur auf die weitverbreitete Annahme der Internalisierung von Gewaltstrukturen als Basis von Moral hingewiesen werden, die ja bereits von Nietzsches *Genealogie der Moral* vorgeschlagen wurde.

Doch eben hier ist zu fragen, ob das Gewissen, wenn es das gibt, angemessen als Produkt der Verinnerlichung von Normen und Gewaltstrukturen beschrieben werden kann. (Vorsichtig sollte uns hier auch stimmen, dass das zwanzigste Jahrhundert gerade in den fortschrittlichen und kritischen Diskussionen, die etwa von Freud, Adorno, Foucault und den Gender Studies ausgingen, die Metapher der Verinnerlichung fortgeschrieben hat. Dies hat den Anschein gefördert, dass mit derartigen Gewaltstrukturen in der Tat das meiste oder alles gesagt sei. Diese einseitige Betonung der Gewaltstrukturen hat zu einer ungeheuren Simplifizierung unserer kulturellen Selbstbeschreibung geführt. Das Ergebnis, wie wir jetzt wissen, ist eine zwar kritischere, aber ungemein verarmte Weltsicht. Doch dieser Verlust an Komplexität ist ein anderes Thema.)

Beginnen wir also mit einem einfachen Einwand gegen das Modell der Verinnerlichung. Es ist zunächst kaum einzusehen, warum der oft beschworene Mechanismus der »Verinnerlichung« primär autoritärer Instanzen (wie den mit Strafen durchgesetzten Normen) mit Schmerz, wie Nietzsche sagt, so zutreffen soll.[32] »Verinnerlicht« werden könnte statt der feindlich-autoritären Macht etwa auch die entschärfende Kraft, mit der das Kind erfolgreich auf die scheinba-

32 Freud selbst erklärt diese Verinnerlichung durchaus unterschiedlich anhand seiner Erzählung der Urhorde mit der Macht des alleinherrschenden Vaters (Sigmund Freud, *Totem und Tabu*) beziehungsweise phylogenetisch mit der Ohnmacht, die das Kind gegenüber den allmächtigen Eltern empfindet (in den Schriften zum Ödipus-Komplex). Die übermächtige Vaterinstanz wird dabei einmal als Zeichen des Sieges verinnerlicht (Sigmund Freud, *Totem und Tabu*), wobei sich dieser Sieg später in Schuldgefühlen äußert, und ein anderes Mal wird die Verinnerlichung eben als traumatische Ohnmacht gegenüber dem Vater erklärt, da das Kind der Vaterinstanz gegenüber ausgeliefert ist.

re Übermacht antwortet. Dies wird deutlich, wenn man sich fragt, was »verinnerlichen« hier eigentlich heißt. Freud etwa gibt hier mehr als einen Fingerzeig, wenn er diesen Prozess in zahlreichen Registern von der kannibalistischen Einverleibung bis zur Adaption einer (Theater-)Rolle beschreibt. Vor allem die letzte Form der Verinnerlichung als Einübung einer Rolle zeigt, dass die Verinnerlichung weitgehend als eine Form der Wiederholung zu betrachten ist: Eine erlebte oder imaginierte Szene mit mehreren Akteuren wird wiederholt, wobei der Wiederholende nun beide (oder alle) Positionen als Rollen übernimmt.[33] Insofern spricht Freud von einer »Verinnerlichung« der moralisch relevanten Rollen der strafenden Vaterinstanzen. Aber es ist keineswegs notwendig, selbst wenn wir in diesem Modell bleiben, dass die strafenden Rollen das Urbild dessen sein sollen, was Freud Über-Ich und auch Gewissen nennt. Denn mit der wiederholten Szene der Anklage werden ja auch die möglichen Entgegnungen gegenüber der Anklage wiederholt, also die Ausreden, Rechtfertigungen, Versöhnungen und Entschärfungen. Korrekter wäre es daher, statt von der Verinnerlichung strafender Rollen von der Verinnerlichung des Dialogs von Anklage und Entschärfung zu sprechen. Das Gewissen wäre dann dies: die Wiederholung des Dialogs von Anklage und Entgegnung. Auch wenn wir statt von Verinnerlichung vorsichtiger und wohl zutreffender von einer Konditionierung sprechen, wird dabei ein Dialog eingeübt. Allgemein gesagt können derartige Wiederholungen ihren Ursprung in mehr als einer Situation finden. Wiederholungen können durchaus traumatischen Eindrücken der Ohnmacht gegenüber einer Gewalt gelten, aber eben auch versäumten Chancen, unerfülltem Verlangen, Momenten größten Triumphes, Situationen, die in Schuldgefühlen kulminieren, oder auch Fehltritten oder Fehlwahrnehmungen, die man später gerne revidieren würde.[34]

So weit bewegen wir uns scheinbar noch im Rahmen des Verin-

33 Vgl. zur Multiplikation der eingenommenen Rollen etwa: »Beide, Ich und Über-Ich, spielen die Vaterrolle weiter.« Sigmund Freud, »Dostojewski und die Vatertötung«, in: Ders., *Gesammelte Werke. Chronologisch geordnet.* Hg. v. Anna Freud, London 1948, Bd. 14, S. 397-418: 409.

34 Letzteres scheint Karl Philipp Moritz zu erwägen, wenn er in in seinen frühesten Erinnerungen stets Momente betont, die auf einer Fehlwahrnehmung beruhen. Diese Momente merkt er sich anscheinend, wiederholt sie im Geiste, eben weil sie noch revidiert und korrigiert werden müssen. Vgl. Fritz Breithaupt, »The Invention of Trauma in German Romanticism«.

nerlichungsmodells. Doch unter der Hand haben wir dieses bereits aufgeweicht beziehungsweise verschoben. Wenn unsere Überlegungen richtig sind, wird nicht eine Instanz (der strafende Vater) »verinnerlicht«, sondern es werden rhetorische Redestrategien und Redesituationen sowohl der Anklage als auch der Verteidigung eingeübt. Redestrategien sind eben keine Instanzen, sondern verfügbare Verhaltensformen oder Programme. Sie sind sicher auch erlernt, beziehen sich aber nicht in erster Linie auf die (mehr oder weniger traumatische) erste Verinnerlichung, sondern auf künftige Situationen, in denen sie zur Anwendung kommen könnten. Statt eines Knotenpunkts des Freud'schen Vaters, der zum Urbild des Gewissens wird, oder des Ankerpunkts der Normen der konventionelle Stufe des Piaget-Kohlberg-Modells tritt ein loses Geflecht an rhetorischen Mustern, die angestoßen werden können, aber nicht immer zur Anwendung kommen.

Machen wir folgendes Gedankenexperiment: Jemand lernt von Kindheit an, bei bestimmten Vergehen mit einer bestimmten Ausredestrategie regelmäßig Erfolg zu haben und also einer Strafe zu entgehen. Dies könnte sein: Er macht geltend, dass er aufgrund früher erlittenen Unrechts handelt. Wenn er mit dieser Ausrede regelmäßig durchkommt, dürfen wir annehmen, wird ebendiese Strategie bevorzugt gewählt. Dies kann so weit gehen, dass die Verknüpfung der Untat und der Ausrede derart fest wird, dass sie automatisch und ohne Infragestellung erfolgt. Für den Täter stellt sich die vorangegangene Situation (etwa: die Straftat) entsprechend als eine Situation dar, die durch die entsprechende Redeform aufgelöst wird. Dies dürfte, wenn wir das Gedankenexperiment weiter verfolgen, dazu führen, dass der Mensch bei diesen Vergehen eben kein Schuldgefühl oder schlechtes Gewissen hat, wenn er diese Tat ausübt, da er ja vorab weiß, wie die Situation abgelenkt und entschärft werden kann. Dabei spielt es vermutlich keine entscheidende Rolle, ob er weiß, dass die Tat von anderen nicht geduldet wird und gegen von ihnen erlernte Normen verstößt. Das (gute) Gewissen tritt in den Dienst der Tat. (Das Piaget-Kohlberg-Modell müsste hier annehmen, dass dieser Mensch nie gelernt hätte, die Strafe zu fürchten, und also prä-präkonventionell vor jeder Moral stehen geblieben wäre. Dem entgegen soll hier betont werden, dass dieser Mensch zwar durchaus den Vorwurf erkannt hat, diesen aber schlicht zu entschärfen weiß.)

Es gibt in der Tat Menschen, die nicht von einem »schlechten Gewissen« heimgesucht werden. Dazu gehören die so genannten Psychopathen beziehungsweise Soziopathen, oder umgekehrt: man nennt Menschen ohne ein Gewissen inzwischen Psychopathen, denn es ist unklar, ob sich hinter den Symptomen eine gemeinsame Basis verbirgt. Diese Menschen leiden anscheinend nicht, wie lange Zeit angenommen wurde, an einem Mangel der Fähigkeit des Verstehens ihrer Mitmenschen (Empathie). Sie haben nur schlicht kein schlechtes Gewissen, wenn sie anderen schaden und ihnen Leid zufügen.[35] Wie genau es zur Entwicklung von Psychopathie kommt, ist ungewiss. Allerdings scheinen Psychopathen begnadete Manipulatoren mit einem gewissen Maß an sozialer Intelligenz zu sein.[36] Die Vermutung liegt nahe, dass ihre Fähigkeit zur Manipulation anderer auch Hand in Hand mit der Befähigung zur Ausrede geht. Insofern ist es zumindest eine Möglichkeit, dass sie gelernt haben, jeden Vorwurf abzuwenden, und so zu Psychopathen werden.

Wichtig für unsere Überlegung ist dabei die Vermutung, dass das so genannte schlechte Gewissen wohl nur lose mit Vorstellungen von Gut und Böse zusammenhängt. Ein »schlechtes Gewissen« wäre, so müssen wir folgern, nicht das Resultat eines Bewusstseins, dass man Böses getan oder eine Norm gebrochen hat, sondern der Affekt, der sich einstellt, wenn man keine Ausrede erlernt oder parat hat, die einen über eine belastende Situation hinweghilft. Entsprechend ist das Gewissen nicht eine Instanz, sondern ein Potenzial an Antwortstrategien. An dieser Stelle tritt der Unterschied zwischen dem Gewissenmodell mit dem hier vorgelegten Ausredenmodell deutlich zu Tage. Wer eine Ausrede hat, kann damit unter Umständen nicht nur seinen Kopf aus der Schlinge ziehen, sondern entgeht auch dem Selbstvorwurf. Die Fähigkeit zur Ausrede und Anklagenabwehr ist, anders als dies beim Gewissen der Fall ist, nicht schlicht davon abhängig, was man in der Vergangenheit

35 Vgl. Carla L. Harenski, Keith A. Harenski, Matthew S. Shane und Kent A. Kiehl, »Aberrant Neural Processing or Moral Violations in Criminal Psychopaths«, in: *Journal of Abnormal Psychology* 21 (2010), S 1-12; Tania Singer und Claus Lamm, »The Social Neuroscience of Empathy«, in: *The Year in Cognitive Neuroscience. Annals of the New York Academy of Sciences* 1156 (2009), S. 81-96.

36 Carla L. Harenski und Kent A. Kiehl, »Emotion and Morality in Psychopathy and Paraphilias«, in: *Emotion Review* (2011) (im Druck).

als Moral erlernt hat. Vielmehr hängt es auch davon ab, was einem in der Situation der Anklage einfällt. (In den Fällen allerdings, die man für unentschuldbar oder nicht »wegerklärbar« hält, deckt sich die klassische Vorstellung eines schlechten Gewissens à la Piaget mit der hier vorgestellten Ausredenroutine.)

Es soll aber darauf hingewiesen werden, dass nicht jeder geschickte Rhetoriker automatisch zum »gewissenlosen« Psychopathen wird. Vielmehr muss angenommen werden, dass eben nicht nur die Antwortstrategien, sondern auch die Anklagestrategien eingespielt werden. Wer sich gut rausreden kann, lernt in der Regel, aber nicht immer, auch viele Formen der (Selbst-)Anklage.

Aus diesen Überlegungen folgt unmittelbar eine andere Klassifikation von moralischen Typen als die mittels der Verinnerlichung von Normen orientierte Klassifikation von Piaget und Kohlberg. Statt etwa von präkonventionellen und konventionellen Gewissensformen zu sprechen, wäre es angemessener, von verschiedenen rhetorischen Strategien der Abwehr moralischer Vorwürfe zu sprechen. Hier kommen konkret die in Abschnitt 4 dargestellten Redeformen in Betracht. Es gibt insofern eine rhetorische Strategie der Abwehr von Vorwürfen, die sich an der rhetorischen Form des Geständnisses orientiert: Man vergibt sich, wenn man die Rhetorik der Ehrlichkeit gebraucht. Es gibt dann eine andere Formierung der Abwehr, die auf einer Rhetorik der Bitte um Vergebung basiert: Man vergibt sich, sofern man an den anderen appelliert, also den Dialog eröffnet. Weiterhin gibt es eine Form der Abwehr von Vorwürfen, die auf der Rhetorik der Ausrede aufbaut: Man hat sich nichts vorzuwerfen, wenn man einen mehr oder weniger plausiblen Kontext gefunden hat, innerhalb dessen die Tat legitim erscheint. Und man vergisst seine mögliche Schuld, wenn man die Situation der Anklage mittels einer Ablenkung diffus gemacht hat. Diese vier rhetorischen Muster stellen zwar keine vollständige Klassifikation oder gar ein Stufenmodell dar, deuten aber bereits vier allgemeine Muster von Gewissensentschärfung an: 1) eine Strategie, die an Wahrheit orientiert ist, 2) eine dialogisch-appellative Strategie, 3) eine Ausredenstrategie, 4) eine Ablenkungsstrategie. Es ist anzunehmen, dass den meisten Menschen alle vier Formen, wenn auch in unterschiedlicher Perfektion, zur Verfügung stehen. In allen vier Formen wird eine (Aus-)Redestrategie aufgerufen, die zuvor vielleicht als Routine eingeübt oder konditioniert wurde, vielleicht aber auch spontan als Möglichkeit entsteht. Entsprechend wird das, was »Gewissen« genannt wird, zu einem Epiphänomen von Antwort und Ausrede.

Den Ethikern unter meinen Lesern sei hier noch gesagt, dass (all) dies hier nicht vorgetragen wird, um den Stellenwert der Ethik zu diffamieren. Im Gegenteil: Was ich hier artikuliere, bedeutet, dass eine Ethik sich eben nicht auf unsere entwicklungspsychologischen Möglichkeiten eines »Gewissens« verlassen kann. Ethik kommt von außen, braucht eine Philosophie, eben weil Menschen nur bedingt ethisch sind. Weil wir uns rausreden können und eben nicht notwendig deshalb, weil wir ein schlechtes Gewissen haben, brauchen wir eine andere Instanz, nämlich die hohe Warte der Ethik und des positiven Rechts, um Konflikte zu entscheiden. Auf die Psyche und das Gewissen ist eben kein Verlass, wie nicht nur Psychopathen uns zu denken geben.

Um diese Thesen zur Genese und Struktur des Gewissens in den Fluss unserer Argumentation einzubetten, sei hier betont, dass das »Gewissen« also vermutlich eben kein Gegenspieler zur dialogisch verfassten Ausrede ist. Allerdings wird das Gewissen von zahlreichen Diskursen immer wieder strategisch ins Feld geführt, als wäre es eben ein fester Felsen außerhalb des Dialogischen (oder sollte ein solcher sein). Diese Oszillation von Dialogisierung und vermeintlicher Entdialogisierung wird uns im Folgenden weiter beschäftigen. Dort wird historisch skizziert, wie ein besonders wirkungsmächtiger Diskurs die Entdialogisierung und Positivierung des Gewissens verfolgt hat, nämlich das Strafrecht.[37]

37 Leider würde eine genaue historische Aufarbeitung der »Geschichte des Gewissens«, also seine wandelnden Kodifizierungen und die mit ihm verbundenen Praktiken, den Rahmen dieses Buches sprengen. Vgl. zur Einführung Hans Reiner, »Gewissen«, in: *Historisches Wörterbuch der Philosophie*, Bd. 3, Darmstadt 1974, S. 574-592. Eine besonders interessante Epoche der Narrativierung des Gewissens stellt dabei die Kasuistik dar; vgl. Albert R. Jonsen und Stephen Toulmin, *The Abuse of Casuistry. A History of Moral Reasoning*, Berkeley und Los Angeles 1988.

7. Zur Kritik des *mens rea* (des subjektiven Tatbestands)

Ähnlich wie das Gewissen ist auch die juristische Kategorie des *mens rea* (des schuldigen Bewusstseins) keine einfach vorliegende Größe, die zur Schuldfindung herangezogen werden kann. Die These, die im Folgenden entfaltet werden wird, lautet in ihrer allgemeinsten Form, dass die Annahme und Entdeckung der juristischen Größe eines *mens rea*, also eines schuldigen Bewusstseins im angelsächsischen Recht, von dem auch der deutsche Begriff des subjektiven Tatbestands seine Prägung erhielt, nicht im Inneren der Tat gefunden werden kann, sondern zumindest historisch als ein äußerer Kontext zur (objektiven) Tat hinzukam. Sosehr wir heutzutage dazu neigen, gerade den subjektiven Tatbestand (mit Intention, Motivation, Wissen und Wollen) zum inneren Wesen einer menschlichen Handlung zu erklären, so sehr zeigt die Rechtsgeschichte, dass ebendieses Verständnis erstaunlich jung ist. Gerade das »innere Wesen« der Handlung wurde ausredenartig wie ein äußerer Kontext angelegt. Erst seit wenigen Jahrhunderten scheinen uns diese inneren Umstände nicht mehr von der Handlung wegdenkbar zu sein. Stärker formuliert: *mens rea* ist keine messbare psychische Größe, sondern existiert als Phantombild oder Fiktion, die aus dem Streiten von Anklage und Verteidigung hervorgegangen ist.

Ähnlich wie das Gewissen also ist *mens rea* eine diskursive Größe, die von streitenden Parteien strategisch erfunden wurde. *Mens rea* ist insofern der Triumph der Entdialogisierung durch die Anklage. Das heißt, der *mens rea* besteht nur als fingierte Beschreibung, weil es der Anklage (oder auch der Verteidigung) gelingt, die eigentliche dialogische und kontextabhängige Verfassung möglicher Bewusstseinszustände unsichtbar zu machen und ein (entdialogisiertes) verobjektiviertes Konstrukt zu präsentieren. Inzwischen ist der *mens rea* kaum noch aus dem Strafrecht wegzudenken, obwohl einige Ketzer diese Doktrin immer wieder angegriffen haben[38] und eine Vielzahl an Denkern über die derzeitige chaotische Rechtslage in den Vereinigten Staaten lamentiert, die die meisten Angehörigen

38 Etwa Albert Lévitt, »Extent and Function of the Doctrine of mens rea«, in: *Illinois Law Review* 17 (1923), S. 578-611.

einer Jury schlicht überfordert, insofern etwa 78 verschiedene geistige Zustände unterschieden werden sollen.[39]

Seit dem frühen neunzehnten Jahrhundert wird die Intentionalität relativ regelmäßig als ein natürliches Merkmal der Tat eingestuft. Der amerikanische Supreme-Court-Richter Oliver Wendell Holmes (1841-1935) formulierte, dass sogar sein Hund zwischen einem absichtlichen Tritt als Strafe und einem unabsichtlichen Stolpern unterscheiden könnte (wir kommen auf diese Unterscheidung gleich zurück).[40] Doch *mens rea* scheint aus Gründen, die uns zu beschäftigen haben, nie schlicht bei der einfachen Differenz zwischen Unfall und absichtlicher Handlung stehen zu bleiben und ist historisch wohl nicht daraus hervorgegangen.

Um zunächst das Empörende dieser These zu verstehen, ist es notwendig, sich die Funktion von *mens rea* im Recht vor Augen zu führen. Im Folgenden beschränke ich mich dabei auf das Strafrecht, denn dies ist der primäre Ort des *mens rea*. Da die Theoriebildung in England ihren Ausgang nahm und in den deutschsprachigen Ländern während der Aufklärung weitgehend übernommen wurde, beschränke ich mich im Folgenden auf die angelsächsische Diskussion. Die Differenzen zwischen *mens rea* und subjektivem Tatbestand sind für die vorliegende Diskussion auch nicht von zentraler Wichtigkeit.[41] Zur groben Orientierung können wohl zwei historische Phasen des Verständnisses von *mens rea* zugrunde gelegt werden, eine erste Phase, die das siebzehnte und achtzehnte Jahrhundert umfasst, und eine zweite Phase seit etwa 1800.[42]

Edward Coke (1552-1634), der mit seinen *Institutes of the Laws*

39 Vgl. Kevin Jon Heller, »The Cognitive Psychology of mens rea«, in: *The Journal of Criminal Law and Criminology (*2009), S. 317-366.

40 Vgl. Stephen J. Morse und Morris B. Hoffman, »Uneasy Entente between Legal Insanity and mens rea: Beyond Clark v. Arizona«, in: *Journal of Criminal Law und Criminology* 97 (2007), S. 1071-1149, S. 1085.

41 Zur Unterscheidung von subjektivem Tatbestand im deutschen Strafrecht und *mens rea* im englischen Strafrecht siehe ausführlich Christoph Johannes Maria Safferling, *Vorsatz und Schuld: Subjektive Täterelemente im deutschen und englischen Strafrecht,* Tübingen 2008. Zu den Kerndifferenzen beider gehört, so Safferling, dass beide Fahrlässigkeit (negligence) verschieden behandeln.

42 Vgl. zu der Unterscheidung des früheren und späteren Verständnisses von Absicht (Intent) sowie den Fragen dieses Abschnitts im Allgemeinen Guyora Binder, »The Rhetoric of Motive and Intent«, in: *Buffalo Criminal Law Review* 6.1. (2002), S. 1-96.

of England die Basis des englischen Common Law schuf, hat das Schuldbewusstsein auf die kanonische Formel des *mens rea* gebracht: *actus non facit reum nisi mens sit rea* (eine Handlung macht nicht schuldig, wenn der Geist nicht auch schuldig ist).[43]

Coke konnte damit auf früheren Artikulationen dieses Grundsatzes aufbauen, wie vor allem den *Leges* von Heinrich I., in denen der Grundsatz »reum non facit nisi mens rea« erscheint.[44] Diese Formel scheint zunächst einleuchtend zur Unterscheidung von reinen Unfällen und absichtlichen Handlungen. Doch bereits der Kontext der berühmten und zentralen Stelle von Coke, also der Urquelle, aus der das moderne Strafrecht hervorgegangen ist,[45] ist durchaus komplex und geht weit über diese Unterscheidung hinaus. Dort geht es um Hochverrat. Das ist an sich wenig verwunderlich, denn Hochverrat war in den früheren Gesetzgebungen (inklusive des römischem Rechts) eines der wenigen Delikte, die zur Ausbildung des modernen Strafrechts führten. Das Strafrecht war insgesamt ein wenig verhandeltes Rechtsgebiet, da die meisten heutzutage strafrechtlich verfolgten Delikte wie Mord und Raub noch zivilrechtlich verhandelt oder außergerichtlich durch Rache geahndet wurden. Hochverrat umfasste dabei ein weites Feld von gegen den Staat gerichteten Handlungen. Bemerkenswerterweise nun erkennt Coke an, dass Hochverrat auch ohne »mens rea« möglich sei.

Hier also die berühmte Stelle:

Es wurde von allen Richtern Englands unter der Herrschaft Heinrich VIII. entschieden, dass ein Vergehen gegen das Statut der Arbeiter, nämlich die Vergößerung der Gehälter und Einkommen, einen Hochverrat gegen den König darstelle, da es im Allgemeinen gegen das Gesetz des Königs verstieß [...]. Es wurde im speziellen befunden, dass eine Gruppe von Untergebenen des Königs Nahrungsmittel für den Ritter *John Oldcastle* und andere beschafft und übergeben hat, die sich im offenen Krieg mit dem König befanden, und dass sich diese Gruppe von Untergebenen in Gesellschaft befand mit diesen in dem offenen Krieg gegen den König. Doch all dies

43 Edward Coke, *The Third Part of the Institutes of the Laws of England; Concerning High Treason, and Other Pleas of the Crown and Criminal Causes* [1628], London 1797, Kapitel 1, folio 10.

44 Vgl. Francis Bowes Sayre, »Mens Rea«, in: *Harvard Law Review* (1931-32), S. 974-1026.

45 So zumindest einhellig die Vielzahl der Autoren, vgl. auch Albert Lévitt, »The Origins of the Doctrine of mens rea«, in: *Illinois Law Review* 17 (1922), S. 117-128.

wurde als *pro timore mortis* und *quod recesserunt quam cito potuerunt* befunden und wurde nicht als Hochverrat verurteilt, denn es geschah aus Todesangst. *Et actus non facit reum, nisi mens rea.* Und daher war dies in ihnen kein Kriegsakt gegen den König entsprechend dieses Gesetztes.[46]

Die Rede ist davon, dass eine Anzahl von Bürgern (»divers of the Kings subjects«) einen gewissen John Oldcastle unterstützten, als dieser sich in der Rebellion gegen die Krone befand. Diese Bürger werden während seiner Rebellion der Beihilfe bezichtigt, insofern sie Oldcastle mit Lebensmitteln unterstützten. Doch sie wurden freigesprochen, da sie angeblich aus Todesangst handelten und die Beihilfe abbrachen, so schnell sie konnten (»*recesserunt quam cito potuerunt*«).[47] Die Bürger geben also den Rechtfertigungsgrund des Zwanges (»compulsion«) an, da sie behaupten, dass sie getötet worden wären, hätten sie sich dem John Oldcastle widersetzt. Wie ist also ihr Schuldbewusstsein (*mens rea)*? Sie wussten, dass sie Unrecht taten, als sie Oldcastle halfen, mussten es aber tun, um unverhältnismäßigem Schaden zu entgehen. Dieser Fall ist also kein Beispiel, in dem zwischen Unfall und Intention unterschieden wird, denn in jedem Fall wissen sie, was sie absichtlich tun. Insofern sind wir sofort im Streit von bloßer Ausrede und echter Rechtfertigung. Man hat also gemäß dieser Bewertung von Coke dann keinen *mens rea*, wenn man gerechtfertigt ist und zwar intentional handelt, aber ohne den Tatzweck zu bejahen (wie im Falle des Unterdrucksetzens durch Androhung der Tötung, *pro timore mortis*, aus Todesangst).[48]

Unterschieden wird hier also zwischen Intention und Bejahung, wobei die Intention von geringer Relevanz ist:[49] Die möglichen

46 Edward Coke, *The Third Part of the Institutes of the Laws of England*, Kapitel 1, folio 10.

47 Das Ärgernis dieses Freispruchs wurde noch Jahrhunderte danach gefühlt, siehe gegen den Freispruch und die Vorstellung, man könne Hochverrat derartig rechtfertigen, Edward Hyde East, *Treatise of Pleas of the Crown* vol. 1, London 1803, S. 71.

48 Im deutschen Strafrecht würde man das heute wohl so aufbauen, dass man annimmt, dass die Staatsdiener zwar den subjektiven Tatbestand des Hochverrats erfüllen würden, aber, da ein Rechtfertigungsgrund vorliegt, ohne Schuld sind.

49 Zur Irrelevanz der Intention im Strafrecht des siebzehnten und achtzehnten Jahrhunderts siehe auch Guyora Binder, »The Meaning of Killing«, in: Markus Dubber, Lindsay Farmer (Hg.), *Modern Histories of Crime and Punishment*, Stanford 2007, S. 88-114. Binder untersucht, was im siebzehnten und achtzehnten Jahrhundert als Mord gegolten hat, und stellt fest, dass die innere Einstellung

Beihelfer handeln zwar mit Intention, bejahen aber nicht die Tat. Erst die Bejahung der Tat macht den Handelnden zum Verbrecher und die Helfershelfer juristisch zu Beihelfern.

Was also ist die Funktion des *mens rea*? Mens rea kennzeichnet die kriminelle Energie, die den Täter erst zum Bösewicht macht. Hat jemand diese (wie etwa Oldcastle), dann ist entsprechend auch zu erwarten, dass alle seine Taten ins Unrecht tendieren, da sie ja von innen durch das böse moralische Bewusstsein gefärbt sind. *Mens rea* ergänzt zum objektiven Tatbestand (also der von außen beobachtbaren Tat) ein prinzipielles moralisches Bewusstsein, ein Bejahen oder Verneinen der Tat. Die Intentionalität des Ausführens der Handlung dagegen steht nicht in Frage (dies ändert sich dann in der zweiten Phase des *mens rea* ab etwa 1800). Dies zeigt sich etwa daran, dass es für Coke hier unproblematisch zu sein scheint, dass die möglichen Beihelfer ja durchaus intentional handeln. Diese Intentionalität ist dem Tatbestand noch äußerlich, ist ein Kontext, der abgezogen werden kann. Anders aber eben die moralische Einstellung des Handelnden. Sie hört auf, externer Kontext zu sein, und rückt ins Zentrum der Handlung.

Dies ist in der Tat eine sonderbare Einführung des zentralen Grundsatzes des Strafrechts. Der Fall steht auch in der juristischen Literatur nahezu einzigartig dar, insofern Coke hier auch behauptet, dass der Zwang nicht nur einen Rechtfertigungsgrund darstellt, sondern damit auch von vorneherein *mens rea* ausschließt.[50] Das Wissen des Unrechts (über das die Beihelfer verfügen, da sie die Tat ja bei erster Gelegenheit einstellen) und die Absicht (da sie es ja tun) stehen hier auf verschiedenen Seiten. Wissen haben die Beihelfer, aber eben nicht *mens rea*. Dies ist keineswegs unbestritten, sondern wurde Coke als inkonsequent oder schlicht falsch vor-

(Intention) eine äußerst untergeordnete Rolle spielte. Stattdessen hieß Mord, dass jemand durch Gewalt zu Tode kam; in der Gewaltanwendung, selbst wenn diese nur durch Unfall zum Tode führte, lag das Böse der Tat.

50 J. L. J. Edwards hebt »Oldcastle's Case« als einen einzigartigen Fall im englischen Recht hervor, in dem die Richter angenommen haben, dass der von einem Dritten ausgeübte Druck derartig unabweisbar war, dass der Handelnde dafür nicht belangt werden kann und nicht einmal *mens rea* vorlag. »Die einzige Autorität, die diese Meinung vertritt, ist *Oldcastle's Case*«, siehe J. L. J. Edwards, »Compulsion, Coercion and Criminal Responsibility«, in: *The Modern Law Review* 14 (1951), S. 297-313, S. 299.

geworfen.[51] (Im Besonderen verhandelt das Common Law heute meist vier Gesichtspunkte des *mens rea*: *intention*, *knowledge*, *recklessness* und *negligence* (Absicht, Wissen, Rücksichtslosigkeit und Fahrlässigkeit). Wenn man diese vier heutigen Kriterien anlegt, handeln die Beihelfer Oldcastles durchaus mit *mens rea*, da sie die Absicht haben, ihm Lebensmittel zu bringen, also über ein Wissen der Situation verfügen und weder leichtsinnig noch fahrlässig handeln.) Für unsere Überlegungen wird es sich dabei indes nicht von grundsätzlicher Bedeutung erweisen, ob Coke irrt. Für uns ist vielmehr entscheidend, welche Funktion *mens rea* hat und wie eng er mit der Tat verknüpft ist.

Wenn wir Coke erst einmal folgen, müssen wir annehmen, dass das Vorliegen der Angst um das eigene Leben das eigene Schuldbewusstsein (*mens rea*) trotz Intention ausschließt, weil die Handelnden ein richtiges moralisches Verständnis von der Tat haben (und sie also für falsch halten). Eine Abwägung etwa zwischen dem eigenen Vorteil und dem dem anderen angetanen Übel (indem man Oldcastle Beihilfe leistet) findet entsprechend nicht statt oder muss nicht stattfinden. Dies deutet auch an, dass Coke weniger auf einen Prozess der Instrumentalisierung der vermeintlichen Beihelfer aus ist als auf eine Affektreaktion im Kopf der Helfer Oldcastles. Weil in den Helfern Oldcastles ein instinktiver, emotionaler Selbsterhaltungstrieb angesprochen wurde, handeln sie zwar mit Intention, aber gegen besseres moralisches Verständnis. Der Affekt (Todesangst) sprengt die Einheit von moralischem Wissen und objektivem Tatbestand auf.

Hier wird mithin eine juristisch relevante psychische Mechanik des Bewusstseins (mens) entwickelt. Damit eine Tat einem Menschen juristisch zugerechnet werden kann, muss einerseits die Tat und andererseits ein moralisches Wissen von der Tat vorliegen, welches auch die Tat eines Unrechts bejaht. Der von Coke dargestellte Fall zeigt ebendiese doppelte Bedingung, insofern hier die Einheit beider durch die Todesangst aufgebrochen ist.

Wie genau die Todesangst verstanden wird, müssen wir nicht er-

51 Etwa Fitz Stephen, *History of the Criminal Law*, Vol. II, 254-5. Stephen macht geltend, dass Coke selbst eine Inkonsequenz begeht, da er zugleich formuliert: »Melius est omnia mala pati quam malo consentire« (es ist besser, alles Übel zu erleiden, als dem Übel zuzustimmen). Denn diese Formulierung schließe ja bereits einen *mens rea* ein.

örtern. Es dürfte sich dabei um einen starken Affekt handeln. Kann man daraus folgern, dass die moralischen Bewusstseinsprozesse, immer wenn sehr starke emotionale Prozesse im Kopf verarbeitet werden, zwar stattfinden, aber nicht zum Ausdruck kommen, so dass ein tatsächliches Schuldbewusstsein, *mens rea*, nicht erzeugt wird? Gilt dies mithin nur für Todesangst oder auch für andere Formen der Erpressung und für Notsituationen? Und wie steht es mit positiven Emotionen, wie Begehren, die jemanden überwältigen? Oder aber ist die Todesangst vielmehr ein rationaler Prozess, der einem primären Selbstinteresse entspringt?

In der englischen Rechtsprechung hat sich »Oldcastle's Case« tatsächlich durchgesetzt, insofern Zwang als Rechtfertigung für die Beihilfe zum Verbrechen anerkannt wird, mit Ausnahme nur der schwersten Verbrechen (1879 etwa wurden einzig Mord, Piraterie, Vergewaltigung, Entführung, Raub, schwere Verletzung, Brandstiftung und der nun eng umrissene Hochverrat von der Anwendung der Rechtfertigung ausgeschlossen).[52]

Hier kommen wir nun zu unserem Thema zurück. Was wir etwa ab 1600 beobachten können, ist, wie die moralische Bewertung der Tat aufhört, als ein schlicht externer Faktor oder Kontext zur Beurteilung des Tatbestands zu fungieren. Das Fehlen der Affirmation der Tat durch die Helfer von Oldcastle, also das Fehlen von *mens rea*, schließt den Tatbestand der Beihilfe aus. Was in historisch früheren Epochen schlicht als externer Kontext und als Ausrede operierte (etwa: er hat aber einen guten moralischen Verstand beziehungsweise ein gutes Gewissen), wird nun als Teil des Tatbestands verstanden. Die Ausrede (Fehlen von moralischer Affirmation) hört auf, bloße Ausrede zu sein.

Das Heranziehen des *mens rea* (in dem obigen Sinne eines moralischen Verständnisses der Situation) hat gravierende Auswirkungen auf das Rechtswesen des siebzehnten und achtzehnten Jahrhunderts. Im Kontext dieses Buches müssen wir fragen, was durch diese Aufwertung des *mens rea* gewonnen wird und wie sie zu einer Veränderung der Einschätzung von konkreten Handlungen führt. Dies können wir exemplarisch tun, indem wir uns der Figur des John Oldcastle widmen.

Vor der Aufwertung von *mens rea* durch Coke und seine Zeit-

52 J. L. J. Edwards, »Compulsion, Coercion and Criminal Responsibility«, S. 300.

genossen konnte zwischen den Handlungen von Oldcastle und seinen gezwungenen Helfern wohl nur schlecht unterschieden werden, da sie gemeinsam handelten und dies auch intentional taten.

Der von Coke eingeführte *mens rea* könnte hier insofern für Entwirrung sorgen, da er das moralische Bewusstsein heranzieht und Oldcastle die Tat affirmiert, die Helfer dagegen nicht.

Doch damit entsteht ein neues konzeptionelles Problem, welches der neue *mens rea* sowohl aufwirft als auch, wie wir sehen werden, löst. Neben der konzeptionellen Komplikation müssen wir uns nun nämlich fragen, inwiefern dieser durch Zwang ausgelöste emotionale Prozess überhaupt von außen einsehbar ist. Die schlichte Prosa Cokes stellt sich dieser Frage nicht explizit, wie Gesetzestexte, Rechtskommentare und richterliche Urteile sich überhaupt nur selten mit der Frage beschäftigen, ob denn ein bestimmter emotionaler Prozess von außen erkannt werden kann. Immerhin kann Coke betonen, dass die unfreiwilligen Helfer sofort die Unterstützung Oldcastles einstellen, als sich ihnen die Gelegenheit dazu bietet. Doch die Komplikationen nehmen hier nur zu. Woher können wir eigentlich wissen, dass die Bürger von diesem John Oldcastle erpresst oder anders unter Druck gesetzt wurden, ihm zu helfen? Coke hält dies für faktisch erwiesen.

Insofern hier psychologische Sachverhalte diskutiert werden, lohnt es sich, die faktischen Spuren und Indizien zu erwägen, da psychologische Sachverhalte besonders zur Projektion neigen. Unsere Frage wird dabei sein, wie die Grenze von Tat und Kontext durch den *mens rea* neu gezogen wird.

Oldcastle, ehemals Freund des Königs und ehemals einer der wichtigsten Adligen des Reiches, ist zu dem Zeitpunkt der Beihilfe ein landesweit gesuchter Hochverräter, der sich nach seinem Ausbruch aus dem Gefängnis vier Jahre lang versteckt hält, bevor er gefasst und hingerichtet wird. Er führt das Leben eines Robin Hood, der den Staatsstreich will, enthält sich aber des Straßenraubs.[53] Die Position der Beihelfer Oldcastles könnte insofern eine ideale sein, in der sie nur gewinnen können. Wenn die Sache nicht auffliegt, profitieren sie potenziell durch ihre Hilfestellung. Wenn sie erwischt werden, haben sie eine Antwort parat, die als Rechtfer-

53 Vgl. Rudolph Fiehler, »How Oldcastle Became Falstaff«, in: *Modern Language Quarterly* 16 (1955), S. 16-28, bes. 20-24.

tigung anerkannt wird oder werden könnte. Kalkül und subjektives Tatbewusstsein könnten hier Hand in Hand gehen.

Doch die Sache könnte noch komplizierter sein. Sir John Oldcastle († 1417) war eine schillernde Figur zu Lebzeiten ebenso wie zu den Zeiten, als Edward Coke seine *Institutiones* im nachelisabethanischen England vollendete.[54] Zunächst hatten die protestantischen Geschichtsschreiber Oldcastle gut hundert Jahre nach seinem Tod als Vorreiter des Widerstands gegen den Katholizismus entdeckt. Ab 1530 erschienen prominente Berichte von William Tyndale, John Bale und John Foxe über die protestantischen Märtyrer Großbritanniens in Buchform, in denen Oldcastle als Märtyrer fungiert. Ein 1600 anonym im Druck erschienenes Stück unter dem Titel *Sir John Oldcastle,* das erstaunlicherweise (und wahrscheinlich fälschlicherweise) bisweilen Shakespeare zugeschrieben wurde, präsentiert entsprechend einen vorbildlichen Helden Oldcastle, der als protoprotestantischer »Sir John« aus religiösen Gründen von der katholischen Kirche verfolgt wird. Da Heinrich VIII. endgültig mit der katholischen Kirche gebrochen hatte, als diese seine Eheschließungen und Scheidungen nicht bewilligen wollte, konnten die Puritaner Oldcastle zu Lebzeiten Cokes, um 1600 in der Elisabethanischen Epoche, öffentlich als einen Protopuritaner feiern. Der allgemeinen Verehrung eines Oldcastles stand nicht mehr viel im Weg – außer die Überlieferungen über Oldcastle.

Er war nämlich neben seinen religiösen Meinungen auch durch seine militärischen Leistungen und seine frühe Freundschaft mit Prinz Hal, dem späteren Heinrich V., aufgefallen. Die Darstellungen des jungen Heinrich V. etwa bei Shakespeare zeichnen diesen als einen wilden Halbstarken, der mit seinen Kumpanen das Land unsicher machte, dabei sogar die königlichen Steuereintreiber überfiel und dem höchsten Richter des Landes mit der Faust ins Gesicht schlug.[55] Später als König verbat er seinen abenteuerlichen Jugendfreunden den Umgang mit ihm. Dies schloss Old-

54 Vgl. etwa Kristen Poole, »Saints Alife! Falstaff, Martin Marpelate, and the Staging of Puritanism«, in *Shakespeare Quarterly* 46 (1995), S. 47-75; Douglas A. Brooks, »Sir John Oldcastle and the Construction of Shakespeare's Authorship«, in: *Studies in English Literature* 38 (1998), S. 333-361.

55 Zum Bild des verwahrlosten Heinrich V. und seiner Transformation in den ausgeglichenen späteren König vgl. Shakespeares Stück *Henry IV, Part I,* in dem auch Oldcastle als »Falstaff« erscheint (siehe dazu im Folgenden).

castle nicht ein, wurde aber anscheinend, per Assoziation, von den Historikern der Epoche auch auf Oldcastle ausgeweitet, der damit am Bild des Straßenräubers partizipierte.[56] Und anscheinend hat Oldcastle wohl tatsächlich zur Rebellion gegen den König agitiert, nachdem dieser ihn hatte einsperren lassen, wobei wohl die religiösen Differenzen ausschlaggebend waren.

In den Werken Shakespeares kommt Oldcastle nicht gut weg. Dort wird er als der aufgeblasene, betrügerische und feige Falstaff dargestellt. Zunächst tauchte er in den frühen Werken und Drucken noch unter dem Namen »Oldcastle« auf, bis die offensichtlich einflussreichen Nachfahren Oldcastles erfolgreich gegen Shakespeares anfängliche Verwendungen des Namens protestierten.[57] Diese Wendung der Rezeption der historischen Figur Oldcastles wiederum dürfte zu Lasten des inzwischen dominanten und als repressiv wahrgenommenen Puritanismus gehen. Der wegbereitende protestantische Märtyrer wird so zum Sinnbild der inzwischen als eitel und durchtrieben wahrgenommenen Selbstgefälligkeit der Puritaner, die keinem Papst mehr unterworfen sind. Entsprechend gilt Shakespeares Falstaff regelmäßig als Karikatur des Puritanismus und seiner Rhetorik.[58]

Shakespeares Falstaff, um zu unserem Thema zurückzukommen, ist ein permanenter Ausredendrescher und Lügner. Wichtiger als die deutlich ausgestellten und komödienhaften Ausreden Falstaffs sind aber die impliziten und unausgewiesenen ausredeähnlichen Sentenzen Cokes. Wie die oben angedeutete Geschichte der Figur Oldcastles nahelegt, gibt es durchaus verschiedene politische und öffentliche Interessen an der Diffamierung oder Aufwertung Oldcastles. In Cokes Bericht erscheint er lakonisch als Hochverräter, ohne Erwähnung der religiösen Differenzen. Die freigesprochenen Helfer – ohne *mens rea* – würden damit zugleich die politische Funktion erfüllen, den Haupttäter deutlicher als Verbrecher zu

56 So argumentiert Rudolph Fiehler in seiner spannenden detektivischen Rekonstruktion der beiden so konträren Bilder Oldcastles um 1600; Rudolph Fiehler, »How Oldcastle became Falstaff«, S. 24.

57 Anscheinend verwendete die Bühnenfassung von *Henry IV* von 1597 bis 1598 noch den Namen Oldcastle.

58 Harold Bloom, *Ruin the Sacred Truths. Poetry and Belief from the Bible to the Present*, Cambridge und London 1989, S. 84; und Kristen Poole, »Saints Alife!«, S. 333-361.

denunzieren, da er Parteigänger und Helfer nur durch Gewaltandrohung finden kann. Die Implikation ist, dass kein Bürger, der im Vollbesitz seiner geistigen Fähigkeiten ist, ihm beistehen würde. Anders gesagt, das Fehlen von *mens rea* bei den unfreiwilligen Helfern vergrößert *mens rea* bei dem einen (Oldcastle).[59]

Diese Ausführungen der Quellen dieser berühmten Definition von *mens rea* illustriert dabei vor allem eins: dass *mens rea* den Zuschreibungen und Projektionen von außen gegenüber nicht nur anfällig ist, sondern sie geradezu einlädt. Je nach Kontext und Positionierung der Zeitgenossen Cokes erscheinen die Parteigänger Oldcastles als Sympathieträger oder Hochverräter. Coke klammert diese Kontextualisierungen aus, da sie seine Wiedergabe des Urteils offensichtlich korrumpieren könnten. Dennoch muss es verwundern, dass Coke hier auf einen Fall zurückgreift, der immerhin 220 Jahre zurückliegt (wobei dies in den *Institutions* keine Ausnahme darstellt). Man darf annehmen, dass er dies tut, nicht obwohl, sondern weil Oldcastle zu einer derartig kontroversen Figur geworden war. (Ob einer der Nachfahren Oldcastles unter denjenigen ist, die Coke am Ende seines Lebens geschadet haben, ist mir dabei nicht bekannt, allerdings sind unter seinen Widersachern eine Reihe ausgemachter Puritaner.)

Die theoretisch brisante Frage ist also, *ob mens rea Projektionen von außen nicht nur zufällig, sondern strukturell einlädt oder ob mens rea von der Handlung und den faktischen Sachverhalten ableitbar ist und damit als eine gesicherte unabhängige Größe für strafrechtliche Entscheidungen fungieren kann.* Auf dem Spiel steht damit die Tragfähigkeit einer Konzeption von *mens rea* als einer kontextunabhängigen Größe, die zur Gewinnung von juristischen Urteilen herangezogen werden sollte. Um an das Vokabular der vorausgegangenen Abschnitte anzuknüpfen, kann die Institutionalisierung auch als ein Schritt in der Entdialogisierung des Rechts verstanden werden: wenn jemand ein Schuldbewusstsein hat, so würde dies unabhängig von einer Rede und Verantwortungssituation gelten. Er erhält die Strafe dann nicht von einem anderen Individuum und auch nicht von einer höheren Stufe der abstrahierten Gerechtigkeit, sondern weil er die Strafe verdient hat und weil sie in seinem

59 Coke selbst ist durch die Abfassung der *Institutes* unter der Herrschaft des radikalen religiösen Aktivisten King James I. seinerseits in Ungnade gefallen und sieht sich vielleicht als Opfer einer Verschwörung.

eigenen Gewissen fest verankert ist.[60] Fraglich ist dabei vor allem, wie *mens rea* festgestellt wird und wie diese Feststellung sich zum Urteil verhält.

Im Falle von Cokes Zugriff auf Oldcastle ist die Lage relativ eindeutig. Oldcastle ist als Hochverräter bekannt. Dass er also auch die Untergebenen mit dem Tode bedroht, wenn sie ihm nicht helfen wollen, erscheint insofern hoch plausibel. Wer einmal *mens rea* hat (Hochverrat), ist dadurch derartig gezeichnet, dass auch seine anderen Taten (Erpressung) dadurch geprägt sind. Hat einer also an einer Stelle *mens rea* bewiesen, so ist ihm vieles andere zuzutrauen. *Mens rea* wird hier zum Lackmustest, den man einmal durchführen muss, um den inneren Zustand des anderen zu erörtern. Doch weiß man einmal von seinem üblen moralischen Zustand, dann werden nachfolgende Prüfungen einfach.

Damit wird auch die durch *mens rea* ausgelöste Ungewissheit – wie kann man die innere moralische Einstellung von außen beurteilen – wieder eingegrenzt. *Mens rea* in einem Fall prädestiniert einen Kriminellen zu einer Vielzahl von Untaten. Das schlechte moralische Entscheiden in einem Fall ist ein gutes Anzeichen, dass derselbe auch in anderen Situationen moralisch falsch urteilen wird. Wenn die Anklage den hohen Standard des *mens rea* in einem Fall beweisen konnte, so könnten damit andere Prüfungen entfallen oder vereinfacht werden, wie etwa das schuldige Bewusstsein in einem anderen Fall oder das Ausmaß der Verwerflichkeit der Tat selbst. Be- und verurteilt wird das moralische Empfinden.[61]

Um den Wechsel von inneren Umständen und äußeren Kontexten weiter zu illustrieren, sollen im Folgenden einige unterschiedliche Verständnisse von *mens rea* gegeneinandergehalten werden. Dass jeder davon historisch einmal als eigentlicher Kern von Hand-

60 René Girard hat, wie bereits angedeutet, die Entwicklung des Rechtssystems als einen zweistufigen Prozess dargestellt. Zunächst herrscht die Blutrache im Sinne von »Auge um Auge«, die in einem fortwährenden Hin und Her der Rache resultiert. Erst die abstrahierte Gerechtigkeit eines Gerichts, das sich seinerseits nicht mehr der Gefahr der Blutrache aussetzt, kann dem Hin und Her ein Ende bereiten; vgl. René Girard, *Das Heilige und die Gewalt*.

61 Vgl. hierzu den bisher nicht veröffentlichten Text von Simon Stern (University of Toronto), »The Analytical Turn in Common-Law Thinking«. Ich danke Simon Stern dafür, mir den Text zugänglich gemacht zu haben. Vgl. auch Guyora Binder, »The Meaning of Killing«.

lung oder als bloße Ausrede gehandhabt wurde oder noch wird, sei dabei nur kurz angedeutet.

Wir beschränken uns im Folgenden auf drei grundsätzliche diskursive Verortungen beziehungsweise Konzeptionen von *mens rea*. Alle drei sind bereits in die obigen Überlegungen eingeflossen und sind in der juristischen Literatur bis zum heutigen Tage verbreitet, müssen aber sortiert werden. *Mens rea* ist:

1. ein Begriff, der die *einer Tat innewohnende Zielgerichtetheit oder Intention* bezeichnet. »Er hat es getan und wollte es auch.« Dies ist eine Leitvorstellung des angelsächsischen Rechts seit dem frühen neunzehnten Jahrhundert;
2. eine *psychische Instanz*, die emotionale Zustände und rationale Denkprozesse eines Handelnden umfasst, insofern sie sich auf die Tat und auf die Schuld bezieht. »Er hat X gefühlt und hat daher ein oder hat kein Schuldbewusstsein/schlechtes Gewissen«;
3. eine rein *juristische Beurteilungsgröße*, die das Ausmaß an Schuldhaftigkeit schlicht nach einer Tabelle (dem Strafrecht) ermisst. »Er hat das Recht x seiner Mitmenschen missachtet und hat daher ein schuldiges Bewusstsein in dem Maße y.«

Zu 1) Mens rea *als einer Tat innewohnende Zielgerichtetheit oder Intention*

Bemerkenswerterweise war *mens rea* in Cokes Bericht des Falles Oldcastle nicht, wie oft argumentiert wird, notwendig zur Unterscheidung von Unfall und intentionaler Handlung. Diese Unterscheidung erscheint ansatzweise bereits in einer Reihe historischer Rechtsverfassungen vor dem englischen Common Law, ohne allerdings dabei schon in einer systematischen Doktrin von *mens rea* verdichtet zu sein.[62] Man könnte daraus nun folgern, dass diese frühen Rechtskulturen bereits eine Ahnung des *mens rea* hatten und ihnen nur ein Wort oder Begriff dafür fehlte. Allerdings könnte man stattdessen mit guten Gründen auch argumentieren, dass diese Unterscheidung (zwischen Unfall und intentionaler Handlung) überhaupt nicht auf *mens rea* angewiesen ist.[63] Es scheint durchaus

62 Albert Lévitt, »The Origins of the Doctrine of Mens Rea«.

63 Dies scheint in der Tat das Ergebnis der Auflistungen von Albert Lévitt zu sein. In Bezug auf die *Lex Cornelia de Sicariis et Beneficiis* hebt er etwa hervor: »In der

möglich, einen schlicht auf Handlung gestützten Begriff von Unfall und zielgerichteter Tat zu haben, der sich nicht auf Mutmaßungen über ein Bewusstsein (mens) stützt. Handlungen wohnt ihre Zielgerichtetheit inne. Diese Zielgerichtetheit (beziehungsweise das Bewusstsein der Handlung) ist kein äußeres Zusatzkriterium (wie die Trennung von objektivem und subjektivem Tatbestand fälschlich suggeriert), sondern Teil des objektiven Tatbestands.

Diesem Verständnis nach leitet sich *mens rea* rein aus der Handlung ab und ist mithin ein Aspekt einer jeden mit Bewusstsein ausgeführten Tat. Insofern muss über *mens rea* eigentlich selten ein Wort verloren werden, da man im Normalfall annehmen kann, dass jemand weiß, welche Handlung er unmittelbar ausführt. Nur Ausnahmen wie das Schlafwandeln müssen dann verhandelt werden. *Mens rea* steckt dann in einem derartigen Maße in der Tat, dass man ihn nur künstlich von der Tat als eine Art Handlungsbewusstsein destillieren kann. Anders gesagt: Eine zielgerichtete Tat würde dann wie die andere Seite einer Münze als subjektiver Tatbestand unmittelbar eine bestimmte Form des Schuldbewusstseins implizieren. Dieses ist damit aber zum Feststellen der Strafe nebensächlich, da es ja bereits aus der Tat folgt. Die Schwierigkeit liegt schlicht darin, die Tat genau zu bestimmen.

Dies können wir anhand des Beispiels von Richter Holmes illustrieren, der seinen armen Hund hoffentlich nicht zu oft malträtiert hat. Der Unterschied zwischen dem strafenden Tritt des Hundes und dem unabsichtlichen Treten ist weniger im *mens rea* zu suchen als schlicht in der ausgeführten Handlung. Einmal war die (objektive und subjektive) Tat »den Hund treten« und ein anderes Mal dagegen »einen Sprung machen, wobei der Hund getreten wird«. (Fast) jede Tat ist zielgerichtet, allerdings stellt sich die Frage, was genau die zielgerichtete Tat war. Ungenaue Bestimmungen der Tat führen zu dieser und ähnlichen Verwirrungen. Man denke etwa daran, wie bei manchen fahrlässigen Handlungen juristisch argumentiert wird, dass die zielgerichtete Tat in einer früheren Tat bestanden haben könnte, wie zum Beispiel dem absichtlichen und bewussten Betrinken.

Lex Cornelia de Sicariis et Beneficiis ist der Gegenstand des Rechts der Mord, und die Grade von Totschlag und Morden hängen von der Absicht des Täters ab. Aber die Absicht wird von den Umständen des Tötens angezeigt.« Albert Lévitt, »The Origins of the Doctrine of Mens Rea«, S. 118.

Unter der Bedingung, dass Handlungen genau beschrieben werden *können*, erübrigt sich die Feststellung eines *mens rea*, insofern das Bewusstsein und die Intention der Handlung je eingeschrieben sind. Die Artikulation von *mens rea* wäre dann nur eine andere, unpräzise Schreibweise dieses Verhalts. An dieser Verwendung von *mens rea* ist nicht viel auszusetzen, außer dass sie leicht ungenau und redundant ist. *Mens rea* oder der subjektive Tatbestand wäre schlicht Eigenschaft der Handlung selbst und kein Zusatzmerkmal.

Trotzdem gibt es hier eine Komplikation, nämlich eben die Komplikation, der dieses Buch gewidmet ist. Während der Fall, ob jemand den Hund zielgerichtet tritt oder nicht, durch den subjektiven Tatbestand zu klären ist, gilt dies nicht für Intentionen, die ein und derselben Tat ohne Widerspruch unterstellt werden können. Es können nämlich weitere Intentionen unterstellt werden, von denen nicht ganz sicher ist, ob sie eine Handlung adäquat abbilden, die aber eben deshalb als ihre »Beschreibungen« (Anscombe) beziehungsweise in der Sprache dieses Buches als »Kontext« auftreten können. Anscombes Beispiel ist ein Mann, der vergiftetes Wasser in ein Haus pumpt, dadurch den Wasserspeicher des Hauses füllt, um den Weltfrieden durch das Vergiften der dort befindlichen Politiker zu befördern.[64] »Intentionen« treten hier auf verschiedenen Ebenen auf, angefangen von dem rhythmischen Heben und Senken des Armes bis zur Beförderung des Weltfriedens. Ansombe argumentiert hier, dass jede der unterschiedlichen Intentionen gleichermaßen *eine* Beschreibung ausmacht. Einen Bruch attestiert sie nur zwischen den direkten Zielen und den nicht mehr unmittelbar erreichbaren Zwecken, wie der Beförderung des Weltfriedens, da man von Letzterem nicht mehr adäquat sagen könne, dass der Mann *jetzt in dieser Tat* den Weltfrieden befördere. Anscombe betont vor allem, dass jede Intention zunächst erst einmal nichts ist als eine Beschreibung unter anderen und damit auch jede Handlung nur eine Handlung *unter einer Beschreibung* ist. Auch der Richter Holmes, der dem Hund einen Tritt versetzt, kann damit einen anderen Zweck verfolgen, etwa, dass dieser aufhört, den Briefträger zu beißen. Insofern kann seine Tat korrekt beschrieben werden als Treten des Hundes oder als Befreien des Briefträgers. Damit hat man schon einmal zwei subjektive Tatbestände.

64 G. E. M. Anscombe, *Absicht*; siehe auch Kapitel 3, Abschnitt 4.

Diese Komplikation ist derart grundsätzlich, dass deutlich wird, dass der so genannte subjektive Tatbestand (*mens rea*) Produkt einer Selektion ist und in seiner Selektivität bereits an Fiktion grenzt. Angemessener wäre es entsprechend, je von »einem« von vielen subjektiven Tatbeständen zur Tat zu sprechen. Ein solcher Plural des subjektiven Tatbestands wäre für Strafrechtler, die einen Fall zu entscheiden haben, voraussichtlich inakzeptabel. Daher halten sie an der Fiktion des alleingültigen subjektiven Tatbestands fest. Entsprechend koppeln sie den subjektiven Tatbestand von den möglichen Kontexten ab, verobjektivieren und entdialogisieren ihn. (Diese Entdialogisierung ist, wie wir bald sehen werden, ein *mens rea* stets begleitender Effekt.)

Angemerkt sei hier nur kurz, dass Anscombe einen Fingerzeig gibt, wie Strafrechtler sich innerhalb der sich überlagernden Intentionen (den subjektiven Tatbeständen) orientieren könnten. Strafrechtler könnten nämlich auf die Intention abstellen, die die meisten anderen Intentionen (wie das Armheben und Pumpen) gleichsam als innere Ringe einschließt, ohne zugleich die Grenze zu überschreiten oder den Bruch zu den Intentionen hin zu vollziehen, von denen nicht mehr gesagt werden kann, dass sie durch die Tat direkt umgesetzt werden. Im Falle des Wasserpumpers wäre die plausibelste Intention und der beste Kontext dann das Vergiften der Politiker (welches das rhythmische Heben des Armes und das Auffüllen des Wasserspeichers einschließt), aber eben noch nicht der Weltfrieden. (Selbst wenn dem Wasserpumper das Vergiften egal ist und er schlicht seinen Lohn für die Arbeit will, so wird man dennoch auf das Vergiften als Kontext oder Intention abstellen, nur eben in einem anderen Modus wie dem der Fahrlässigkeit.)

Anscombes Argumentation ist aus Sicht dieses Buches nur eines hinzuzufügen. Für Anscombe existieren die unterschiedlichen Beschreibungen allein deswegen schon, da sie sprachlich möglich sind. Die Frage, wer wann und warum eine neue Beschreibung sucht, spielt da keine Rolle. Hier möchte das vorliegende Buch ergänzen, dass es erst die Situation des Dialogs und vor allem des Wechsels von Anklage und Entgegnung ist, die zur Erfindung oder zum Aufdecken anderer Beschreibungen den Anlass gibt. Nur wenn dem Wasserpumper der Mord vorgeworfen wird, sieht er sich dazu veranlasst, zu betonen, dass seine Tat nur das Wasserpumpen war. Erst die Anklage schafft die Not, die zu einer anderen Beschreibung, zum Auftun eines anderen Kontexts veranlasst. Narrationen werden gesponnen, wenn sie eine Funktion haben.

Kurz: Die Hoffnung, dass man *mens rea* vollständig auf einen der Handlung innewohnenden Aspekt reduzieren kann, hat sich nicht erfüllt. Handlungen sind vieldeutig, und diese Vieldeutigkeit ist mit *mens rea* verbunden. Die Frage ist nun aber, ob wir ausgehend vom *mens rea* für Eindeutigkeit sorgen können. Dies führt uns zum zweiten Begriff.

Zu 2) Mens rea *als psychologische Instanz*

Wie wir oben bemerkt haben, gesteht Edward Coke den Helfern von Oldcastle zu, dass die Todesangst sie zu intentionalen Handlungen gegen ihr besseres moralisches Wissen getrieben hat. Coke selbst bezeichnet diese affektive Beeinträchtigung durch Todesangst selbst noch nicht als *mens* (oder *mens rea*), sondern beobachtet sie schlicht als Störung des mentalen Gefüges des Handelnden. Die Schlussfolgerung, die Coke damit nahelegt, ist, dass ein starker Affekt wie die Todesangst ein eigentliches Bewusstsein (*mens*) entweder ausschließt oder verhindert, dass sich das Bewusstsein (*mens*) in ihm entsprechenden Handlungen (Tatbestand) ausdrückt. Damit unterstellt er einen psychischen Mechanismus, der von außen nicht mehr einsehbar ist. Die Psyche beginnt hier wie eine Black Box zu funktionieren, in der zentrale Dinge passieren, die dem Blick entzogen sind. Die Bedrohung operiert als Input, der einen Output bewirkt, der nicht mehr vom Bewusstsein gesteuert wird. Das moralische Bewusstsein (mens) ist also nur noch ein Teilsystem eines größeren psychischen Systems. Selbst wenn Coke in diesem Falle noch einen klaren faktischen äußeren Input identifiziert (die Todesangst), wird damit die Möglichkeit eröffnet, dass andere Mechanismen undurchsichtiger verfahren und unklare Stimuli haben. Dieselbe Tat kann mit unterschiedlichen emotionalen und rationalen Bewusstseinszuständen (mens) ausgeführt werden. Und je nach Bewusstsein muss dann über die Schuld geurteilt werden. *Mens rea* wird zur eigenständigen Größe, die unabhängig von Handlungen und dem Tatbestand besteht und berücksichtigt werden muss.

Hier nun schlägt die Hierarchie der Verwendung von *mens rea* von einer impliziten Steuerung der Handlungen, die aus den Handlungen selbst abgelesen werden können (Konzeption 1), um zu einem unabhängigen Motor, dessen Befindlichkeit nicht mehr in einem eindeutigen Verhältnis zu den Taten (und Äußerungen) des Individuums steht. Nun sind plötzlich wie im amerikanischen Strafrecht viele Formen und diverse Abstufungen von *mens rea* zu unterscheiden. Wie dieser *mens rea* dann wiederum von außen festgestellt werden soll, ist weder juristisch noch pragmatisch klar bestimmbar. Bisher gibt es anscheinend kein auch nur halbwegs sicheres Verfahren, mittels Gehirnstrommessungen (etwa fMRI) ein Schuldbewusstsein ausfindig zu machen. Auch verlässliche »Lügendetektoren« gibt es bisher, entgegen allen populären Darstellungen, nicht, was allerdings nicht ausschließt, dass es welche geben könnte.

Es kann dann nicht mehr verwundern, dass die Ausreden hier eine große Produktivität entfalten. Wenn *mens rea* einerseits die Voraussetzung von Schuld sein soll (*actus non facit reum, nisi mens rea*) und andererseits aber nicht mehr mit Gewissheit einsehbar oder ableitbar ist, bewegen sich die Juristen in einem ungesicherten Gebiet. Anscheinend hat sie dies nicht gehindert, den *mens rea* je nach der Partei, die sie vertreten, als konkrete Größe zu verhandeln. Michel Foucault hat bekanntlich hervorgehoben, in welchem Maß sich das moderne (französische) Recht ab Mitte des achtzehnten Jahrhunderts zunehmend in den Bereich der Psychologie gewagt hat, so dass Richter auf fachfremdes Wissen angewiesen sind.[65] Der Kläger wünscht sich, die Schuld des Angeklagten an etwas festzumachen, und dies kann in der komplexen Welt der Neuzeit seit dem siebzehnten Jahrhundert nur der Geist oder die Psyche sein, in dem oder der sich die unterschiedlichen Zustände abzeichnen. Coke war einer der Wegbereiter dieses Verständnisses.

Und wie kaum eine andere Größe eignet sich die Black Box der Psyche zur Anlegung der unterschiedlichsten Kontexte und mithin zur Generierung der vielfältigsten Narrationen. Wer sich verteidigen oder rausreden will, wird diese Größe dankbar aufgenommen haben, da sich hier viele interessante Schlupflöcher darbieten. Entsprechend kann man vermuten, dass *mens rea* einer der Spielsteine ist, den beide Kontrahenten im Spiel von Anklage und Verteidigung, Anklage und Ausrede froh entgegengenommen haben, da sie vermuteten, ihn zu ihren Gunsten einsetzen zu können. Notwendig zur Findung von strafrechtlichen Entscheidungen ist er eigentlich nicht.

65 Michel Foucault, *Überwachen und Strafen*.

Zur Vervielfältigung der narrativen Techniken im Recht dagegen stellt der (psychologisch verortete) *mens rea* einen Geniestreich dar. Millionen von Anwälten konnten so ihr Brot verdienen, nicht weil das Recht für Laien so schwer zu verstehen ist, sondern weil die narrative Suggestion von Bewusstseinszuständen eine Kunst ist. Insofern kann strukturell angenommen werden, dass es im Interesse der bezahlten Advokaten sein muss, außerjuristische Komplikationen auszubeuten. Kurz: Die Annahme eines *mens rea* als einer unabhängigen psychischen Größe bleibt Spielball rhetorischer Strategien der Persuasion. Da man diese psychische Größe nur kontextuell (und seien diese Kontexte Hirnströme) ermitteln beziehungsweise behaupten kann, werden Manipulationen und Irrtümer geradezu eingeladen. Das heißt, wir können *mens rea* wohl schlicht weder in der Tat selbst (Konzeption 1) noch in einer autonomen psychischen Instanz (Konzeption 2) verorten. Das Ganze wird vertrackt.

Zu 3) Mens rea *als juristische Beurteilungsgröße*

Mens rea wird im englischen wie deutschen Recht gerne benutzt, um diffizilere Bewusstseinszustände wie eben das Bewusstsein eines Erpressten, Bedrohten oder Angestifteten, zum Beispiel im Fall Oldcastle, zu verhandeln. Und entsprechend steht dort meist nicht die radikale qualitative Frage zur Diskussion, ob *mens rea* vorliegt oder nicht, sondern die Frage der quantitativen Abstufung, in welchem Maße sie vorliegt.

> Die mens rea eines Straftäters drückt seine oder ihre Einstellung zu den Rechten und Interessen der Mitbürger aus. Verschiedene strafwürdige mentale Zustände rechtfertigen ein verschiedenes Maß von Strafe [...]. Ohne mens rea wäre gar kein Vorwurf und keine Strafe gerechtfertigt, zumindest für zentrale Verbrechen.[66]

Hier geht es nicht mehr schlicht um die Frage der Intention, sondern des Ausmaßes des juristisch mit Schuldhaftigkeit verbundenen Willens.[67] Um das Ausmaß dieser Schuldhaftigkeit zu

66 Stephen J. Morse und Morris B. Hoffman, »Uneasy Entente between Legal Insanity and Mens Rea: Beyond Clark v. Arizona«, in: *Journal of Criminal Law und Criminology* 97.4 (2007), S. 1071-1149, S. 1114.

67 Das deutsche Strafrecht erörtert die Schuld außerhalb des subjektiven Tatbe-

bestimmen, wird dabei auf eine juristisch vorab definierte Tabelle der Rechtsmissachtung verwiesen. Einer jeden Rechtsmissachtung wird dann ein bestimmter *mens rea* zugewiesen. Ähnlich wie in der ersten Bestimmung von *mens rea* als subjektivem Tatbestand wird also von einem vorab feststehenden Sachverhalt schlicht attributiv auf einen Bewusstseinszustand geschlossen. Während dieser Sachverhalt in der ersten Bestimmung im Tatbestand gegeben war (wobei sich diese Bestimmung dann als schlüpfrig erwiesen hat), steht nun die juristische Bewertung, wie eine Handlung einzuschätzen sei, vorab fest. Entsprechend gilt auch für diesen Fall der Verwendung von *mens rea*, dass er eher ein nebensächliches Zwischenglied in der Argumentation eines Falles ausmacht. Allerdings ist es natürlich so, dass Ankläger und Verteidiger über die Fiktion des *mens rea* und über die besondere Gefährlichkeit oder Ungefährlichkeit eines Angeklagten spekulieren können.

Diese Definition kann fraglos als die juristischste gelten, insofern sie weder von einer Handlungstheorie noch von der Psyche ausgeht, sondern gewissermaßen retrospektiv anhand einer Tabelle abliest, was wie zu ahnden ist, und dabei den *mens rea* als Ergebnis und nicht Anlass des Schuldspruchs setzt. Im deutschen Strafrecht wird dieser Aspekt des *mens rea* (anders als im angelsächsischen Recht) denn auch nicht als subjektiver Tatbestand, sondern als Teil des Schuldbegriffs verhandelt.

Kurz: So sehr sich diese Art der juristischen Definition auch der Kritik der beiden anderen Definitionen des *mens rea* entzieht, so sehr besteht sie eben nur in dem *Kontext* eines spezifischen Rechtssystems. *Mens rea* wird nun in einem sehr erheblichen Maße aus den Dingen, Akten und mentalen Zuständen abgezogen und zur Sache schwankender Definitionen erklärt.

Jede dieser drei Verwendungen des Begriffs *mens rea* ist problematisch. Die erste Verwendung (als subjektiv-intentionaler Aspekt einer Handlung) ist redundant und zudem ungenau. Seine Funktion ist weitgehend rhetorisch, einer Handlung ein imaginäres sachliches Korrelat in einem Bewusstsein zu verleihen. Die zweite

stands als eigenständige Kategorie nach Untersuchung der Rechtfertigungsgründe und dem Tatbestand. Insofern muss die Kategorie des *mens rea* im Deutschen mit dem subjektiven Tatbestand *und* Aspekten des Schuldbegriffs verglichen werden. Dies sei nur kurz angemerkt, da für den vorliegenden Zusammenhang die Nähe von *mens rea* und subjektivem Tatbestand ausreichend ist.

führt zu Spekulationen über eine psychische Apparatur, die bisweilen versagt und die außerhalb des juristisch Ermittelbaren liegt. Und die dritte kommt, ähnlich wie die erste, ohne eine eigentliche Erörterung des Angeklagten aus, hat dafür aber den Vorzug, in juristischen Kategorien begründet zu sein.

Da diese drei Begriffe aber meist nicht scharf abgegrenzt erscheinen, liegt es nahe zu vermuten, dass es regelmäßig zum Umschlag von einer Verortung in die andere und von einer rhetorischen Verwendung in die andere kommt. So kann in einer Argumentation aus dem rein impliziten *mens rea* der Intention (1) schnell ein psychischer Zustand (2) werden, von dem ausgehend auf das juristisch relevante böse Bewusstsein (3) geschlossen wird. Die Manipulierbarkeit ist dem *mens rea* eingeschrieben, eben weil er anscheinend alle drei Definitionen umfasst.

Für uns ist dabei vor allem interessant, wie jede der drei Formen des *mens rea* als subjektiv-intentionaler Aspekt der Tat (Konzeption 1), als psychische Black Box (Konzeption 2) und als juristischer Katalog (Konzeption 3) Produkt einer Entdialogisierung (Waldenfels) der Anklage und der Verteidigung darstellt. Wenn die Erfindung des *mens rea* so zunächst ein Schachzug der Anklage gewesen sein könnte, der die Entdialogisierung der Anklagesituation beförderte, als gelte die Anklage »objektiv« dem bösen Bewusstsein, so kann nun auch die Verteidigung in den neuen Instanzen reiches Material finden.

Im Fall des subjektiven Tatbestands (Konzeption 1) kann eine geschickte Verteidigung den der Tat angeblich innewohnenden subjektiven Tatbestand durch andere Kontexte beziehungsweise Intentionen verschieben. Im Fall der Ausdifferenzierung des inneren Selbst, der Psyche und des Ich (Konzeption 2) findet sich vielschichtiges Material, die Psyche in eine andere Narration zu verwickeln als die von der Anklage imaginierte. Und selbst im Fall der Verortung eines Strafbestands im Rechtskatalog gibt es ja durchaus immer wieder Schlupflöcher. Das Spektrum möglicher Ausreden ist größer geworden.

Die Aufwertung von *mens rea* zielt in allen drei Fällen auf eine Auskoppelung aus der Situation der Anklage und des Streites von Anklage und Verteidigung, insofern die Anklage die Schuld des Angeklagten an einer messbaren Instanz festmachen will (sei es also der die Tat begleitende subjektive Tatbestand, die Psyche mit bösem Wollen oder der juristisch unbestreitbare Katalog an Straftaten). *Mens rea soll* mithin unabhängig vom Kontext bestehen. Doch ebendieses Ziel macht den *mens rea* zur leichten Beute von Kontextualisierungen, denen es gelingt, sich als Kontexte verborgen zu halten. So hatten wir mit der Hilfe von Anscombe gesehen, wie scheinbar einfache Tatbeschreibungen einer Vielfalt an Beschreibungen und Kontextualisierungen weichen. Und wir hatten bemerkt, dass eben die Setzung eines *mens rea* als autonome psychische Größe ironischerweise besonders anfällig für persuasive Suggestionen ist.

In den Definitionen und Festschreibungen des *mens rea* zeigt sich vor allem die situationsgebundene Kontextabhängigkeit dessen, was da *mens rea* genannt wird. *Mens rea* fungiert als der juristische Antipode zur Ausrede, kann dies aber nur, wenn es seinerseits unter der Hand das Spiel der Ausrede spielt. Ähnlich wie wir es oben für das Gewissen getan haben, sollte daher statt von einem *mens rea* wohl von einer situationsabhängigen Beschreibung gesprochen werden, die aus der Situation eines Dialogs entspringt.

Was aber hilft einem Strafrechtler diese wunderschöne Einsicht, dass der *mens rea* nur ein schwankender Begriff ist, auf den er das Gebäude seiner Argumentation lieber nicht aufbauen sollte? Gibt es eine Alternative oder muss der Begriff des *mens rea* als Fiktion weitergeführt werden, um Straftäter zu erkennen und zu verurteilen? Mein vielleicht allzu naiver Vorschlag lautet an dieser Stelle nur, dass statt eines irgendwie positivierten *mens rea* umgekehrt negativ argumentiert werden sollte. Statt einem Delinquenten *mens rea* zu unterstellen, sollte die Abwesenheit von Fürsorge für Mitmenschen nachgewiesen werden. Denn ebendiese Abwesenheit von Fürsorge drückt sich in den vom Strafrecht geahndeten Handlungen aus (vom körperlichen Delikt bis zu fahrlässigen Taten und Taten durch Unterlassung). Und anders als dem *mens rea* bleibt der Fürsorge stets ein zwischenmenschliches Element eingeschrieben, ein Offensein für den anderen, welches wir unter dem Stichwort des Dialogischen verhandeln.

8. Von der Ausrede zur »Gerechtigkeit«

Die Ausrede hat keinen guten Ruf. Es ist anzunehmen, dass sie in den meisten rechtswissenschaftlichen Kontexten nur als ein Problem der Praxis erscheint, in der man sich mit unehrlichen Menschen auseinanderzusetzen hat. Im angelsächsischen Raum hat die Ausrede es nur insofern besser, da sie namensgleich mit der Entschuldigung fungiert und insofern mittels ihres Namensvetters also in den Entschuldigungsgründen (*excusing circumstances*) im Strafrecht durchaus Legitimität hat. Auch das oben hervorgebrachte Argument, dass Ausreden kreativ seien, wird einen Juristen eher irritieren. Kreativität ist das Letzte, was er sich vor Gericht wünscht. Dennoch führt von den Ausreden ein Weg zu einer bestimmten Idee der »Gerechtigkeit«. Hier kommen wir nun zur zweiten Wirkung des Paktes der Verantwortung.

Zu dieser Überlegung gelangen wir in einem Dreischritt, schlicht indem wir die oben angestellten Gedanken zusammenfassen.

1. Verantwortung leitet sich aus dem Pakt von Anklage und Entgegnung ab.
2. Auf die Ansprache oder Anklage hin gibt es eine (im Pakt vertraglich gesicherte) Pflicht zur Antwort.
3. Jede menschliche Handlung kann in verschiedener Art und Weise dargestellt werden. Handlungen sind als Handlungen das Ergebnis von Beschreibungen. Die menschlichen Taten, Intentionen und Motivationen sind strukturell vielversional.

Wer auf diese drei Postulate vertrauend sich zu legitimieren versucht, kann hoffen, *dass er gehört wird*, dass seine Rede Antwort findet, dass ihm Gerechtigkeit zuteilwird. Die Hoffnung auf Gerechtigkeit ist das Korrelat einer unendlichen Rede- und Antwortsituation, die zwar nicht zu einem Abschluss kommen muss, in ihrem Fortwähren aber den Einzelnen zum Träger seiner Stimme erklärt. Zu dieser These gelangen wir, indem wir uns mittels einiger Anmerkungen an den drei Postulaten entlanghangeln.

1. Der erste Schritt, der uns zu dieser »Gerechtigkeit« führt, besteht in dem skizzierten Pakt des Sich-Verantwortens, der im Zentrum dieses Kapitels steht. Nur aufgrund dieses Pakts halten

die Kontrahenten inne und verfeinern ihre Argumente. Basis dieses Pakts ist dabei die Technik der Affektverschiebung durch den Ankläger. Dies wurde bereits hinreichend erörtert.

2. Auch der zweite Schritt der Pflicht zur Antwort wurde bereits vorgestellt und ergibt sich unmittelbar aus dem ersten. Dieser Schritt folgt aus der Soziologie der Verantwortung, die auch einen Herrschenden als Empfänger von Gesuchen in die Pflicht nimmt. Wer angesprochen wird, sei es als Herrscher von einem Bittsteller, sei es als Angeklagter, steht in der Pflicht, sich der Anrede zu stellen und zu antworten. Wie er dann antwortet, ist natürlich ihm überlassen. Dass ein Angeklagter dabei versuchen wird, sich ins beste Licht zu rücken, vor allem wenn er einer Untat beschuldigt wird, ist selbstredend.
3. Hier schließt wieder der dritte Schritt an. Das Postulat lautet, dass jede Handlung eines Wesens, dem wir Bewusstsein unterstellen,[68] auf mehr als eine Art und Weise zutreffend beschrieben werden kann. Zu fragen ist dabei, welche Qualität des Bewusstseins diese Vielversionalität zulässt. Anscheinend ist das, was wir Bewusstsein nennen, seinerseits nicht auf eine Art und Weise organisiert, dass es schlicht auf eine jeweilige Intention beziehungsweise auf einen Kontext hin festgenagelt werden kann (so wichtig das auch für das Strafrecht wäre). Vielmehr scheint auch das Bewusstsein von der Struktur der vielen Möglichkeiten geprägt zu sein. Intention ist kein schlicht dekodierbarer Syllogismus, sondern umfasst vielmehr all das, was als Intention unterstellt werden kann.[69] Jede Ausrede profitiert von dieser Ungewissheit. Dies hatten wir schon unter den Stichwörtern Vielversionalität, Rechtfertigung, Intention und Kontext verhandelt. Wir können hier schlicht die Thesen der voraufgegangenen Kapitel rekapitulieren, da sie die Fäden aus den drei voraufgegangenen Kapiteln aufnehmen und bündeln.

Mit der Ausrede tritt hervor, dass es keine neutrale Beschreibung eines Sachverhalts gibt, da die Ausrede eine zweite »Beschreibung« des Sachverhalts leistet, die parallel zur ersten besteht. Dies ist kein

68 Siehe oben, Kapitel 1, Abschnitt 10.

69 Zur Struktur des solcherart verfassten Bewusstseins von Intention siehe Colin Allen und Marc Bekhoff, *Species of Mind*, S. 87-114; sowie G. E. M. Anscombe, *Absicht*.

theoretisches Konstrukt, sondern auch bei den basalsten Handlungsbeschreibungen entscheidend. Es gibt keine menschliche Handlung, die nicht anders beschrieben und damit auch juristisch anders verortet werden könnte, wenn entsprechende Umstände vorliegen oder schlicht angelegt werden. Diese zweite Beschreibung durch die Ausrede – die dabei aufdeckt, dass bereits die »erste« Beschreibung nur eben dies war, eine Beschreibung – erfolgt durch das Anlegen eines Kontexts (beziehungsweise durch die Unterstellung einer Intention). Wie bereits vorgeschlagen wurde (Kapitel 1, Abschnitt 8), sind Ausreden eigentlich kontexterzeugende Sprechakte.

So versucht Adam ja, einen Kontext für seine Tat vorzuschlagen, der seine Verwicklung in die von Gott verbotene Tat minimiert. Eva war's. Sie hat ihm gesagt, er solle es tun. Der vorgeschlagene Kontext ist der einer Anstiftung. Nun wird man sich fragen, ob dieser Kontext seine Handlung derartig verändert, dass Adam rechtmäßig gehandelt hat und dass er gerechtfertigt war. Dies könnte der Fall sein, wenn man sagt, er habe ja nicht eigentlich einen Apfel gegessen. Seine Handlung war vielmehr, auf Eva zu hören. Wenn man dagegen sagt, nein, seine eigentliche Tat war es, den Apfel zu essen, und er hat es im Vollbesitz seiner geistigen Kräfte und im Wissen des Verbots getan, dann tritt der Kontext der Anstiftung in den Hintergrund. Die Ausrede war dann, wie im Falle von Adam, nicht erfolgreich. (So sieht es ja auch das deutsche Strafrecht, welches Anstiftung nicht als Rechtfertigungsgrund anerkennt. Dass dabei schwierige entwicklungspsychologische Fragen ausgeklammert werden, sei zumindest kurz angemerkt.)

Zu vielen verwerflichen Tatbeständen gibt es Rechtfertigungsgründe, die die Rechtswidrigkeit von vorneherein widerlegen.[70] Das bereits genannte Beispiel war das Töten in Notwehr. Wer in Notwehr handelt und dabei einen anderen Menschen tötet, mordet nicht. Er verteidigt sich. Das heißt, bereits die Beschreibung, ob er tötet oder sich verteidigt, stellt die Tat je in einen anderen Kontext,

70 Diese Nomenklatur orientiert sich an dem dreigliedrigen Verbrechensbegriff. Dieser wird dem Strafgesetz heute meist zugrunde gelegt und damit die Abwesenheit von Rechtfertigungsgründen *innerhalb* des Verbrechensbegriffes verhandelt. Einfacher gesagt, wenn ein Rechtfertigungsgrund vorliegt, gibt es von vorneherein kein Verbrechen. Anders fungieren die Entschuldigungsgründe, die bei Vorliegen eines Verbrechens mildernde Umstände geltend machen können.

bewertet sie verschieden und macht sie entsprechend zu einer anderen Tat. Insofern ist die erste Funktion der Ausrede, intellektuelle Unruhe zu stiften und den Dialog von Anklage und Verteidigung nicht zu einem schnellen Ende kommen zu lassen. Selbst die einfachen Handlungsworte wie Totschlagen oder Morden sind nicht neutral, sind keine schlichten Beschreibungen. Und so zwingt die Ausrede dazu, sich über die eigene Sprache im Klaren zu werden und über zahlreiche Unterscheidungen nachzudenken.

In den Strafgesetzbüchern ist dies geschehen. Dort sind vielfache Unterscheidungen getroffen und Definitionen vorgebracht worden. So wird etwa zwischen Mord und Totschlag unterschieden. Man darf aber auch hier nicht vergessen, wie diverse Delikte und Sachverhalte über die Jahrhunderte hinweg zahlreichen Wandlungen unterlagen und höchstwahrscheinlich weiterhin unterliegen werden. Eine Wandlung kann dann erfolgen, wenn ein neuer Kontext gefunden wird, von dem angenommen werden kann, dass er nicht von außen an die Handlung herankommt, sondern unmittelbar zu ihr dazugehört so wie die Selbstverteidigung, die die ganze Handlung des Tötens verändert und zu einer anderen Handlung umformt (nämlich das Sich-Verteidigen, das Töten-in-Notwehr).

Die Frage, die mit einer jeden Ausrede des zweiten Typus (»Ja, ich habe es getan, aber ich durfte es«) entsteht, ist also, ob der in der Ausrede angelegte Kontext (Selbstverteidigung, Anstiftung, Angst vor Erpressung, Zwang, Todesangst, Suggestion etc.) unmittelbarer Teil der Tat ist oder nicht. Wenn man dies verneint und den Kontext also als sekundär bewertet, ist die Ausrede nicht oder nur teilweise erfolgreich.

Diese Unterscheidung von Tat und Kontext ist keine empirisch-sachliche, sondern Produkt einer Selektion. Es ist eben nicht so, dass ein »von außen« kommender Kontext in der Ausrede schlicht besonders dicht an das eigentliche Ding, die Tat, angepasst wird, wie etwa eine Verpackung an den Inhalt. Vielmehr prägt der Kontext die Tat bereits »von innen« und macht sie zu dem, was sie ist. Die Grenzziehung zwischen Tat und Kontext ist in dem Maße ein Eingriff, in dem der Kontext extrapoliert wird und nicht schlicht wie eine äußere Hülle abgestreift wird. Nach der Extrapolation ist die Tat eine andere, ohne dass klar definiert werden kann, inwiefern. Erst wenn ein neuer Kontext gefunden ist, der vielleicht aus der Tat selbst geschöpft wurde, können beide Versionen der Relation von Tat und Kontext miteinander verglichen werden.

Eindrucksvoll hat die christliche Bildkunst dieses Verhältnis wiedergegeben. In der Darstellung Michelangelos in der Sixtinischen Kapelle wird die Schlange Mensch, umwickelt den Baum mit ihrem menschlichen Fleisch und beginnt, den Arm der Eva ebenso zu ergreifen, um die Differenz zwischen sich und den Handelnden zu verwischen. Eva ist damit das Bindeglied zwischen Adam und Schlange. Mit der Schlange wird sie durch den ausgestreckten Arm eins. Für Adam ist sie bereits ein Standbein. Denn sein Bein ist nicht zu sehen und stattdessen ist sie der weiche Grund seiner Begründung, dass es nicht seine Schuld sei. Wo sind hier die Grenzen zwischen Täter, Beihelfern, Verführern und schuldigen Dritten zu ziehen? Es zeigt sich, dass es eine zu einfache Vorstellung wäre, den Verführer, den Kontext, schlicht als ein unabhängiges Wesen zu sehen, dass mühelos von Täter und Tat zu trennen ist. Vielmehr kann zwischen Tat und Kontext nur durch den Akt einer Definition unterschieden werden, weil sie *vielleicht* eins sind, *vielleicht* aus einem Fleisch und Blut. Eben dies zeigt das Bild Michelangelos: Die Schlange ist *vielleicht* nicht Kontext, sondern ist selbst Mensch.

Das Bild ist hier aus der Position *vor* dem Urteil gemalt, so wie die Ausrede ihre Kraft stets *vor* dem Moment des Urteils und der Entscheidung hat. In diesem Moment ist alles noch unentschieden. *Nach* dem Urteil dagegen, *nach* dem Einspruch Gottes ist alles entschieden. Die Schlange wird verwiesen, wird als falscher Kontext abgeschüttelt. Adam steht mit seiner Tat allein da und erhält ebenfalls seine Strafe (wie es die nächste Szene in dem Bild des Michelangelo rechts von dem Baum der Erkenntnis zeigt). Eva rechtfertigt ihn nicht. Sie muss sich ihrerseits ebenfalls einer Strafe stellen.

Überall wo es Ausreden, Kontexte, Intentionen und unterschiedliche Narrationen gibt, muss unterschieden und entschieden werden. Dies gilt vor allem auch für die Szene des Rechts. In einer Szene von Anklage und Entgegnung sind Ausreden keine Ausnahme, sondern die Regel, ja strukturell notwendig, da ja Selektionen zu treffen sind. Zwischen Anklage und Verteidigung, Beschuldigung und Entgegnung werden mit einer an Sicherheit grenzenden Wahrscheinlichkeit regelmäßig divergierende Versionen eines Sachverhalts erzeugt, so dass man sagen könnte, Ausreden seien struktureller Teil des beschuldigenden und rechtfertigenden Dialogs. Die

Versionen der Verteidigung, die Ausreden und Rechtfertigungen werden dabei in der Regel eine Version auffinden, die die eigentlich treibende Kraft für eine Tat außerhalb des Angeklagten verorten. Dies kann durch unmittelbare Kausalketten erfolgen (»Ich habe den Apfel gepflückt, um ihn einem Hungernden zu geben«), durch mittelbare Kausalketten wie in der Selbstverteidigung (»Ich habe ihn getötet, aber nur weil er mich angegriffen hat«) oder durch eher vage emotional gestimmte Assoziationen (»Mein Mandat hat unbewusste Kindheitsmuster wiederholt«).

Nun können wir die Rekapitulation beenden und die einfache Konsequenz ziehen, wie eine Vorstellung von Gerechtigkeit eben hier ihren Ursprung nehmen könnte. Hinter der antwortenden Rede (sei es eine Selbstdarstellung, eine Verteidigung, eine Rechtfertigung, eine bloße Ausrede) steht die Idee, dass der Pakt der Verantwortung (Schritt 1) Raum für eine Rede bietet, die das Individuum rechtfertigen kann (Schritt 2). Der Grenzwert dieser Rede ist die unendliche Rede, die jeden Einspruch und jede Widerrede ausräumt, so dass am Ende jede Handlung des Individuums als legitimierbar erscheint (Schritt 3). Und der Name für diese Hoffnung des Individuums ist Gerechtigkeit. Jeder will, dass ihm Gerechtigkeit widerfährt, das heißt auch schlicht, dass er reden darf, weiterreden kann, gehört wird und dadurch Recht bekommt.

Um dies kurz zu betonen, Gerechtigkeit scheint mir mehr als einen Ursprung zu haben.[71] Hier kann es nur darum gehen, den Weg zur Gerechtigkeit zu zeichnen, wie er sich ausgehend von der Ausrede darstellt.

Die Ursprünge dieser Gerechtigkeit, also der unendlichen Rede der Selbstlegitimierung, mögen vielleicht religiöser Natur sein, doch ihre moderne Form ist durchaus säkular, nämlich die Autobiographie. Die Autobiographie ist die Form, in der das Individuum in seinen Handlungen Legitimation und Recht sucht. In

71 Mit Jacques Derrida könnten wir überlegen, ob Gerechtigkeit stets dort als Idee geboren wird, wo Konflikte mittels Regeln vermieden beziehungsweise entschieden werden sollen. Da eine jede allgemeine Regel dem Einzelfall nicht jedes Mal gerecht wird, zudem unklar ist, wo die Grenzen einer Regel sind, stellen sich zwangsläufig Ausnahmen und Fehler ein. Diese können auch durch Regeln hinter den Regeln nie ganz ausgeglichen werden, so dass die Gerechtigkeit als ein uneinholbarer Begriff wie hinter dem Horizont erscheint, von dem aus sie ihr Licht zu uns schickt; vgl. Jacques Derrida, *Gesetzeskraft. Der »mystische Grund der Autorität«*, Frankfurt am Main 1991.

der Autobiographie kommen Ausrede und Gesuch zusammen. Es ist die verabsolutierte Rede eines Einzelnen, die aus dem Zusammenhang des Pakts der Verantwortung gerissen wird, sich aus dem Dialog abkoppelt und entdialogisiert (und also nicht mehr auf die Entgegnung des anderen wartet). Es ist die Rede des Ich, das unter dem Zwang steht, sich zu artikulieren und zu beweisen, das Ich als Ich-Zwang. Dort, wo die Strategie der Anklage in einer Entdialogisierung des »Man-darf / Man-darf-nicht« besteht und damit den Sprecher ausklammert, kontert die Verteidigung mit einer genau entgegengesetzten Form der Entdialogisierung, die den Sprecher verabsolutiert.

Weniger esoterisch und emphatisch ausgedrückt: Die Ausrede, Rechtfertigung und das Bittgesuchs – also vermutlich einige der universellsten und in kulturhistorischer Hinsicht archaischsten Redeformen – werden von der Hoffnung geleitet, dass dem Sprechenden zugestimmt wird, dass seine Darstellung und sein Anliegen als legitim anerkannt werden. Und eben hier liegt *ein* Ursprung von Gerechtigkeit, nämlich die Idee, dass jeder »das Seine erhält«, nicht weil es ihm zusteht, sondern weil er darauf Anspruch erhebt. Das Individuum kann als Ich wohl nur bestehen, weil es die Hoffnung hat, dass ihm »Gerechtigkeit« widerfährt, dass es gehört wird und dass es in seiner schlichten Selbstwahrnehmung anerkannt und seiner Selbstpräsentation geglaubt wird. Auch Adam mag ja seiner ihn entlastenden Darstellung durchaus glauben.

Dem unendlichen Sprechen der Selbstdarstellung wird ein Ort zugewiesen. Und dieser Ort ist die »Gerechtigkeit«, die nicht zwischen dem einen oder anderen entscheidet und auch verwerfliche Taten nicht aburteilt. »Gerechtigkeit« ist funktional ein Korrelat zum sich darstellenden Individuum, dem Ich, das auf seine Absolution hofft.

Der Wal, der Jona schluckt, als dieser sich dem Gesuch Gottes entziehen will, wird der antithetische Ausgangspunkt, von dem aus »Gerechtigkeit« als Idee entsteht. Gerechtigkeit beginnt dort, wo Jona anfängt zu beten und mit Gott zu sprechen, in der Hoffnung, ohne Widerrede gehört und erhört zu werden.

Kapitel 4
Ausrede und Fiktion. Elemente einer Geschichte von Literatur
(Ereignis, Tragik, Novelle)

Wenn wir nun im Folgenden das Verhältnis von Narration und Literatur diskutieren, muss vor allem eine Erwartung enttäuscht werden. Eine Narrationstheorie kann nur wenig über Literatur verraten, sei es über Literatur im Allgemeinen oder über ein einzelnes Werk. Im Gegenteil: In vielen Fällen lenkt das Augenmerk auf die so genannten narrativen Elemente von der Komplexität des Literarischen ab. Damit sollen allerdings die großartigen Lektüren mancher Narratologen nicht abgewertet werden.[1]

Interessant ist eher unsere Erwartung, dass Narration bereits an sich Literatur erklären könne. Diese Erwartung ist sicherlich ein modernes Phänomen, das sich aus mehreren Quellen speisen dürfte. Zum Ersten spielen Lyrik, Lied und Klang inzwischen eine viel geringere Rolle als zu früheren Zeiten, als die orale Dimension von Literatur Anlass von sozialen Treffen wurde und die Möglichkeit zur wortgetreuen Erinnerung auch langer Wortfolgen bot. Zum Zweiten hat die schnelle Übertragung vieler literarischer Texte ins Medium Film die Betonung der Übersetzbarkeit des Plots gesteigert, als könnten die anderen Elemente von Literatur vernachlässigt werden. Und drittens hat die Internationalisierung von Literatur das Lesen in Übersetzung zur Norm erhoben, so dass es scheinen könnte, die Wortwahl sei sekundär gegenüber dem Übersetzbaren.

Der literarische Text »ist« aber keineswegs identisch mit seiner Narration.[2] Wie etwas später argumentiert wird, wenn wir zur

1 Hierzu zähle ich Roland Barthes, *S/Z*, und James Phelan, *Experiencing Fiction. Judgements, Progressions, and the Rhetorical Theory of Narrative*, Columbus 2007.

2 Es wäre an dieser Stelle unsportlich, der Frage auszuweichen, was denn ein literarische Text »ist«, wenn nicht seine Narration. Da uns diese Frage aber zugleich von unserer Untersuchung ablenken würde, erlaube ich mir, meine Antwort auf diese Frage (und es gibt viele verschiedene Antworten auf diese Frage) in nur wenigen Sätzen anzudeuten. Meiner Ansicht nach beginnt Literatur dort, wo ein Text von seinen Lesern als unveränderbar verstanden wird. Jede Rezeption des Textes stabilisiert, trotz aller unterschiedlicher Deutungen und Wahrnehmungen

Diskussion der Tragödie gelangen, kann der literarische Text sogar in einem gewissen Maße gegen seine narrative Tendenz rebellieren.

Die folgende Überlegung stellt eine einzige Konsequenz der hier vorgestellten Narrationstheorie für die Genese und die Verfassung von Literatur dar. Diese besteht darin, dass Handlungen und Aktionen in der Literatur im Verlaufe der Lektüre zu Reaktionen umgewandelt werden.

1. Aktion als Reaktion

Erzählen beinhaltet, eine Situation in den Kontext anderer Ereignisse, Situationen und Handlungen einzubetten. Dieses Einbetten oder Einrahmen verleiht den Ereignissen und Handlungen Konsistenz. Der Kontext eines früheren Ereignisses erklärt die vorliegende Handlung, formt den spontanen Akt in eine Reaktion um. Wenn eine Handlung auf eine Situation oder ein zuvorliegendes Ereignis reagiert, damit als Ganzes zur Reaktion wird, scheint sie uns als Glied einer Abfolge »Sinn« zu ergeben, selbst wenn es sich um eine unwahrscheinliche Reaktion handelt. Diese Logik der Transformation von Aktion in Reaktion gilt nicht nur für Handlung im engen Sinne. Auch Charaktere können von dieser Logik erfasst werden, wenn gefragt wird, wie sie zu dem wurden, was sie sind. In vielen, wohl den meisten Romanen seit der Romantik wird in der einen oder anderen Art und Weise auf die Vorgeschichte der Charaktere

des Textes, eben das So-und-nicht-anders. Literatur findet ihren Anfang dort, wo dem Text eine Autorität eingeräumt wird, die es dem Leser nicht erlaubt, den Text nach Gutdünken zu manipulieren. Dies hat den Effekt, dass der Leser (Rezipient, Zuschauer) den Text stets nur wiederholen kann, also etwa Passagen auswendig lernt oder etwa die Emotionen eines Charakters identifikatorisch wiederholt durchläuft. Die Identität eines Textes umfasst dabei die Wörter ebenso wie die rhetorischen Gesten und das Handlungsgefüge. Gerade aufgrund dieser unverbrüchlichen Identität des Textes kann der Leser natürlich die unterschiedlichsten Deutungen anbringen, eben weil dort ein Widerstand besteht, eine Stabilität, an die sich Deutungen heften können. Die Deutungen sind dem Text auch keineswegs sekundär, denn sie bringen ihn zum Leben. Doch noch die unterschiedlichsten Deutungen bestätigen zugleich die Autorität des Textes. Mit anderen Worten, ein Text *wird* zur Literatur, indem er institutionalisiert wird (siehe dazu auch die Einleitung, Abschnitt 3). Und er *ist* ein Werk der Literatur, da seine Komplexität eine Reduktion verbietet.

angespielt, so dass ihre Eigenschaften als Ergebnis früherer Ereignisse lesbar werden.

Eine Handlung ohne ein sie provozierendes vorheriges Ereignis wird dagegen oft als unvollständig wahrgenommen. In einem solchen Fall sehen sich viele Leser genötigt, ein solches vorheriges Ereignis zu finden oder zu erfinden.[3] Dies bedeutet damit auch, dass es eine potenziell sehr große Zahl möglicher vorheriger Ereignisse gibt, auf die eine Handlung nun irgendwie reagieren kann. Mithin haben die von einer Erzählung angebotenen früheren Ereignisse, in deren Folge die Handlung stehen könnte, kein schlichtes Monopol. Andere mögliche Ereignisse können mobilisiert und imaginiert werden, um die Handlung in eine Reaktion umzuformen. Die Tür öffnet sich zu einer großen Vielfalt an Möglichkeiten.

Erzählungen zeigen ihre strukturelle Einheit mit Ausreden mithin darin, dass Handlungen in ihnen eben keine freien, singulären Akte, sondern vielmehr Reaktionen auf frühere Kräfte und insofern verständlich, entschuldbar, legitimiert sind. Ebendeshalb hat die radikale Handlung, »die unerhörte Begebenheit«, wie Goethe sich gegenüber Eckermann einmal in Bezug auf die Novelle äußerte, so einen exponierten Stellenwert in der Narrationstheorie: Weil es sie nicht gibt beziehungsweise weil es immer nur so scheint, als gäbe es ein Ereignis, bis es als Reaktion wegerklärt wurde.[4] Das wahre Ereignis, die Aktion, die keine Reaktion ist, erscheint vielleicht nur als Phantom am Horizont von Fiktion.

Diese einfache Beschreibung des Erzählens und vor allem des literarischen Erzählens führt konsequent zu einer auf den ersten Blick paradox scheinenden Schlussfolgerung: Es gibt in den Werken der Fiktion keine freie Handlung, keine Aktion, sondern nichts als Reaktionen. Freie Handlung oder Aktion existiert nur, um den Leser herauszufordern, ihr einen Sinn zu unterstellen, der sie als Teil einer Abfolge zu einer Reaktion umwertet. Entzieht sich ein Ereignis seiner Erklärbarkeit, erliegt es in der Regel dem Verdikt, dass es zu

3 Man denke nur an Herman Melvilles *Bartleby, The Scrivener. A Story of Wall Street*, in der die Suche einer Vorgeschichte des Titelhelden bereits vom Erzähler vorgenommen wird (wir erfahren, dass Bartleby vermutlich im »dead letter office« gearbeitet hat), aber dennoch wenig Material erhält und trotzdem viele Leser zur Spekulation über ein vorheriges Ereignis angeregt hat.

4 Vgl. Jacques Derrida, *Eine gewisse unmögliche Möglichkeit, vom Ereignis zu sprechen*, Berlin 2003.

unwahrscheinlich sei. Auch dort, wo das radikale Ereignis gefeiert wird, wie in unvergleichlich scharfsinniger Art und Weise in Paul Celans Büchner-Preisrede, wird zugleich seine Unmöglichkeit oder Fragilität ins Zentrum der Überlegungen gestellt. Während ästhetische Theorien (wie die von Hölderlin, Adorno, Blanchot) an dem einzigartigen Ereignis in all seinen Paradoxien festhalten, besteht das Geschäft der Narration in seiner Nihilierung. Durch die Vieldeutigkeit des Narrativen (siehe Kapitel 1, Abschnitt 5) wird allerdings zugleich Komplexität aufgetan.

Bereits ein kursorischer Blick auf die westliche Literaturgeschichte zeigt eine gewisse Bestätigung der paradoxen These, dass Literatur die Bewegung von der freien Aktion zur bloßen Reaktion in Szene setzt. Dies soll ein Dreischritt vom antiken Epos zum modernen Roman skizzenhaft veranschaulichen. (Dass diese grobe Darstellung äußerst vereinfachend verfährt, entspricht vielleicht der Einebnung des Literarischen durch die Narration.)

In den klassischen Epen und Tragödien der Griechen werden die Heldentaten und Ereignisse von einigen voraufgegangenen Ereignissen überschattet. Die Ereignisse der *Ilias* reagieren zum großen Teil auf zwei einrahmende Ereignisse: die Entführung Helenas und Agamemnons Reaktion auf Pest und Windstille. Im eigentlichen Verlauf des Epos reagieren die Griechen abwechselnd jeweils auf vermeintliche und tatsächliche Beleidigungen bis hin zum Zorn des Archilles, der den Tod von Patroklos rächen will. Ähnlich bestehen auch die Handlungen der *Orestie* aus einem Hin und Her von sich überschreitenden Racheakten ohne Ende.[5] Von keinem der Handelnden kann dabei gesagt werden, er handle schlicht frei und selbst die mythische Voraussetzung der Verfehlung des Tantalus besteht in einer einfachen Verführung. Orest, der seine Mutter tötet, rächt damit seinen Vater, den sie ermorden ließ. Klytämnestra wiederum rächt sich an Agamemnon, da er ihre Tochter Iphigenie opferte. Agamemnon musste die Tochter opfern, da nur dieses Opfer laut Seherspruch das Ende der fatalen Windstille und der Pest bereiten würde. Der Kriegszug der Griechen war seinerseits eine Reaktion auf den Raub der Helena. Diese Abfolge setzt sich bei den Vorfahren des Agamemnon bis zum Ahnherrn Tantalus fort.

5 Die Orestie und ihre Vorgeschichte erscheint hier als der beste Beleg von René Girards These, dass Rache ohne eine Institution des übergeordneten Gerichts ins Unendliche geht, vgl. René Girard, *Das Heilige und die Gewalt.*

Selbst wenn man die Tragödie als Drama des Urteils kennzeichnet, wie Christoph Menke es tut und anhand einer starken Lektüre von Sophokles' *König Ödipus* dokumentiert, zeigt sich durchaus eine ähnliche Struktur.[6] Ödipus' Vergehen (sein Patzer) besteht demnach weniger in einer früheren Tat wie dem Totschlag des Vaters als vielmehr im vorschnellen Urteil und Verfluchen des Mörders des früheren Königs, ohne die Umstände zu kennen (wie auch Hölderlin es darstellt). Die Verfehlung ist das Urteil, das nicht reagiert, sondern der Untersuchung und den Enthüllungen vorgreift. Und eben deshalb, weil das Urteil nicht reagiert, sondern Tat eines freien Mannes zu sein scheint (der nur insofern reagiert, als er der Übel, die die Stadt befallen haben, Herr werden will), ist es verfehlt, hat einen tragischen Ausgang.

Auch in den Epen des Mittelalters findet das Spiel von Aktion und Reaktion eine Fortsetzung. Statt Abfolgen von Rachegeschichten und verletzten Ehrgefühlen finden sich nun häufiger auch Reflexionen auf entwicklungspsychologische Umstände, die jemanden zur Tat verleiten. Die Titelfigur in Wolfram von Eschenbachs *Parzival* etwa wächst fern von der Zivilisation in einem Wald auf, da seine trauernde Mutter ihn vor dem schlechten Einfluss der Zivilisation schützen will. Man könnte denken, dieser unkultivierte Parzival würde nun wie die edlen Wilden in Rousseaus gesellschaftskritischen und pädagogischen Utopien als freier Mensch heranwachsen, der unbeeinflusst und spontan handeln kann. Stattdessen erliegt er bei der ersten Gelegenheit der strahlenden Erscheinung eines Ritters, die ihm als Gott erscheint. Gerade weil er so unvorbereitet ist, macht die Erscheinung einen unabweisbaren Eindruck. Seine gesamte Entwicklung wird von da an bestimmt von dem brennenden Begehren, selbst ein Ritter zu werden. Dabei ist es vielleicht nicht einmal entscheidend, dass er als Sohn eines Fürsten bereits durch Geburt auf dieses Schicksal festgelegt ist, denn ohne den auslösenden Reiz der Erscheinung bliebe ihm sein Schicksal wohl verschlossen. Sein erster Versuch, Ritter zu werden, besteht dann auch im Erschlagen eines Ritters, den er stückweise aus der Rüstung schält, um sich mittels dessen Panzer zumindest äußerlich die Haut eines Ritters zu geben und sich so mit ihm zu identifizieren. Als er später die wirkliche Gelegenheit zu einer Hel-

6 Christoph Menke, *Die Gegenwart der Tragödie. Versuch über Urteil und Spiel*, Frankfurt am Main 2005.

dentat hat, nämlich indem er dem Gralshüter die ihn erlösende Frage stellt, woran er leide, schweigt er. Mit diesem Schweigen folgt er schlicht dem Gebot der Höflichkeit, das er von seinem durchaus wohlmeinenden Mentor Gurnemanz gelernt hat. Selbst wenn er schließlich die alles erlösende Frage des Mitleids stellt, tut er dies als Reaktion auf die ihm inzwischen unmissverständlich mitgeteilte Anweisung, solches zu tun. Das Fehlen einer Erziehung hat Parzival also nicht befähigt, ein besseres Urteil zu treffen und freier zu handeln. Vielmehr ist er den Einflüssen und Zufällen stärker ausgesetzt als andere.

Seit der frühen Moderne des siebzehnten Jahrhunderts[7] verschwindet im Roman als neuer Gattung selbst die Vorstellung einer freien Handlung, die nicht schon als Reaktion erklärt, legitimiert und entschuldigt ist. Bereits im Prototyp des Romans, dem großartigen *Don Quixote*, ist die freie Handlung nur eine Illusion des Titelhelden. Es ist entsprechend schwer zu sagen, was etwa in den prominenten Ehebruchromanen des neunzehnten Jahrhunderts noch Handlung im emphatischen Sinne ist. Goethes *Wahlverwandtschaften* zeigen, wie die Charaktere schicksalhaft voneinander angezogen werden. Goethes Roman erkennt dabei nur zwei Grenzformen von Handlung an: die Form der Verweigerung gegenüber den fatalen Anziehungskräften auf der einen Seite (Charlotte und der Hauptmann) und die blinde Aktion ohne Sinn und Verstand, die eben daher dem Schicksal entkommt (so die beiden wunderlichen Nachbarskinder in der gleichnamigen eingebetteten Novelle, die in den Fluss springen und als Liebespaar wieder auftauchen).[8] Flauberts *Madame Bovary* kann als Handlungsmotivation nur die kleinen Dinge erkennen, die sich in kitschigen Werbeprospekten und billigen Romanen als Muster finden.[9] Theodor Fontanes *Effi Briest* präsentiert eine Protagonistin, von der wir am Ende nicht erfahren, warum sie sich auf eine außereheliche Affäre einließ (aus

7 Vgl., allerdings mit verengter Sicht nur auf den englischen Roman, Ian Watt, *Der bürgerliche Roman. Aufstieg einer Gattung*, Frankfurt am Main 1974; sowie Franco Moretti (Hg.), *The Novel*, Vol. 1 und 2, Princeton und Oxford 2006, 2007.

8 Vgl. ausführlicher Walter Benjamin, *Goethes Wahlverwandtschaften*, in: Ders., *Gesammelte Schriften*, hg. v. Rolf Tiedemann und Hermann Schweppenhäuser, Frankfurt am Main 1991, I, S. 123-201; sowie Fritz Breithaupt, *Jenseits der Bilder. Goethes Politik der Wahrnehmung*, Freiburg 2000, S. 131-188.

9 Barbara Vinken, »Loving, Reading, Eating: The Passion of Madame Bovary«, in: *Modern Language Notes* 122 (2007), S. 759-778.

Langweile? aus Naivität? als Rebellion, wie Rainer Werner Fassbinder es will?). Doch ob hier eine starke Handlung vorliegt, bleibt außerhalb des Sichtfelds des Lesers. Stattdessen können wir fragen, warum sich niemand für Effi einsetzt, wenn diese von der Mutter, dem Ehemann und den Bekannten manipuliert wird. Wenn Aktion hier eine Rolle spielt, dann als Ausbleiben von Aktion.[10] Noch weiter zugespitzt wird dieses Ausbleiben von Handlung in *La Regenta* von Leopoldo Alas »Clarín«.[11] Dort konkurrieren zwei extrem eigennützige Männer, ein Priester und ein Schönling, um die Gunst der schönsten Frau einer spanischen Provinzhauptstadt. Der Leser wird Zeuge, mit welchen Tricks die beiden sich ihr nähern, bis die Verführung nach vielen hundert Romanseiten gelingt. Doch alles, was der Leser konstatieren kann, ist das Ausbleiben eines rettenden Eingriffs und das Ausbleiben von Handlung überhaupt (was wiederum den Effekt hat, dass dem Leser nahegelegt wird, sich mit den Angreifern zu identifizieren).

In diesen und vielen verwandten Romanen besteht eine Aufgabe des Lesers darin, die Aktionen der Handelnden zu erklären, und das heißt eben, zu erkennen, auf welche vorangegangenen Ereignisse sie reagieren, welche Motivationen sie verfolgen und wie auch ihre auf den ersten Blick sonderbaren Handlungen oder Emotionen verstanden werden können. Und es gibt wohl kaum ein abstruses Verhalten, welches nicht von einem Leser narrativ umgebogen werden könnte. Da Romane in der Regel zudem ein großes Zeitmaß umfassen, findet sich die Antwort, warum einer wie handelt, meist in der Vergangenheit. Der Reiz des Romans liegt denn auch regelmäßig darin, diese Stränge zu orten und so auch künftiges Verhalten der Charaktere geschickt einordnen zu können und ihm die Spitze der Überraschung zu nehmen.

Diese Arbeit des Lesers, vergangene Kontexte aufzudecken und somit eine vermeintliche Aktion in eine Reaktion umzuwandeln, hat sich besonders deutlich in der Aufdeckung der Trauma-

10 Vgl. ausführlicher Fritz Breithaupt, *Kulturen der Empathie*, Kapitel 4.

11 Hans Ulrich Gumbrecht hat diesen Roman zum Gegenstand einer wichtigen Reflexion über Literatur und Fiktion gewählt, vgl. Hans Ulrich Gumbrecht, »Lebenswelt als Fiktion/Sprachspiele als Antifiktion. Über Funktionen des realistischen Romans in Frankreich und Spanien«, in: Dieter Henrich, Wolfgang Iser (Hg.), *Funktionen des Fiktiven* (Poetik und Hermeneutik X), München 1983, S. 239-275.

mechanik niedergeschlagen. In der Tat stammen die wohl ersten ernsthaften Einsichten in den Zusammenbruch regulärer Erinnerungsspeicherungen und die Wiederholungsstruktur traumatischer Ereignisse aus der Literatur. Trauma wird um 1800 in der europäischen Literatur von Autoren wie Karl Philipp Moritz, William Wordsworth, E.T.A. Hoffmann und Balzac entdeckt beziehungsweise erfunden.[12] Dies ist insofern nicht überraschend, als die Struktur des Romans vor allem seit dem späten achtzehnten Jahrhundert ihre Leser immer wieder vor die Aufgabe stellt, auch scheinbar widersinniges, wahnsinniges und exzessives Verhalten der Charaktere zu erklären. Der neue Romanmensch um 1800 *wiederholt* im Handeln die Vergangenheit, das heißt, er sucht, bewusst oder unbewusst, fatalistisch oder hoffnungsvoll eben die Konstellationen auf, die ihm erlauben oder abfordern, die frühere Situation erneut zu durchleben. Die früheren Ereignisse werden zu Modellen, die den späteren die Richtung weisen. Die Annahme eines alles erklärenden traumatischen Urereignisses wäre insofern nichts als die äußerste Zuspitzung der Tätigkeit des Lesers, die vorliegenden Handlungen aus vergangenen Ereignissen abzuleiten. Trauma wird erfunden, nicht weil es psychologischen Einsichten oder Beobachtungen entspricht, sondern weil es der Tätigkeit von Lesern entgegenkommt.

2. Die Tragödie als Rebellion gegen die Narration

Zunächst spricht wenig dafür, dass Tragödien aus der eben beschriebenen Logik der Umwandlung von Aktionen und Reaktionen ausbrechen. Auch Tragödien scheinen der gleichen Logik der ausredeartigen Narration zu folgen.

Aristoteles betont die Logik der Abfolge auf verschiedenen Ebenen. So hat die Tragödie Anfang, Mitte und Ende. Und die Charaktere handeln folgerichtig, also gemäß einem vorgefassten Plan, der wiederum auf ihrer Einsicht in ihre Situation und die voraufgegangenen Ereignisse aufbaut.[13] Ödipus etwa handelt in Reaktion auf

12 Vgl. Thomas Pfau, *Romantic Moods. Paranoia, Trauma, and Melancholy, 1790-1840*, Baltimore 2005; sowie Shoshana Felman, *Writing and Madness: Literature/Philosophy/Psychoanalysis*, Ithaca, N.Y. 1985.

13 Aristoteles, *Poetik*: hg. v. Manfred Fuhrmann, Stuttgart 1994, S. 33 [1452a].

das Orakel, wenn er energetisch den bezeichneten Schuldigen sucht. Die Umstände, die zum Umschlag des Glücks des Helden führen, erfolgen mit ihrer eigenen konsekutiven und einsehbaren Logik, selbst wenn diese sich dem Helden und den Zuschauern zunächst verbirgt. Aktionen sind auch hier Reaktionen, Ereignisse erfolgen nicht aus einem Vakuum heraus. Auch der Sturz des Helden erklärt sich dann aus dem Auseinanderklaffen zweier in sich logischer und folgerichtiger Entwicklungen, zweier Perspektiven, von denen eine dem Protagonisten verborgen war, dann jedoch zu einem Exzess des Wissens führt.[14] Aristoteles hat zudem ein zweites Element identifiziert, durch das der Held in seine Vergangenheit verstrickt wird, nämlich den bereits erwähnten kleinen Patzer, *harmatia*, aufgrund dessen der Held mitschuldig am Geschehen ist, selbst wenn er nur eine Teilschuld hat. Der Patzer erlaubt es, Glied für Glied eine kausale Kette aufzubauen, die das Schicksal des Helden als Konsequenz früheren Handelns erscheinen lässt. Nicht nur die Aktionen des Helden werden so zur Reaktion, sondern auch sein Erleiden und das ihm Wiederfahrene. Dass die Konsequenz des kleinen Patzers oder Fehltritts dabei unverhältnismäßig groß ausfällt, macht das Tragische aus, zeigt einen Rest des religösen Mythos.[15]

Und dennoch erheben die Tragödien Einspruch gegen die narrative Tendenz der vielfältigen Kontextualisierung, fortwährenden Entschuldbarkeit und Ausredenstruktur. So zumindest will es die Tragödientheorie des deutschen Idealismus. Das Axiom, das von Schelling am klarsten artikuliert und dem in Schillers Tragödien wohl am deutlichsten entsprochen wird, lautet, dass ein Individuum sich gegen eine Übermacht auflehnt, wohl wissend, dass er oder sie dabei zu Fall kommt.[16] Doch weil das Individuum den Kampf, trotz besserer Vernunft, freiwillig auf sich nimmt und dafür »bestraft« wird, bestätigt sich noch in seinem Sturz die Freiheit und Größe des Individuums. In Schellings oft zitierten Worten:

14 Christoph Menke beschreibt, wie oben bereits angedeutet, die Struktur der Tragödie als einen Überschuss des Selbst-Wissens und des vorschnellen Urteils; Christoph Menke, *Die Gegenwart der Tragödie. Versuch über Urteil und Spiel.*

15 So Paul Ricœur, *Symbolik des Bösen. Phänomenologie der Schuld II.*

16 Für den frühen Schiller ist dabei der tragische Fall, also das Unterliegen gegen die Übermacht, noch nicht ausschlaggebend. In den *Räubern* etwa liegt das Versprechen der Freiheit bereits in dem Akt der Auflehnung (vgl. Akt 4), aber noch nicht in dem Untergang, wie Schelling es fordert.

Man hat oft gefragt, wie die griechische Vernunft die Widersprüche ihrer Tragödie ertragen konnte. Ein Sterblicher – vom Verhängnis zum Verbrecher bestimmt, selbst *gegen* das Verhängnis kämpfend, und doch fürchterlich bestraft für das Verbrechen, das ein Werk des Schicksals war! Der *Grund* dieses Widerspruchs, das, was ihn erträglich macht, lag tiefer, als man ihn suchte, lag im Streit menschlicher Freiheit mit der Macht der objektiven Welt, in welchem der Sterbliche, wenn jene Macht eine Übermacht – (ein Fatum) – ist, *nothwendig* unterliegen, und doch, weil er nicht *ohne Kampf* unterlag, für sein Unterliegen selbst *bestraft* werden mußte. Daß der Verbrecher, der nur der Übermacht des Schicksals unterlag, doch *bestraft* wurde, war Anerkennung menschlicher Freiheit, *Ehre*, die der Freiheit gebührte. Die griechische Tragödie ehrte menschliche Freiheit dadurch, dass sie ihren Helden gegen die Übermacht des Schicksals *kämpfen* ließ: um nicht über die Schranken der Kunst zu springen, mußte sie ihn *unterliegen*, aber, um auch diese, durch die Kunst abgedrungene Demüthigung menschlicher Freiheit wieder gut zu machen, mußte sie ihn [...] *büßen* lassen. [...] Es war ein *großer* Gedanke, willig auch die Strafe für ein *unvermeidliches* Verbrechen zu tragen, um so durch den Verlust seiner Freiheit selbst ebendiese Freiheit zu beweisen und mit einer Erklärung des freien Willens unterzugehen.[17]

Wenn also Schillers Helden gegen den Vater, die Königin, die Kirche, den Staat, die Übermacht der Feinde oder eine große Institution aufbegehren, so zeigen sie darin ex negativo ihre Freiheit.[18]

Gegen diese Logik, die hier nur kurz angedeutet sei, ist zu Recht vieles eingewandt worden. Philippe Lacoue-Labarthe hat etwa betont, dass diese scheinbare Freiheit eigentlich nur eine Simulation sei, da sie nur aus der Perspektive Dritter zur Erscheinung kommt, also aus der Perspektive von Zuschauern, die sich daran ergötzen. Der Held selbst geht zugrunde und hat wenig von seiner Freiheit. Lacoue-Labarthe hat diese Einsicht zu einer fundamentalen Kritik der (Hegel'schen) Dialektik ausgeweitet, da diese entsprechend der Logik Schellings nur eine Maschine der Repräsentation sei, die

17 Friedrich Wilhelm Joseph Schelling, »Philosophischer Brief über Dogmatismus und Kriticismus« (1795-1796), in: *Sämtliche Werke*, Stuttgart und Augsburg 1856, Erste Abteilung, Erster Band, S. 216 f.

18 Komplizierend und erweiternd siehe auch: Claudia Benthien, »Tragödie der Scham, Trauerspiel der Schuld. Konzeptionen des Tragischen um 1800«, in: Daniel Fulda, Thorsten Valk (Hg.), *Die Tragödie der Moderne. Gattungsgeschichte, Kulturtheorie, Epochendiagnose*, Berlin 2010, S. 41-66; sowie Peter-André Alt, *Klassische Endspiele. Das Theater Goethes und Schillers*, München 2008.

nicht philosophisch, sondern nur ästhetisch vor Zuschauern verfahre, wenn sie ein Ausstreichen noch des Todes beziehungsweise eine Negation der Negation erlaubt.[19]

Dennoch muss zunächst unterstrichen werden, *dass* hier der Versuch unternommen wird, Aktion von der Logik der Reaktion zu emanzipieren. Die Tat des Helden, sein Aufbegehren gegen die Übermacht, *soll* eben nicht als eine rationale, eigennützige, deduzierbare Tat gelten. Der Einwand, dass die Handlung des Helden doch trotzdem eine gewisse Konsequenz habe, da sie etwa dem unabhängigen Temperament des Protagonisten entspreche oder etwa doch eine moralische Folgerichtigkeit habe und also insofern auch nur »Reaktion« sei, verfehlt dabei den Punkt, dass die Tat nicht zu ihrem vornehmlichen Kontext, also der feindlichen Übermacht, passt. Diese Beschreibung der großen Tat in der Tragödie lebt von der Unsichtbarmachung anderer Kontexte, so dass es eine allzu billige Geste wäre, ihr entgegen die anderen Kontexte zu stärken. Der tragische Held handelt frei und spontan, glaubt es auch dann zu tun, wenn er von einem Iago manipuliert wird.

Aus der Sicht der handelnden Person ist ihre Tat groß, radikal und frei. Ebendiese Sicht der Tat sucht die Tragödie Schillers, arrangiert alle Umstände, um sie zu ermöglichen. Ausgeklammert wird die übergeordnete Perspektive, von der aus die Handlungen des Charakters durchaus als folgerichtig beschrieben werden können, um dann auf der Ebene des Einzelnen eine Perspektive zu finden, die einen Bruch mit den Kontexten heraufbeschwört. Aus der Perspektive des Einzelnen werden alle Ausreden abgelehnt. Die Größe des Einzelnen besteht eben darin, erklärende und entschuldigende Kontexte nicht zuzulassen und die Tat nicht als bloße »Reaktion« abzutun. Die Erzeugung des Helden in der Tragödie ist insofern das Resultat einer antinarrativen Bewegung (wobei Narration in dem Sinne dieses Buches als Einbettung eines Geschehens in wechselnde ausredeartige Kontexte verstanden wird).

Um es noch einmal zu betonen: Behauptet werden soll hier nicht, dass es der Tragödie tatsächlich gelingt, eine nichtnarrative Ereignisabfolge zu etablieren. Argumentiert wird hier vielmehr, dass eine prominente Tragödientheorie des deutschen Idealismus auf der Handlungsebene einen Gegensatz zwischen den (narrati-

19 Philippe Lacoue-Labarthe, »Die Zäsur des Spekulativen«, in: *Hölderlin-Jahrbuch* 22 (1980/81), S. 203-231.

ven) Ereignisfolgen und dem (nichtnarrativen) Einspruch eines Einzelnen aufbaut. Das heißt, diese Tragödientheorie nimmt die Perspektive des Protagonisten ein und inszeniert aus dieser Perspektive heraus den Bruch mit den etablierten Kontexten, wendet sich damit auch gegen die narrative Folgerichtigkeit. Das tragische Individuum des deutschen Idealismus profiliert sich mit und gegen das Narrative. Insofern kann es nicht verwundern, dass die deutsche Kulturgeschichte des langen neunzehnten Jahrhunderts Individualität auf das Engste mit literarischen Formen wie der Tragödie und dem Bildungsroman verbindet. Zu betonen ist dabei aber eben nicht die erfolgreiche Umsetzung einer solchen Individualität, sondern eher die Fragilität, die Simulation von Ichheit und ihr Ausnahmezustand (siehe hierzu Kapitel 5, Abschnitt 2).

3. Maschinen der Transformation: Die moderne Novelle

Trotz und gegen diese Form der Tragödienbeschreibung wird der Roman die wohl dominante Form der narrativen Literatur seit der Romantik, zumindest außerhalb Deutschlands. In Deutschland kommt es zunächst zu einer erstaunlichen und in der Germanistik viel diskutierten Karriere der Novelle. Für die Popularität der Novelle sind viele Gründe benannt worden, die von der Ausweitung journalistischer Medien wie der von Heinrich von Kleist herausgegebenen *Berliner Abendblätter* bis zur politischen Krisenerfahrung um 1800[20] und von der Kriegserfahrung[21] bis zum unauslotbaren Rätselcharakter[22] reichen. Für die vorliegende Untersuchung soll es genügen, darauf hinzuweisen, inwiefern die Novelle eine Grundform des Lesens von Romanen einübt.[23] Die zentrale Frage, die sich dem Leser in der Novelle stellt, ist meist nicht: »Was wird pas-

20 Andreas Gailus, »Form and Chance: The German Novella«, in: Franco Moretti (Hg.), *The Novel. Forms and Themes*, Princeton 2006, S. 739-776.

21 Wolf Kittler, *Die Geburt des Partisanen aus dem Geist der Poesie. Heinrich von Kleist und die Strategie der Befreiungskriege*, Freiburg 1987.

22 Siehe Brian Tucker, *Reading Riddles: Rhetorics of Obscurity from Romanticism to Freud*, Lewisburg 2010.

23 Basis dieser kurzen Skizze ist Fritz Breithaupt, »Machines of Turning Actions into Reactions: The Case of the German Novella«, in: *European Romantic Review* 21 (2010), S. 601-614.

sieren?«, sondern: »Was ist warum passiert?« Beleuchtet wird die Vorzeit der Gegenwart. Insofern ist die Novelle als Ganzes weniger auf das Kommende gerichtet, sondern auf das bereits Geschehene, welches es zu verstehen gilt. Selbst wenn in der Novelle eine gewisse auf die Zukunft gerichtete Spannung besteht, so führt diese doch meist zurück auf das frühere Ereignis. In Kleists *Die Marquise von O....* (1808-1810) gibt es etwa die Spannung, wer am Ende als Vater erscheinen wird. Doch hinter dieser Spannung steht die Frage, wie es überhaupt zu der Schwangerschaft kommen konnte. In der Zukunft wird die Vergangenheit konstruiert. Diese retrospektive Konstruktion von Ereignissen und Handlungen macht das Wesen der Novelle seit 1800 aus. Und eben sie ist auch eine der zentralen Aufgaben der Leser von Romanen.[24]

Die Standarddefinition der Novelle seit Goethes berühmter Bezeichnung von der »unerhörten Begebenheit« erinnert uns an die Ereignishaftigkeit der Novelle. In der Tat sind die Kurzbeschreibungen von Novellen regelmäßig an Ereignisse oder, vorsichtiger gesagt, Ereignisartiges gebunden. Chamissos Novelle vom Peter Schlemihl handelt von einem Mann, der seinen Schatten forttauscht, Kleists Novelle von einer Schwangerschaft, zu der der Vater fehlt, Gotthelfs Novelle *Die schwarze Spinne* von einem Teufelspakt, der gebrochen wird, Droste-Hülshoffs *Die Judenbuche* von einem Mord, der nur halb geklärt wird, etc. Trotzdem verhält sich die Sache viel weniger eindeutig, als es auf den ersten Blick scheinen mag. Was genau wir unter einem Ereignis zu verstehen haben, ist häufig alles andere als klar.[25]

Deutlich wird diese Ungewissheit über die unerhörte Begebenheit auch, wenn man beobachtet, dass die meisten romantischen Novellen eine solche Begebenheit, wenn sie denn eine besitzen, nicht nur darstellen, sondern auch juristisch verhandeln, kontrovers diskutieren, hermeneutisch deuten, weiterspinnen, in Kontexte einbetten oder anders reflektieren. In Kleists *Heiliger Cäcilie oder die Gewalt der Musik* macht es sich die Mutter zur Aufgabe, das Ver-

24 Vgl. Ian Watt, *Der bürgerliche Roman*; und Franco Moretti, (Hg.), *The Novel*.

25 Eine Reihe von novellenartigen Texten kommt einem auch nicht direkt mit Ereignissen entgegen; Goethes *Mann von funfzig Jahren*, manche Novelle von E.T.A. Hoffmann, Stifters *Abdias*, Grillparzers *Armer Spielmann*, Mörikes *Mozart auf der Reise nach Prag* und so fort sind hier zumindest fraglich, selbst wenn der Gang der Geschehnisse durchaus ungewöhnlich und »neu« ist.

schwinden der Söhne zu klären. Dies führt sie wiederum dazu, eine Erklärung ihres »Wahnsinns« zu finden. Selbst Mozart in Mörikes Novelle (*Mozart auf der Reise nach Prag*) versucht, seine Verfehlung, also das Pflücken einer Orange, zu verklären und damit halb zu verdecken und halb zu legitimieren. In Gotthilfs Novelle ist es nicht nur die Rahmengeschichte (die von einem Holzrahmen handelt), die die Verfehlung Christines verhandelt, sondern eigentlich die ganze Novelle, die auf das Ereignis deutend reagiert.

Die weitaus meisten Novellen offerieren neben der Begebenheit stets auch selbst Deutungs- oder Erklärungsversuche ebendieser Begebenheit, selbst wenn diese an die Perspektive eines Charakters gebunden bleiben, wie etwa die naive Perspektive des armen Spielmanns in Grillparzers Novelle. Diese retrospektiven Deutungs- oder Bewertungsversuche sind für das Ereignis nicht sekundär, sondern plausibilisieren, etablieren und konstruieren es erst. Sie sind dabei durchaus von anderer Natur als schlichte Kausalbeziehungen. Wenn ein Erdbeben ein Gefängnis zum Einsturz bringt und dadurch einen Gefangenen befreit, ist das noch keine retrospektive Konstruktion. Wenn dagegen der Gefangene (und die soziale Gemeinschaft als Ganzes) auf das Unwahrscheinliche seiner Rettung reflektiert und diese etwa als göttliche Intervention deutet, dann hat er rückwirkend ein Ereignis geschaffen. Um ein Ereignis handelt es sich, da es auch anders gedeutet und erzählt werden kann, was im Laufe der Novelle geschieht.[26] Wenn ein Michael Kohlhaas auf die Ungerechtigkeit besteht, die ihm widerfahren ist, und diese zur Legitimation seiner Kriegstaten motiviert, dann schafft er ebenfalls rückwirkend ein Ereignis, gerade da es im Laufe der novellenartigen Erzählung und vom Leser unterschiedlich gedeutet werden kann. Die Sympathie für Kohlhaas schlägt etwa um in ein Verwerfen des fürchterlichen Mannes etc.

In derartig rückwirkenden Reflexionen findet das Ereignis statt. Diese rückwirkenden Reflexionen implizieren eine hermeneutische Operation, die die Bedeutsamkeit eines früheren Ereignisses unterstreicht, selbst wenn dieses bei seinem ersten Erscheinen nicht so wahrgenommen werden konnte (man denke etwa den berühmten

26 Vgl. erneut Hayden Whites Kennzeichnung des Ereignisses als eine Begebenheit, die als Ergebnis von mindestens zwei verschieden Narrationenslinien dargestellt werden kann, Hayden White, »The Value of Narrativity in the Representation of Reality«.

Gedankenstrich in Kleists *Marquise von O....*). Dieses Unterstellen oder restrospektive Konstruieren einer Bedeutsamkeit setzt voraus, dass das frühere Ereignis in einen Kontext eingebettet wird, in dem es seinen Resonanzraum findet. Dieser Resonanzraum ist die Position der narrativen Gegenwart in der Novelle. Mithin wird die Gegenwart der Novelle einerseits als Kontext bewertet, der das Ereignis (aus der Sicht des Lesers) erklärt und konstruiert. Andererseits wird auf der Ebene des Plots natürlich umgekehrt nahegelegt, dass die Gegenwart durch das frühere Ereignis erklärt und begründet wird, so dass das frühere Ereignis der Kontext wird, auf den die Gegenwart reagiert. Die Erfahrung des Lesers, der ausgehend von der Gegenwart die früheren Ereignisse aufdeckt, und die unterstellte chronologische Abfolge, die in der Gegenwart mündet, verfahren dabei also genau entgegengesetzt, indem sie die eine Epoche jeweils als Reaktion auf die andere einsetzen.

Dieses Verhältnis der wechselseitigen Erklärung, Kontextualisierung und Legitimisierung unterscheidet die moderne Novelle auch von der Renaissancenovelle. Man denke etwa an die berühmte Falken-Novelle Boccaccios (1470), in der ein verarmter Ritter seiner Angebeteten seinen geliebten Jagdfalken zum Essen vorsetzt. Durch das Opfer des Falken, also aufgrund des so genannten Ding-Symbols,[27] kann die Geliebte nun die Ernsthaftigkeit des Ritters erkennen und erhört ihn. Die Novelle inszeniert hier in dem verzögerten Erkennen durchaus einen zeitlichen Aufschub. Doch anders als in der modernen Novelle dient das Ereignis, sofern es in Erkenntnis übersetzt wurde, letztlich nur als Attribut des Charakters des Protagonisten.

In der modernen Novelle besteht die Rolle des Lesers nicht einfach in dem Aufdecken der einen Wahrheit wie in der durchaus verwandten Gattung der Detektivgeschichte (einem Ableger der Novelle, angefangen mit E.T.A. Hoffmanns *Fräulein von Scuderi* und E.A. Poes *Murders in the Rue Morgue*). Stattdessen liegt das Gewicht der Novelle in dem aktiven Erwägen von Wahrscheinlichkeiten und dem Konstruieren von Möglichkeiten und damit überhaupt erst der Konstruktion dessen, was als Ereignis gelten kann. Daraus folgt zugleich, dass jede einzelne Darstellung dessen, was das Ereignis ist, zugleich andere Deutungen des Ereignisses unter-

27 So Paul Heyse in der Einleitung zu *Der Neue Deutsche Novellenschatz* (1871).

drückt, und dass am Ende eigentlich offenbleibt, was es genau mit dem Ereignis auf sich hat.

Die implizite Aufgabe des Lesers in den Novellen besteht darin, die sonderbaren Geschehnisse, die unerhörte Begebenheit zu erklären. Selbst die sonderbarsten Handlungen der Charaktere »ergeben Sinn«, wenn sie in einen sie erklärenden Kontext gestellt werden. Jeder handelt, weil er irgendwie von vorangegangenen Ereignissen dazu veranlasst oder angeregt wurde. Juristisch könnte man von mildernden oder entschuldigenden Umständen sprechen. Daraus folgt zum Ersten, dass die unerhörte Begebenheit unvollständig wäre ohne eine solche kontextuelle Erklärung. Der Trick der Novelle besteht darin, die Arbeit der Kontextualisierung – und damit auch der Festlegung, was eigentlich das Ereignis ist – dem Leser zu überlassen. Kein Detektiv nimmt dem Leser diese Arbeit ab. Entsprechend haftet zum Zweiten jeder Kontextualisierung eine Ungewissheit an. Das Ereignis ist Ereignis, da es auch anders erzählt werden kann. Daraus folgt zum Dritten, dass das radikale Ereignis oder die unerhörte Begebenheit in der Novelle nur erscheint, um zu verschwinden. Denn sobald es kontextualisiert, gemildert, erklärt, entschuldigt ist, verschwindet es ja.

Mir geht es so bei den meisten Novellen von Kleist, in denen ich mich, vielleicht zu Unrecht, genötigt sehe, eine mögliche Erklärung auszuwählen, die mir am wahrscheinlichsten erscheint, und für die ich gute Indizien finde. Dadurch bin ich einerseits intellektuell beruhigt, dass auch die scheinbar widersinnigen Ereignisse erklärbar sind, andererseits wird die Novelle gezähmt und domestiziert. So lese ich etwa die Novelle von den plötzlich vom Wahnsinn erfassten Brüdern (*Die heilige Cäcilie oder die Gewalt der Musik*) als erfolgreichen Versuch, dem unvermeidlichen Todesurteil als Rädelsführer eines Aufstands zu entgehen.[28] Immerhin sind kurz vor dem Bildersturm die kaiserlichen Garden erschienen, wie lakonisch und unkommentiert in einem Nebensatz angedeutet wird. Das Verhalten der Brüder – also den Wahnsinn vorzutäuschen – erscheint somit als geradezu klassische Ausrede, denn nur so entgehen sie dem sicheren Todesurteil. In *Die Marquise von O....* könnte es die nämliche sein, die sich durch die öffentliche Anzeige dem Spott

28 Ausführlicher siehe Fritz Breithaupt, »Wie Institutionalisierungen Freiräume schaffen. Kleists *Die heilige Cäcilie* und einige Anekdoten«, in: Nikolaus Müller-Schöll, Marianne Schuller (Hg.), *Kleist Lesen,* Bielefeld 2003.

der Menschen aussetzt, just um eine ungleich gefährlichere Variante zu verdecken, den allzu offen angedeuteten Inzest mit dem Vater. Mit der Annonce in der Zeitung steuert die Marquise ausredenartig noch die Vorwürfe der anderen, die natürlich glauben, die List der Marquise durchschauen zu können. Im wunderbaren *Bettelweib von Locarno* wäre es, wie angedeutet, die Frau des Marquese, die dessen Bankrott entgehen will, um mit dem letzten Besucher des Schlosses in Mailand ein besseres Leben zu führen, und als einzige Zeugin den wundersamen Bericht von dem rückwärts laufenden Hund fabriziert. Worum es mir hier geht, ist nicht die philologische Richtigkeit dieser Lektüren, sondern eher das, was Michel Chaouli die Versuchung zur Schließung genannt hat, also die Versuchung des Lesers, die unklaren Situationen in Klarheit zu überführen.[29] Jochen Hörisch spricht verwandt von der »Wut des Verstehens«.[30] In der Sprache dieses Buches: Eben die Geste, die die unerhörte Begebenheit produziert, führt zu seiner Aufhebung und seiner Auflösung in einem kontextuellen Gefüge.

Bemerkenswerterweise könnte ebendiese Struktur der nicht so unerhörten Begebenheit (also der Aktion, die zur Reaktion umgewandelt wird) auch unserer Kapazität der Erinnerung besonders gut entsprechen. In einer Reihe von Versuchen wurden Versuchspersonen gebeten, ihnen zuvor unbekannte Märchen wiederzugeben. Dies konnte in einer Art »Stille-Post«-Verfahren geschehen, wenn das Märchen viele Generationen des Erzählens erfuhr und von einer großen Zahl von Testpersonen weitergegeben wurde. Oder es konnte nach einer Zeitspanne von drei Monaten geschehen. Getestet wurde dabei, wie getreu das Märchen wiedergegeben wurde. Es stellte sich heraus, so die Forschergruppe, dass die Märchen am getreusten wiedergegeben wurden, die ein kontraintuitives Element enthielten, und zwar ein »minimal kontraintuitives« und kein »maximal kontraintuitives«.[31] Hatte das Märchen kein Ereignis oder aber ein zu überraschendes, wurde dies von den Nacherzählenden häufiger verändert, das heißt, es wurden Ereig-

29 Michel Chaouli, »Irresistible Rape. The Lure of Closure in ›The Marquise of O…‹«, in: *The Yale Journal of Criticism* 17 (2004), S. 51-81.

30 Jochen Hörisch, *Die Wut des Verstehens. Zur Kritik der Hermeneutik*, Frankfurt am Main 1988.

31 Ara Norenzayan, Scott Atran, Jason Faulkner und Mark Schaller, »Memory and Mystery«.

nisse hinzugedacht oder schlicht weggelassen. Natürlich muss man vorsichtig sein, hier allzu große Schlussfolgerungen über die Verknüpfung von Narration und Gedächtnis zu ziehen, da auch kulturell erlernte Muster von Narrationen eine Rolle spielen und diese Versuche relativ grob waren. Aber es scheint zumindest ein Indiz zu geben, dass die Integration von Ereignissen in den Fluss der Erzählung, die Umwandlung von Aktionen in Reaktionen, dem Gedächtnis besonders entgegenkommt.

Um es noch einmal zu betonen: Hier wird nicht argumentiert, dass mit dieser alles zermalmenden Bewegung einer Umwandlung von Handlung in bloße Reaktion der archimedische Punkt für Lektüren von Literatur gefunden ist. Im Gegenteil. Eher wird mit dieser Tendenz eine Nihilierung der literarischen Qualität zugunsten von narrativer Vielfalt beschrieben. Dargestellt wird hier, wie die großen Erzählungen, Epen, Dramen und Romane an einer allgemeinen Kultur der Ausrede partizipieren. Ihre Literarizität, ihre Komplexität liegt anderswo. Nur in der Novelle nähern sich die literarische Komplexität und die narrative Vielfalt asymptotisch aneinander an.

4. Fiktion – eine autonome Sphäre? Zu Paul de Man

In diesem Zusammenhang ist es sinnvoll, sich an Paul de Mans Vorschlag zu erinnern, dass sich Fiktion als Ganzes dem Akt der Ausrede verdankt. De Man argumentiert, dass Ausreden die Abspaltung der sprachlichen Äußerungen von den empirisch existierenden Referenten betreiben und dass eben die Verhandlung dieser Abspaltung das Wesen der Fiktion kennzeichne.

> Fiktion hat nichts mit Repräsentation zu tun, sondern besteht in der Abwesenheit einer Beziehung zwischen Äußerung und einem Referenten, unabhängig davon, ob diese Beziehung kausal oder verschlüsselt ist, oder von einer anderen denkbaren Verbindung verwaltet wird, die eine Systematisierung erlauben würde.[32]

De Man leitet seine Thesen nicht von einer evolutionsbiologischen Argumentation ab, sondern von einer Lektüre von Rousseaus *Be-*

32 Paul de Man, *Allegories of Reading*, S. 292.

kenntnissen. Dennoch liefert de Man damit teils implizit und teils explizit eine Theorie des Ursprungs der Fiktion aus der Struktur der Ausrede. Ausreden verhandeln laut de Man den Brückenschlag von der empirischen Welt zur Welt der Fiktion:

> Wir wissen, dass dies auch für empirische Erfahrung der Fall ist: Es ist immer möglich, sich einer Erfahrung zu stellen (Schuld zu entschuldigen), weil jede Erfahrung zugleich als fiktionaler Diskurs und als empirisches Ereignis vorliegt, und es nie möglich ist zu entscheiden, welche der beiden Möglichkeiten die richtige ist. Diese Ununterscheidbarkeit macht es möglich, auch das grausamste Verbrechen zu entschuldigen, denn als Fiktion entgeht es den Begrenzungen von Schuld und Unschuld. Andererseits wird es dadurch gleichermaßen möglich, das Fiktionsmachen als [...] die allerschrecklichste Tätigkeit anzuklagen.[33]

Fiktion, so de Man, schützt uns als sicherer Hafen vor den überwältigenden Erfahrungen, Forderungen und Schuldvorwürfen. Innerhalb der Fiktion kann alles ohne die Konsequenzen, die diese vorgestellten Akte in der empirischen Wirklichkeit zeitigen würden, erfahren, erlebt und vorgestellt werden. De Man zeichnet dabei das Bild von zwei Parallelwelten, einer empirischen Welt und einer Welt der Fiktion, zwischen denen die Ausrede als Weiche fungiert. In dem Augenblick, in dem die empirische Welt unerträglich wird, rettet uns die Ausrede in einen fiktiven Diskurs. Fiktion schützt uns vor der rauen Wirklichkeit.

Ein zweiter Schritt dieser Theorie besteht in einem Systemschluss. Solange Fiktion schlicht auf die Forderungen der empirischen Welt reagiert, bleibt sie eine abhängige Sphäre. Doch de Man sieht die Möglichkeit einer Autonomisierung der Fiktion darin gegeben, dass sie selbst den Anstoß geben könnte, auf den sie dann mittels einer Ausrede, Verteidigung, Abwehr oder Flucht reagiert:

> Es ist nicht mehr sicher, dass es Sprache als Ausrede aufgrund einer früheren Verschuldung gibt, denn es ist ebenso plausibel, dass wir, weil Sprache wie ein Maschine fortwährend arbeitet, Schuld (und all ihre psychischen Konsequenzen) produzieren, um die Ausrede bedeutsam zu machen. Ausreden erzeugen eben die Schuld, die sie entschuldigen [...].[34]

De Mans Überlegung nimmt ihren Anfang in der berühmten Marion-Episode aus den *Bekenntnissen*, in denen der junge Hauslehrer

33 Paul de Man, *Allegories of Reading*, S. 293.
34 Paul de Man, *Allegories of Reading*, S. 299.

Jean-Jacques das Dienstmädchen bezichtigt, ein Band gestohlen zu haben, das er selbst entwendet hat, woraufhin sie unehrenhaft entlassen wird. Auf der Handlungsebene scheint diese Episode schlicht eine frühere Schuld (das Stehlen des Bandes durch Jean-Jacques) vorauszusetzen, welche die lügnerische Ausrede (sie war es, nicht ich) negiert. Doch de Man geht über die Handlungsgebene hinaus und sieht die Notwendigkeit der Produktion von Schuld, um die Ausrede zu motivieren. Jean-Jacques stiehlt das Band vielleicht, um sich der Schuld ausgesetzt zu sehen; und die Leser, so de Man, suchen oder provozieren vielleicht gezielt diese Schuldmomente.

Insofern de Man vorschlägt, dass der Ursprung der Fiktion in der Abwehr einer Schuld (beziehungsweise Anklage) gesucht werden muss, steht seine Argumentation in sachlicher Nähe zu den Vorschlägen dieses Buches. Und über die Thesen dieses Buches hinausgehend erörtert de Man, wie Fiktion (und Sprache im Allgemeinen) mithin fortwährend Schuldvorwürfe produzieren muss, um sich selbst notwendig zu machen. Ausreden können sich institutionalisieren, indem sie die Schuldvorwürfe produzieren, die sie zugleich entschärfen. Fiktion verspricht eine Domäne ohne Schuld, aber dieses Versprechen hat nur Macht, wenn der Stachel der Schuld ständig geschärft wird.

Trotz der offensichtlichen Nähe dieser Thesen zu den Gedanken dieses Buches kann ich de Man nur teilweise folgen. Der letztgenannte Vorschlag, dass Fiktion selbst die Schuldvorwürfe produziert, um sie dann zu entschärfen und sich damit wichtigzumachen, scheint mir in der Tat wichtige Einblicke in die Dynamik der Institutionalisierung von Schuldvorwürfen zu bieten. In der Sprache dieses Buches: (Ausrede-)Narrationen ergeben nur dann »Sinn«, wenn die dahinterstehende Anklage noch wahrnehmbar ist. Dies schließt die Möglichkeit ein, dass die Ausrede die Anklage selbst impliziert oder evoziert.

Im Unterschied zu de Man möchte ich aber betonen, dass wenige Ausreden wirklich zufriedenstellend sind und insofern tatsächlich in einer autonomen Sphäre jenseits der Verantwortung münden. Ausreden bleiben diesseits, auch dort wo sie das Spiel der Möglichkeiten und Kontexte auftun. Evas Beteiligung spricht Adam nicht von der Schuld frei, sondern mindert seine Schuld und Verantwortung. Ausreden (des adamitischen Typus) vertilgen die Anklage nicht, wehren sie nicht ganz ab, sondern bieten nur eine

Gegenversion an. Dies führt zu weiteren Verhandlungen diesseits der Verantwortung, nicht in eine fantastische Sphäre jenseits der Verantwortung.

Zudem ist Fiktion nicht durch einen Mangel an Referenz gekennzeichnet, wie de Man behauptet. Eher hat Fiktion einen Exzess an möglichen Referenten. Während de Man einen autonomen Bereich jenseits der Referenz postuliert, also auch einen Bereich jenseits von Schuld und Unschuld, scheint mir das Geschäft der Fiktion eher in der Verhandlung zu bestehen, in der die Täterschaft eines Handelnden verschieden beleuchtet werden kann. »Es war nicht meine Schuld, zumindest nicht nur, denn sie sagte mir, ich solle den Apfel essen.« Narration (Fiktion, Ausrede) erzeugt *Ketten* von Täterschaft, in denen jede Tat an frühere Taten geknüpft ist. Gemäß dem christlichen (aber nicht dem jüdischen) Dogma sind wir alle aufgrund der Erbsünde impliziert. Wir sind alle Töchter und Söhne Adams, dem Eva zuredete, was ihr wiederum die Schlange einflüsterte ... Dies ist das Wesensmerkmal von Fiktion, dass alles mit allem verknüpft und verkettet wird. Niemand kann den ersten Stein werfen, nicht weil der Angeklagte in das de Man'sche Reich der Unschuld geflohen ist, sondern weil jeder irgendwie auch in die Ketten der Kontexte hineingezogen wird.

Kapitel 5
Selbstausreden
Wie man sein Gesicht vor sich und anderen wahrt

»Das Bewerbungsgespräch um die Stelle lief über Skype, knappe dreißig Minuten haben die sich Zeit genommen. Und die Übertragung fror dauernd ein, so dass kein richtiger Schwung in das Gespräch kommen konnte. Absurd war das.«

»Hättest du die Stelle eigentlich angenommen?«

»Weiß ich nicht. Und wenn ich jetzt sehe, wie schlecht sie die Interviews machen, kann ich nur froh sein, dass ich da nicht drauf reingefallen bin.«

»Haben sie dir mit der Absage eine Erklärung geliefert?«

»Nichts. Ich glaube nicht, dass sie allzu viel über die Sache nachgedacht haben. Wahrscheinlich wussten sie schon vorab, dass ich ihnen ein zu unabhängiger Kopf wäre, der halt nicht linientreu mitmacht, was sie wollen.«

»Glaubst du, dass die jemand suchen, der einfach nur ja und amen sagt?«

»Die sind sich da wohl nicht so ganz eins. Und wenn das Auswahlkomitee zerstritten ist, dann einigt man sich schnell auf einen Kompromisskandidaten, der niemandem weh tut.«

»Schön dumm sind die.«

Ausflüchte, Beschönigungen und Ausreden sind überall. Auch das individuelle Selbstbewusstsein wird von Ausreden beeinflusst, vielleicht geprägt: Wer für sich selbst eine Ausrede hat, kann sein positives Selbstbild aufrechterhalten, auch wenn er einmal nicht geleistet hat, was er oder sie von sich erwartet. Dieses Kapitel ist dem Verhältnis von Selbstwahrnehmung, Selbstdarstellung und Narration gewidmet. Die zentrale These ist dabei, dass es die Vorstellung eines Ich wohl nicht gäbe, wenn sie nicht von Ausreden gestützt würde. Ausreden werden gern als Ausflüchte dargestellt, die nur zur Legitimierung unserer Schwächen und Süchte dienen und uns also darin hindern, ein starkes Ich zu entfalten.[1] Doch von welcher Position aus wird diese Kritik geübt? Vielleicht fußt eben die Stärke einer Position, die für sich die Ausrede als schwach ablehnt, auf dem vorherigen Gebrauch von Ausreden, um sich als stark und unabhängig zu positionieren.

1. Institutionalisierung und Narration

Die ersten drei Kapitel dieses Buches beginnen je mit der dialogischen Situation der Anklage. Ein Individuum wird einer Tat beschuldigt und versucht sich der Strafe zu entziehen, indem es eine alternative Version des Hergangs der Ereignisse, seiner Rolle darin und der involvierten Verantwortungen liefert. Die meisten Ausreden entstehen heutzutage allerdings wohl nicht in Entgegnung auf eine im Dialog artikulierte Anklage und nicht innerhalb von Gerichtsverhandlungen, sondern in Positionierungen gegenüber Erwartungen, die an einen jeden gestellt werden und die man, bewusst oder unbewusst, an sich richtet.

In diesem Kapitel soll daher untersucht werden, welche Rolle Ausreden gegenüber sozialen Erwartungen spielen. Konkret wird die an den Einzelnen gerichtete Erwartung von Individualität diskutiert, dass jeder »ein Ich« haben soll. Der Gegenstand der Untersuchung, also diese Erwartung von Individualität, ist dabei mehr als nur ein Beispiel unter anderen, insofern Ichheit (Autonomie, Originalität, Differenz) vielleicht aus nichts anderem als einer Erwartung besteht. In kulturhistorischer Hinsicht dürfte die Forderung nach einem Ich im säkularen Zeitalter zumindest im deutschen Kulturbereich zu einer der schärfsten Forderungen aufgestiegen sein.

Als soziale Wesen sind wir vielfältigem Druck ausgesetzt, uns den expliziten und impliziten Normen, Forderungen und Erwartungen anderer anzupassen. Diese Normen, Forderungen und Erwartungen treten dem Einzelnen dabei nicht schlicht von außen

1 Vgl. Stephan Rinckens, *Eine Ausrede findet sich immer*. Rinckens artikuliert dabei durchaus den Wert der Ausreden: »Das Verständnis des Rückfalls als subjektive Berichtigung eines Irrtums im nüchternen Lebensstil könnte dann durch das Verständnis dieses Irrtums und der Möglichkeiten der Berichtigung wichtige Hinweise für die Therapie geben«, S. 13. Vgl. auch, allerdings weniger reflektiert: Wayne W. Dyer, *Keine Ausreden! Wie wir destruktive Denkmuster ändern können*, München 2009.

entgegen, sondern werden, wie man sagt, »verinnerlicht«.[2] Dies hat zahlreiche bemerkenswerte Konsequenzen. Zu diesen gehört, dass Individuen sich auch dann unter Druck setzen, wenn keine äußere Instanz vorliegt, die diesen Druck manifest macht. Dieser Prozess wird oft als Konditionierung oder Institutionalisierung einer Norm beschrieben. Statt auf das normierende Moment abzuheben, kann auch, wie hier vorgeschlagen wird, das fiktionalisierende Moment betont werden. Dabei tritt hervor, dass Institutionen stets ein fiktionales beziehungsweise imaginäres Element anhaftet.[3] Menschen erfinden sich und schaffen sich Gründe dafür, dass sie sich unter Druck setzen, auf eine bestimmte Art und Weise zu handeln.

Wie im methodischen Teil der Einleitung angedeutet wurde, besteht der Vorschlag dieses Buches darin, den Prozess der Sozialisation durch eine Dynamik der Institutionalisierung des Verhältnisses von Begriff und Handlung zu beschreiben. Die sozialen Erwartungen verdichten sich in Begriffen (manche würden wie Michel Foucault eher von Diskursen sprechen),[4] die den Einzelnen unter Druck setzen, sich ihnen entsprechend zu verhalten. Begriffe sind hier zunächst symbolische Generalisierungen und auch Universalisierungen, die alle Mitglieder einer Gruppe oder eben alle Menschen betreffen.[5] Da jedoch niemand genau weiß, wie das gehen soll, dass man einer im Begriff ausgesprochenen Erwartung folgt, muss das Individuum auf verschiedene Strategien zurückgreifen, dem Begriff eine konkrete Handlungsanweisung zuzuschreiben.[6]

2 Vgl. zur Verinnerlichung allerdings die oben erwähnten Komplikationen, dass die Verinnerlichung als das Einüben einer dialogischen Rolle beschrieben werden kann, Kapitel 3, Abschnitt 6.

3 Vgl. zur Institution als einem imaginären Konstrukt Cornelius Castoriadis, *Gesellschaft als imaginäre Institution: Entwurf einer politischen Philosophie*, Frankfurt am Main 1990.

4 Wie im Folgenden angedeutet wird, soll durch die Aufspaltung dessen, was bei Foucault Diskurs heißt, in Begriff und Handlung der dynamische Prozess bereits innerhalb der Diskursivierung betont werden.

5 Die Bewegung, die den Anspruch eines Begriffs von einer Gruppe auf alle anderen überträgt, kann als Denkfigur des Fanatismus beschrieben werden. Vgl. Richard Miller, *Terror, Religion, and Liberal Thought*, New York 2010. Miller argumentiert, dass gegen derartige Exzesse des Fanatismus eine universelle Struktur von Gerichtbarkeit angebracht werden muss, wenn die fanatische Gruppe sich selbst keine oder zu wenige Beschränkungen auferlegt.

6 Herbert Hart spricht im Fall des Verhältnisses von allgemeinen Regeln und dem Verhalten der Individuen von der Notwendigkeit der Individuen, die Re-

Dazu gehören sicher an erster Stelle habituelle und rituelle Formen der Umsetzung von Begriffen in konkretes Verhalten. Institutionen verwalten diese Praktiken, wie etwa die Kirche die Gottesfurcht reguliert und in den Heiligenlegenden zugleich Modelle vorlegt, was man tun soll. (Die Unerreichbarkeit dieser Modelle dürfte dabei zugleich die Größe der Forderung des Begriffs Gott schüren.)

Doch in manchen Fällen sind die Protokolle, denen der Einzelne in der Umsetzung der begrifflichen Forderungen folgen soll, weniger deutlich vorgezeichnet. Auch die bereits institutionalisierten Formen der Begriffsfolge sind ja offen für Neuinterpretationen, wie z. B. die Geschichte der Kirche reich an radikalen Begründern wie Paulus, Franz von Assisi und Martin Luther ist.[7]

Eben in diesem Spannungsfeld des ungeheuren Anspruchs des Begriffs auf der einen Seite und der Ungewissheit, wie der Einzelne sich verhalten soll, auf der anderen vermitteln sprachliche Sequenzen, das heißt große und kleine Erzählungen, kollektive und individuelle Narrationen. Aber wie genau geschieht dies? Welche Möglichkeiten der Reaktion auf die symbolisch generalisierten Forderungen und Erwartungen besitzen Individuen? Was leisten die Narrationen, mit denen man sich sein Leben erzählt, ermöglicht, erleichtert, legitimiert und schafft? Wie verwalten und filtern die Narrationen die an ein Individuum gerichteten Erwartungen? Besteht die Hauptaufgabe von Narration in der Stiftung von Kohärenz, Heilung und Zusammenfügung, wie oft in hermeneutischen[8] und therapeutischen[9] Zusammenhängen argumentiert wird, oder erlauben Narrationen umgekehrt vornehmlich das Unterlaufen der gegebenen Erwartungen?[10]

geln durch ihr konkretes affirmierendes Verhalten zu akzeptieren, vgl. Herbert L. A. Hart, *The Concept of Law*, Oxford 1961. Vgl. zu Harts Text auch Christoph Menke, *Die Gegenwart der Tragödie. Versuch über Urteil und Spiel*, S. 70-73.

7 Vgl. zu diesen radikalen Stiftern: Alain Badiou, *Paulus. Die Begründung des Universalismus*, Berlin 2002.

8 Vgl. etwa: Paul Ricœur, *Zeit und Erzählung*, Bd. 1-3, München 1988-1991; Jerome Bruner, *Acts of Meaning*.

9 Zur kritischen Übersicht vgl. Cheryl Mattingly, *Healing Dramas and Clinical Plots. The Narrative Structure of Experience*, Cambridge 1998, S. 104-107.

10 Vgl. dazu die Thesen von Claudia Breger, die das destabilisierende Potenzial von Narration betont und dabei dem verbreiteten Dualismus von Narration und Performanz entgegenarbeitet, Claudia Breger, *An Aesthetics of Narrative Performance: Transnational Theater, Literature, and Film in Contemporary Germany*.

Zunächst muss hier betont werden, dass Narrationen den begrifflichen Ansprüchen weder schlicht genügen noch sich ihnen entziehen kann. In einer kleinen Narration entgeht das Individuum der ungeheuren Forderung des Begriffs, eben indem es ihr in gewissem Maße entspricht. Diese Doppelstruktur von Entsprechung und Suspendierung zugleich kann dabei entweder mehr zur Entsprechung oder mehr zur Suspendierung pendeln. Ein Beispiel, bei dem die Entsprechungsleistung zu überwiegen scheint, besteht in der genannten Heiligenlegende, die die Gottesfurcht im Märtyrertod expliziert. Ähnlich kann das soldatische Heldentum im neunzehnten Jahrhundert[11] als Ausformulierung des Begriffs der Nation[12] verstanden werden. Im Helden und im Märtyrer wird den Mitmenschen das Ideal des Begriffs drastisch und mahnend vor Augen geführt. Doch noch diese Extremfälle zeigen, wie der Begriff hier zugleich suspendiert wird, insofern das Verhalten einer Kritik zugänglich wird, die dem Begriff versagt bleiben musste. (Die Heiligen können als psychisch krank bewertet werden; die Heldentaten selbst erweisen sich im Angesicht des Ersten Weltkriegs als irrelevant usw.)

Die Beispiele, in denen die Suspendierungsleistung überwiegt, sind sicherlich meist komplexer. Zu den Komplikationen gehört es etwa, dass die Begriffe meist nicht als Begriffe erkannt werden, sondern als unumgängliche Tatsachen. Daher besteht die Suspendierung eines Begriffs durch eine Narration weniger in einer Aufweichung des Begriffs, sondern vielmehr in einer Aufdeckung, dass es sich um einen Begriff beziehungsweise eine Konvention handelt. Und erst im nächsten Schritt wird dieser Begriff dann etwa als fehlbar dargestellt oder durch eine narrative Alternative ersetzt.[13]

11 Und mit ihm der Ehrbegriff der Duelle, vgl. Ute Frevert, *Ehrenmänner. Das Duell in der bürgerlichen Gesellschaft*, München 1995.

12 Benedict Anderson, *Die Erfindung der Nation. Zur Karriere eines folgenreichen Konzepts*, Berlin 1996.

13 Ein solches komplexes Beispiel besteht in dem Begriff von Mutterschaft im achtzehnten Jahrhundert. Noch Anfang des achtzehnten Jahrhunderts herrschte die Vorstellung, Mutterschaft sei als eine unverbrüchliche Leitform der Natur vorgegeben. Diese Natur war zudem noch als Erbe und Ablöserin des Christentums als heilige Natur überhöht (vgl. Albrecht Koschorke, *Die heilige Familie und ihre Folgen*, Frankfurt am Main 2000) und fand etwa in der Ideologie des »Naturrechts« ihren Ausdruck (Vgl. Diethelm Kippel, *Politische Freiheit und Freiheitsrechte im deutschen Naturrecht des 18. Jahrhunderts*, Paderborn 1976).

Die just genannten Beispiele können vielleicht den Anschein erwecken, dass es sich bei dem begrifflich gesteuerten Verhalten meist um extreme Handlungen handelt. Doch dem ist nicht so. Ein Großteil des alltäglichen Verhaltens steht unter dem Bann eines Begriffs, etwa wenn ein Teenager versucht, sich zu amüsieren, und dabei den Anforderungen der Spaßkultur genügen will. Oder wenn Eltern den Streit ihrer Kinder schlichten wollen und dabei von einer Vorstellung der Gerechtigkeit getrieben werden. In beiden Fällen können der Teenager oder die Eltern ihr Verhalten als kleine Narration erfahren, die dem Begriff entspricht. Selbst wenn sie dabei nicht individuell eine Narration erfinden oder bewusst erleben, kann ihr Verhalten doch von kulturellen Narrationen vorgeprägt sein. Eben dies ist die Leistung der Narration, dass sie den Begriff (Nation, Mutterschaft, Spaß, Gerechtigkeit) durch eine Narration ersetzt, von der behauptet werden kann, dass sie dem Begriff entspricht, selbst wenn sie ihn aushebelt. Die Narration artikuliert die

Entsprechend galten tatsächliche Mütter, die die Vorstellung dieser Form von Mutterschaft verletzten, als widernatürlich, entartet. Tötete eine Mutter etwa ihren Säugling, so wurde dies als Verbrechen wider die Natur kompromisslos mit Todesstrafe geahndet. Doch im deutschen Sturm und Drang (und bereits zuvor in der englischen Rechtsprechung) kam es plötzlich zu einem grundsätzlichen Neuverständnis. Die Mütter, die ihre Kinder töteten, wurden nun zu besonders guten Müttern umgeformt, die ihre Kinder töten, um sie vor einer schlechten Zukunft zu schützen, und also der institutionalisierten Erwartung an Mutterschaft exzessiv folgten. Mutterschaft wird plötzlich als kultureller Begriff verstanden. Evchen in Wagners *Kindermörderin* (1776) weiß, dass ihr Kind als »Bastard« ein Leben voller Diskriminierung zu erwarten hätte. Das heißt, noch wenn Evchen das Kind tötet, handelt sie gemäß einer Vorstellung von Mutterschaft. Was die Denker des Sturm und Drang (wie Wagner, Lenz, Schiller, Goethe, Friedrich der Große, Pestalozzi etc.) hier beobachten, ist, wie der institutionalisierte Begriff einen Exzess produziert und versagt. Das führt diese Denker zur Beobachtung anderer Begriffe und Institutionen, die die Mütter in den Notstand treiben und darin ihrerseits als fehlbare Institutionalisierungen erkannt werden, wie etwa die gegen unehelichen Verkehr gerichteten Sittengesetze, die Leitvorstellung der Familie und der soldatische Ehrenkodex. Der zentrale Punkt ist hier, dass die Denker des Sturm und Drang das Verhalten der Mütter als Umsetzung eines Begriffs von Mutterschaft deuten; damit brechen sie mit der Idee der Mutter als natürlich gegebener Konstante. Und just in der Darstellung des Verhaltens der Mutter erkennen sie dann, wie der Begriff Verhalten motiviert, das ihn untergräbt. Vgl. zu diesem Beispiel ausführlich Fritz Breithaupt, »Anonymous Forces of History. The Case of Infanticide in the Sturm-und-Drang«, in: *New German Critique* 79 (2000), S. 157-176.

besonderen Bedingungen und Kontexte, was ein Begriff in einer gegebenen Situation fordern kann, und reduziert dabei zugleich die Reichweite des Begriffs. Narration dient insofern der Moderation.

In diesem Sinne haben Narrationen den gleichen Effekt wie Rituale, die ein Tabu (Begriff) dadurch ehren, dass sie es durch das Ritual der Vermeidung (Narration) ersetzen und erzeugen.[14] Mit anderem Akzent könnte man mit den Worten von Johannes Türk auch von einer immunisierenden Wirkung von Narration und Literatur sprechen; Literatur bereitet uns auf die Gefahren und Ansprüche vor, so dass wir sie besser abwehren können.[15]

Zu erinnern ist dabei natürlich daran, dass es die Begriffe ja nie schlicht gibt, selbst wenn sie bereits in sprachlich generalisierter Form vorliegen, sondern dass sie stets auch erst als abstrakte Korrelate zu unserem Handeln und zu unseren Narrationen entstehen. Wir erfinden insofern auch erst den Begriff, um unser Verhalten zu begründen; wir erfinden die Gefahr, um unsere Immunisierungsleistung als notwendig erscheinen zu lassen.[16]

Sowohl gegenüber der Forderung des Begriffs als auch gegenüber der Praxis der Handlung schafft die Narration hier eine Ausrede: Gegenüber dem Begriff entwirft die Ausrede die Formen, wie man dem Begriff in der gegebenen Situation mit ihren konkreten Umständen in vereinfachter Form entsprechen kann oder ihm nicht einmal mehr entsprechen muss. Gegenüber der Praxis findet die Narration die allgemeine Form, die sie als Einzelhandlung notwendig erscheinen lässt, weil die Praxis ja dem Begriff dient. Um ein Beispiel zu geben: Als die Menschen in der Romantik plötzlich die Alpen entdeckten und wie Goethe Gletscher bestaunen wollten, taten sie dies einerseits, um dem neuen Begriff der ästhetischen Erfahrung zu entsprechen, der den Einzelnen an den Reichtum seines Erfahrens bindet. Andererseits schafften sie mit der beschwerlichen Reise in die Alpen und den nachfolgenden Berichten zugleich erst diese Forderung (also auch den Begriff der Erfahrung), man müsse solches tun, müsse da gestanden und dies erlebt haben, denn sonst

14 Niklas Luhmann hat das Ritual in diesem Sinne als »Kommunikationsvermeidungskommunikation« definiert, vgl. Niklas Luhmann, *Die Gesellschaft der Gesellschaft*, Frankfurt 1997, S. 235.

15 Johannes Türk, *Die Immunität der Literatur*, Frankfurt 2011.

16 So auch strukturell die von Paul de Man beschriebene Dynamik der Fiktion, siehe Kapitel 4, Abschnitt 4.

hätte man ja kaum die Plackerei auf sich genommen. Um es erneut zu betonen: Diese Doppelstruktur von Begriff und Handlung wird durch die (Ausreden-)Narrationen verwaltet und ermöglicht.

2. Ich-Zwang und Ich-Vermeidung

Wer sich mit »Individualität« beschäftigt, tut gut daran, auch den *Druck* zur Individualität zu berücksichtigen. Individualität bezeichnet eben nicht nur eine Vielzahl von statistisch messbaren Verhaltensformen, sondern auch die an den Einzelnen gerichtete Erwartung, anders als die anderen zu sein.

Bekanntlich haben die westlichen Kulturen, die aus dem Europa der Aufklärung entsprungen sind, eine Sondersituation geschaffen. Sie haben im Laufe des langen achtzehnten Jahrhunderts eine Umstellung von stratifikatorischen zu funktionalen Differenzierungen, um es in Niklas Luhmanns Worten zu sagen, bewirkt. Die zentrale Größe, die damit in den Blick kommt, ist der Einzelne, das Individuum, das sich zu behaupten hat.[17] Einfach gesagt: Bis zum achtzehnten Jahrhundert waren die Individuen weitgehend durch ihre soziale Stellung einer relativ rigiden Ordnung geprägt, also durch Stand, Geschlecht, Familienstand, Beruf, Staatsbürgerschaft bzw. Ortszugehörigkeit und Religion. Doch diese Prägung des Einzelnen wird zunehmend, zunächst vor allem für Männer, aufgeweicht. Die Freiheit der Berufswahl erlaubt soziale Mobilität nach oben und unten. Damit wächst der Anspruch an den Einzelnen, Schmied seines eigenen Glückes zu sein. Oder andersherum formuliert: die Ausreden, warum man es nicht sein kann, entfallen. Die Literatur der Zeit feiert das Genie als ein freies und originelles Wesen. Das »Ich« wird geboren.[18]

Das »Ich« ist ein naheliegender Kandidat für die Untersuchung der von den Begriffen ausgehenden Forderung, denn wie nur wenige andere Begriffe verkörpert es das Unter-Anklage-Stehen des Einzelnen. Die Forderung an den Einzelnen, seine Individualität zu leben, wird dadurch radikalisiert, dass der Einzelne keinen Blick auf seinen Nachbarn werfen darf, wenn es darum geht, wie dieser

17 Vgl. Niklas Luhmann, »Individuum, Individualität, Individualismus«.

18 Vgl. Jochen Schmidt, *Die Geschichte des Genie-Gedankens in der deutschen Literatur, Philosophie und Politik 1750-1945*, Darmstadt 1988, 2. Aufl.

sich der Forderung stellt und entzieht, denn mit dem »Ich« besteht ja zugleich das implizite Verbot der Nachahmung. Zudem gibt es keine Existenz des »Ich« außerhalb des Wortes oder Begriffs. Es gibt keine empirische Sache, auf die man zeigen könnte, um sein Ich zu belegen. (Dies heißt nicht, dass diverse Sachen wie ein tolles Auto nicht als Ersatzbegründung des Ich fungieren können.) Dies ist sicherlich auch bei anderen Begriffen der Fall, doch werden viele Begriffe nicht nur durch große Narrationen, sondern auch sichtbare Institutionen wie Gott in der Kirche oder die Gerechtigkeit im Gericht gestützt.

Dieses Ich ist dabei zugleich ein historisch-soziales und ein sprachlich-konzeptionelles Phänomen. Als historisch-soziales Phänomen ist es Resultat des ökonomischen Aufstiegs und der schrittweisen politischen Aufwertung des Bürgertums.[19] Als sprachlich-konzeptionelles Phänomen findet es in der Artikulation des Begriffs »des« Ich oder »le« *moi* als Substantiv eine Quelle, das sich seit ungefähr 1770 rasant ausbreitet.[20] Jeder glaubt ein Ich haben zu müssen, doch niemand weiß genau, was dies heißt. Autonomie (Freiheit) und Singularität (Originalität) werden als Proxy-Inhalte des Ich mobilisiert, um das Ich zu plausibilisieren und zu legitimieren.

Die Frage ist nun, ob dieses Ich eine Ausnahme von dem allgemeinen sozialen Druck darstellt oder schlicht eine Variation dessen ausmacht. Wenn wir der seit dem Ende des achtzehnten Jahrhunderts verbreiteten Rhetorik folgen, stellt sich das starke Individuum oder Ich gegen den sozialen Druck und geht eigene Wege. Dem Anspruch nach entkommt das Ich also der sozialen Verfassung. Das Ich, so will es schon der Name, ist anders als die anderen. Doch dieses Ich existiert ja nur als Begriff beziehungsweise als Fiktion. Seine über die sehr deutliche indexikale Referenz hinausgehende »Bedeutung« ist absolut unbestimmt.

19 Vgl. zur Übersicht etwa die Beiträge in Richard van Dülmen (Hg.), *Die Entdeckung des Ich. Die Geschichte der Individualisierung vom Mittelalter bis zur Gegenwart*, Köln 2001.

20 Zur Bedeutung der Jahre um 1770 für das Ich siehe Jan Goldstein, »Mutations of the Self in the Old Regime and Postrevolutionary France: From *Ame* to *Moi* to *Le Moi*«, in: Lorraine Daston (Hg.), *Biographies of Scientific Objects*, Chicago and London 2000, S. 86-117; und Dror Wahrman, *The Making of the Modern Self*, New Haven, London 2004. Zum Ich im Allgemeinen, allerdings ohne Betonung des Begriffszwangs, vgl. auch Charles Taylor, *Quellen des Selbst. Die Entstehung der neuzeitlichen Identität*, Frankfurt am Main 1996.

Statt hier die reichen Archive des achtzehnten Jahrhunderts zu öffnen, die uns unter anderem Einblick in den individuellen Druck und die Versagensangst vor dem Ich liefern,[21] können wir zunächst Folgendes festhalten: Das Individuum kommt in einer spezifischen Konstellation des langen achtzehnten Jahrhunderts in die Lage, sich *als* Individuum behaupten, legitimieren oder erfinden zu müssen. Das heißt, dass es sich seine Erfolge und Misserfolge selbst zuzurechnen hat. Was zählt, sind nicht mehr angeborene Privilegien oder etwa die Produkte von glücklichen Umständen wie einer guten Erziehung, sondern das, was der Einzelne selbst ohne Anleitung oder Vorbild daraus macht. Das Bemerkenswerte ist ebendieser, pietistisch geprägte, aporetische Druck auf den Einzelnen, sich als Ich beweisen zu müssen. Je genauer der Einzelne sich und seine Motivation ins Auge fasst, desto weniger selbstgesteuert und singulär erweist er sich allerdings. Aber ebendies wird vom Einzelnen gefordert, fordert er von sich.

Insofern kann man formulieren, dass dieses neue Ich sich nicht als Identität manifestiert, sondern als Ich-Zwang.[22] Das Ich steht nicht unter Anklage, sondern ist eine Anklage. Entsprechend hat das Individuum kein Ich und ist kein Ich. Stattdessen muss es seine Praktiken darauf richten, ein Ich zu erweisen und zu beweisen, vielleicht hervorzubringen. Gesucht werden die Mittel, die dem Ich helfen können, sich zu erweisen, die einen Ich-Effekt bewirken können.

Dieter Thomä hat die Paradoxien eines solchen Projektes der Selbsterfindung aufgezeigt, indem er den Spagat der Individualitätsrhetorik, etwa von Richard Rorty, kritisch untersucht.[23] Wer sich in Abgrenzung zu einer Konvention etablieren will, so wie etwa Rorty es vorschlägt, kann dies zwar dadurch leisten, dass er (oder sie) eine differente Erzählung findet, doch eine solche differente Erzählung bleibt abhängig von der Rezeption der anderen.

21 Vgl. Stefan Keppler, *Grenzen des Ich. Die Verfassung des Subjekts in Goethes Romanen und Erzählungen*, Berlin, New York 2006.

22 Bereits im Feudalismus entsteht der Druck, sich als selbstidentisches Subjekt zu zeigen. Norbert Elias spricht in diesem Kontext von einem Selbstzwang und einer Selbstzwangapparatur, siehe Norbert Elias, *Über den Prozeß der Zivilisation. Soziogenetische und psychogenetische Untersuchungen*, Frankfurt am Main 1997, S. 323-346: 330.

23 Dieter Thomä, *Erzähle dich selbst. Lebensgeschichte als philosophisches Problem*, Frankfurt am Main 2007, S. 122-165.

Diese können die abweichende Erzählung entweder als pervers abtun oder sie als Geniestreich feiern. Selbst im letzteren Fall aber gerät die scheinbar so individuelle Erzählung in den Strudel der Konvention, wie Thomä nachzeichnet, da sie ja verständlich ist, Gegenstand der Nachahmung wird, so dass selbst der Autor der Erzählung sich am Ende nur von ihr abgrenzen kann, um (erneut) seine Individualität behaupten zu können.

In theoretischer Hinsicht ist die narrative Selbsterfindung also hochproblematisch. (Dies gilt auch für die Versuche der Selbsterfindung, die nicht auf Singularität abzielen. Viele Individualitätskonzeptionen, wie etwa diejenige von Karl Philipp Moritz,[24] sehen ihren Kern stattdessen ja auch in Autonomie oder, so Schelling, in Freiheit.) In kulturhistorischer Hinsicht aber hat dieses Dilemma dem Siegeszug des Ich wohl nicht nur nicht geschadet, sondern es geradezu befördert. Weil man sein Ich nicht schlicht ein für alle Mal narrativ erfinden kann, muss man es immer wieder neu versuchen. Dies dürfte die auf das »Ich« gerichteten Praktiken immens vervielfachen und intensivieren.

Die Geschichte dieses Ich-Zwangs übt, so darf man wohl vermuten, einen maßgeblichen Einfluss auf die Geschichte der Individualität seit dem achtzehnten Jahrhundert aus. Zu ihren wichtigsten Effekten gehört sicherlich die Verzeitlichung des Ich, die das Ich in eine Zukunft vertagt, so dass auch derjenige, der jetzt an seinem Ich zweifelt, darauf hoffen kann, künftig eines zu erwerben. Diese Verzeitlichung des Ich ist eng mit der Gattung des Bildungsromans verbunden. Zu den Effekten dieses Ich-Zwangs gehört weiterhin die Verschiebung des Ich zu einem Beobachter zweiter Ordnung. Das geschieht in der Aufwertung der Position des Intellektuellen im neunzehnten Jahrhundert, der zwar selbst nichts mehr produziert, nicht einmal sein eigenes Glück, aber aus seiner Position der Beobachtung dennoch den Anspruch auf Autonomie und Singularität verteidigen kann, auch wenn er selbst sie nicht mehr umsetzen kann.[25]

24 Vgl. Elliott E. Schreiber, »Pressing Matters. Karl Philipp Moritz's Models of the Self in the Magazin zur Erfahrungsseelenkunde«, in: *Goethe Yearbook* XI, 2002, S. 133-158.

25 Zur Erfindung des Intellektuellen, vgl. Jürgen Fohrmann, »Die Erfindung des Intellektuellen«, in: Jürgen Fohrmann, Helmut J. Schneider (Hg.), *1848 und das Versprechen der Moderne*, Würzburg 2003, S. 113-129.

Wie diese Effekte des Ich-Zwangs andeuten, kommt das Ich nicht ohne Strategien aus, die seinen Anspruch auch dann noch repräsentieren können, wenn seine direkte Umsetzung oder Präsentation scheitert. Anders gesagt, der Ich-Zwang und die Ich-Effekte können wohl nur dann zum Zuge kommen, wenn sie mit Ich-Vermeidungsstrategien gepaart sind. Dies scheint eine wichtige Lektion zu sein, dass ein Begriff wie das Ich (oder auch Gerechtigkeit, Liebe, Nation), dem keine einfache Realität entspricht und von dem dennoch eine mächtige Forderung ausgeht, sich nur dann durchsetzen, und das heißt, institutionalisieren kann, wenn er sich mit Strategien der Suspendierung und Vermeidung verbinden kann.

Im Folgenden möchte ich mich auf eine spezifische Strategie der Ich-Legitimierung konzentrieren, die Ich-Effekte mit Ich-Vermeidungen kombiniert, nämlich die Stärkung des Ich durch Ausrede-Narrationen. Dieser Zusammenhang von Ich und Narration soll zunächst theoretisch, dann historisch dargelegt werden. Dies wird uns über eine Erörterung von Alfred Adlers Psychologie auch zu einer Erwägung des gegenwärtigen Standes der Ich-Kultur führen.

Wenn man annimmt, dass das Ich als Ich-Zwang existiert, erkennt man den Druck, der auf dem Individuum lastet, sich beweisen zu müssen. Dabei stehen nicht einmal die Spielregeln von Forderung und Beweis fest. Es ist schnell einzusehen, dass der Anspruch, der von dem Ich ausgeht, unendlich und seine Entsprechung unmöglich ist. Um aber dennoch nicht permanent sein Scheitern zugeben zu müssen, sind Ausreden ein geeignetes Mittel. »Ich hätte hier und heute einen schönen Vortrag halten können, wenn ich nicht so müde vom Jetlag gewesen wäre.« Oder: »Dieses Buch wäre ja so viel besser gewesen, hätte ich es während eines Sabbaticals schreiben können statt im laufenden Semesterbetrieb.« So bin ich erst einmal aus dem Schneider. Das heißt, die Ausrede erlaubt es mir, eine hohe Selbstvorstellung aufrechtzuerhalten, da sie Ausnahmesituationen geltend macht, die das Ich entschuldigen, sich je direkt zeigen zu müssen. Die Ausrede entschärft den Ich-Zwang, nimmt ihm die Spitze, da sie Umstände geltend macht, die das Ich zwar nicht belegen oder beweisen, aber dennoch seine Möglichkeit auch dort noch offenhalten, wo es scheinbar versagt hat.

Dies leistet nicht »die« Ausrede, sondern immer wieder neue Ausreden. Für jede Situation, die ein Individuum belasten könnte, muss es sich entschuldigende Umstände und Ausreden hinzudenken oder erfinden können, die es entlasten. Das Individuum wird hier zum Ausredendrescher, zum kreativen Erzeuger von Narrationen, die vor ihm selbst und anderen Bestand haben können. Die Narrativierungen beweisen sein Ich dabei zwar nicht, aber sie bieten ihm Unterschlupf.

Es gibt hier auch den umgekehrten Prozess, der von der Ausrede zum Ich führt. Dazu kommen wir mittels folgender Überlegung. Wer sich rausredet, der schafft überhaupt erst die Möglichkeit, dass sich bestimmte (private) Selbstansprüche verstecken können, selbst wenn diese der Ausrede nicht vorausgehen. Wie hoch der eigentliche Anspruch liegt, steht ja nicht fest, wenn man sagt: »Ich war heute nicht in Form.« Weil man sich rausreden kann, entsteht erst eine Diskrepanz zwischen der öffentlichen Erscheinung und einem suggerierten anderen. Eben weil dieses andere suggeriert werden kann, kann das Phantasma eines Ich entstehen. Die Ausrede wird das Medium, in dem das Ich wachsen und gedeihen kann.

Hier müssen wir uns fragen, unter welchen Umständen Ausreden diesen Effekt haben, das Ich zu unterstützen oder sogar als Phantasma zur Welt zu bringen. Was sind also die historisch-kulturellen Markierungen des Ich-Effekts der Ausrede?

3. Alfred Adlers Minderwertigkeitskomplex

An dieser Stelle möchte ich mich als Zeugen auf die Schriften von Alfred Adler, den Konkurrenten Freuds, beziehen. Adler verstehe ich dabei weniger als einen Psychologen denn als einen Historiker, der uns eine Diagnose seiner Zeitepoche liefert, wenn er untersucht, unter welchen Umständen das Ich und die Ausrede sich wechselseitig bedingen. Zunächst sollen die Thesen Adlers kurz zusammengefasst werden, um uns dann zu dem entscheidenden Punkt zu führen.

Adlers Psychologie der Charakterentwicklung und der Phylogenese hat ihren Ausgangspunkt in der Vorstellung der Minderwertigkeit des Kindes. Zentral ist die Unsicherheit. Aufgrund einer tiefen Unsicherheit und gegen diese erzeugt das Kind die kompensatorische »Fiktion« oder den »männlichen Protest«, die sich in dem Wunsch äußern, der Stärkste sein zu wollen.

Als die neurotische Zwecksetzung hat sich uns *die Erhöhung des Persönlichkeitsgefühls* ergeben, dessen einfachste Form im übertriebenen »*männlichen Protest*« zu erkennen ist. Diese Formel: »Ich will ein ganzer Mann sein!« ist die leitende Fiktion, sozusagen die »fundamentale Apperzeption« (Avenarius) in jeder Neurose, für die sie in höherem Grade als für die normale Psyche Wirklichkeitswerte beansprucht.[26]

Diese Kombination von Unsicherheit und Fiktion der Stärke stellt gemäß Adler den Ausgangspunkt der psychischen Entwicklung dar: »Die leitende Fiktion ist demnach ursprünglich das Mittel, ein Kunstgriff, durch den sich das Kind seines Minderwertigkeitsgefühls zu entledigen sucht. Sie leitet die Kompensation ein und steht im Dienste der Sicherungstendenz.«[27] Die leitende Fiktion ist dabei insofern Teil des Kompensationsmechanismus, als sie die Unsicherheit zu überspielen sucht. Wenn die eigene Stärke gefunden ist, könnte dies, so die Hoffnung, das primäre Gefühl der Unsicherheit überspielen. Doch zugleich setzt die Fiktion das Individuum unter Druck, dass es ja nun der Stärkste sein muss. Die Kompensation wird hier bereits zur Falle, die nachgeordnete Kompensationsmechanismen nötig macht.[28]

In der Tat beginnt laut Adler an dieser Stelle die sich verstärkende Suche der Kompensationstechniken und Ausredestrategien, die das Individuum erlernt oder erlernen kann. Zu diesen Techniken gehören das starre Festhalten an Normen, das Ordnen der Welt mittels einfacher Schemata wie »Gegensatzpaaren«[29] sowie das Aufsuchen fester Punkte und Idole (Götzen), das eine hierarchische Gliederung der Welt erlaubt. Schließlich kommen hier auch die

26 Alfred Adler, *Über den nervösen Charakter. Grundzüge einer vergleichenden Individualpsychologie und Psychotherapie*, München und Wiesbaden, 1922, 3. Aufl., S. 5.

27 Alfred Adler, *Über den nervösen Charakter*, S. 35.

28 Mit den Worten von Dreikurs: »Die neurotische Person begegnet dem Konflikt, indem sie ihren privaten Sinn von ihrem Bewusstsein versteckt, indem sie sich ihre eigenen Neigungen nicht eingesteht, wenn diese im Konflikt mit ihrem Gewissen, ihrem Gemeinsinn, stehen. Sie sucht nach Alibis, um ihre sozialen Schwächen zu entschuldigen. Wenn diese Beschreibung richtig ist, und wir haben jeden Grund zu der Annahme, dass sie richtig ist, dann führt dies zur Schlussfolgerung, dass wir alle grundsätzlich und strukturell neurotisch sind«, R. Dreikurs, *Psychodynamics, Psychotherapy and Counseling*, Chicago 1967, S. 124, zitiert nach George W. Linden, »Excuses, Excuses!«, in: *Individual Psychology*, 49 (1993), S. 1-12, S. 2.

29 Alfred Adler, *Über den nervösen Charakter*, S. 21.

Überwindung eingebildeter Widerstände in Betracht, da das Individuum sich den Triumph als Zeichen der Stärke selbst zuschreiben kann. Diese und verwandte Techniken versteht Adler als Beherrschungsstrategien des Realen, die die individuelle Wahrnehmung vollständig prägen können.[30]

Doch die zentrale Strategie der Kompensation besteht in der Ausrede. Indem wir alle möglichen Umstände »beschuldigen«,[31] also etwa Kleinheit, fehlende Kindheit, schlechte Erziehung, fehlende Männlichkeit, fehlende Weiblichkeit, zu große oder zu kleine Körpermerkmale etc., schaffen wir eine Situation, die uns den Druck der Fiktion erleichtert. Jeder Mensch kann sich als »zurückgesetzten Menschen« bezeichnen oder betrachten,[32] also als einen Benachteiligten, der entsprechend seine ungeheure Stärke nicht durchsetzen konnte, obwohl sie ja in ihm steckt. Die Ausrede erhält solcherart einerseits den Anspruch der Fiktion, der Stärkste zu sein, *und* markiert andererseits den Grund, warum sich diese Stärke nicht manifestieren kann. Die Ausrede fungiert als die Bedingung der Möglichkeit des Ich im Zustande seiner Abwesenheit.

Entsprechend kommt es zu einem Paradox. Der Trick dieser Ausredenstrategie besteht mämlich genau darin, die Ausrede aufzuwerten. Das neurotische Individuum beginnt, so Adler, den Zustand zu suchen, in dem die Ausrede erscheint. Die Devise dieser Strategie lautet: »Handle so, als ob du verloren, als ob du der Größte, der Angefeindetste wärest.«[33] Eben die Herabsetzung des Individuums, seine Niederlage wird, im Zustand der Ausrede, sein Erfolg. Ziel des Handelns des Neurotikers ist mithin die Bestätigung seiner Ausrede, dass er also ein Versager ist. Aus dem Mittel wird ein Zweck.[34]

Der Ich-Effekt, den Adler anbietet, besteht also nicht schlicht in einer Kompensation ersten Grades, sondern in einer Kompensation zweiten Grades, die zum Selbstzweck aufsteigt. Zum Selbstzweck wird eine solche Kompensation (Ausrede), wenn sie nun

30 Alfred Adler, *Über den nervösen Charakter*, S. 19.

31 Alfred Adler, *Über den nervösen Charakter*, S. 21.

32 Alfred Adler, *Über den nervösen Charakter*, S. 21.

33 Alfred Adler, *Über den nervösen Charakter*, S. 23.

34 Vgl. Alfred Adler, *Über den nervösen Charakter*, S. 34. Dieses Umkippen von Mittel in Zweck war um und nach 1900 eine prominente Denkfigur, vgl. vor allem Georg Simmel, *Philosophie des Geldes*, Leipzig 1900.

ihrerseits bestätigt werden soll, also ihrerseits kompensiert werden soll. Insofern handelt es sich hier zugleich um eine Kompensation einer Kompensation. Konkret heißt dies: Nicht das Ich wird mehr durch Ersatzstrategien gesucht, sondern seine Herabsetzung wird gesucht, als Beweis des Ich. Wer »mit Minderwertigkeitsgefühlen vorgeimpft« wurde,[35] ist gegen diese als Gefahr immun und versucht im Gegenteil, sie zu bestätigen. Diese Kompensation zweiten Grades macht den Menschen zum Neurotiker.

Wenn wir Adler als Diagnostiker der Epoche folgen, so wie ich es vorschlage, dann wandert der Ich-Zwang über in einen Ich-Zwang zweiter Ordnung. Dieser Ich-Zwang zweiter Ordnung wird dabei, wie Adler es nennt, »neurotisch«, insofern er Bestätigung für die Ausreden sucht, warum dieses Ich nicht zum Zuge kommen kann. Und in der Tat scheint mir dies eine treffende Diagnose einer Tendenz im zwanzigsten und einundzwanzigsten Jahrhundert zu sein: Das Ich und der Ich-Zwang wirken fort in dem Zwang zur Herabsetzung des Ich. Hier werden die Ausreden institutionalisiert. Das heißt, Ausreden werden sowohl Mittel als auch Gegenstand der Institutionalisierung.

4. Kultur der Ausrede

Die Diskussion von Alfred Adlers Theorie des Minderwertigkeitskomplexes hat exemplarisch einen wichtigen Aspekt der Ausrede aufgedeckt. Ausreden bleiben nicht schlicht bei dem einen kreativen Akt der Produktion eines neuen Kontexts und einer neuen Version eines Sachverhalts stehen. Vielmehr generieren diese neuen Versionen sprachliche Sachverhalte, die dann ihrerseits Gegenstand von Ausreden, Kontextualisierungen und Neubewertungen werden können. Während Adler zunächst den Druck beschrieb, Kompensationen, Entschuldigungen und Ausreden für die eigene Minderwertigkeit zu finden, beobachtet er in der Folge, wie ebendiese Kompensationsleistungen anschließend ihrerseits zum Gegenstand von Kompensation, Entschuldigung und Ausrede werden. Das zunächst zu entschuldigende Verhalten kann in Vergessenheit geraten, so dass statt dieses nun die etablierten Ausredennarrationen bestä-

35 Alfred Adler, *Über den nervösen Charakter*, S. 22.

tigt und kompensiert werden müssen. Statt das Ich zu legitimieren, werden dann die Ich-Vermeidungsstrategien legitimiert. Das Ich wird hier also nicht entkräftet, weil es unter Angriff steht, sondern weil es permanent entschuldigt wird. Denn wenn die Entschuldigung oder Ausrede akzeptiert wird, verschwindet der Druck, ein Ich zu (er-)finden.

In dieser Ausrede zur Ausrede zeigt sich eine allgemeine kulturelle Dynamik. Diese besteht darin, dass eine angebotene Ausredennarration konventionalisiert und institutionalisiert wird. Die Narration wird dann zu einem schlichten Muster, dem gefolgt wird, mit oder ohne fühlbare Präsenz der Begriffszwänge, Vorwürfe und Anklagen, die zu der Einrichtung der Ausredennarration geführt haben mögen.

Während wir in den vorangegangenen Kapiteln eher die Kreativität und Destabilisierung einfacher Wahrheiten durch die Ausrede betont haben, zeigt diese Konventionalisierung eine ungemein stabilisierende Wirkung. Dem entspricht auch, dass jedem unter dem Stichwort »Ausrede« zunächst dutzende von abgedroschenen Ausreden einfallen. Ausreden werden zu Mustern. In den meisten Fällen der konventionalisierten Ausredennarrationen dürfte uns kaum noch bewusst sein, dass sie historisch aus kreativen kontextgenerierenden Ausreden hervorgegangen sind. Auch verwundert es uns, wenn wir historisch die poröse Grenzlinie zwischen juristischer Rechtfertigung und bloßer Ausrede zurückverfolgen und erkennen, dass viele der uns selbstverständlichen und akzeptablen Rechtfertigungsgründe, die eine strafrechtliche Schuld vollständig ausschließen, zu früheren Zeiten als abstruse Ausreden abgelehnt wurden. Die früheren Ausreden sind nun Rechtfertigungen, zeitigen einen normalisierenden Effekt.

In dem Zusammenhang kann man auch an die zahlreichen individuellen Ausreden denken, mittels derer Alkoholiker ihre Sucht legitimieren.[36] Statt auf ihre Willensstärke zu pochen und dem Alkohol zu entsagen, schaffen sie Begründungen, warum dies unmöglich ist, und verhalten sich in der Folge entsprechend ihrer Pseudobegründung, um diese Ausrede damit zu legitimieren. Die Ausrede selbst wird ihnen zum Gebot, auf das hin sie ihre Praktiken ausrichten. Wenn die Ausrede etwa darin besteht, dass sie

36 Vgl. Stephan Rinckens, *Eine Ausrede findet sich immer.*

»jetzt« zu viel »Stress« haben, um sich vom Alkohol zu trennen, schaffen sie entsprechend eben den »Stress«, der ihnen die Trennung unmöglich zu machen scheint, und so fort.

Bemerkenswert an dieser Struktur der Institutionalisierung der Ausrede ist, dass dabei die Ausrede in die strukturelle Position des früheren Vorwurfs beziehungsweise der Anklage rückt. Die Ausredennarration wird zum fordernden Begriff im obigen Sinne, dem entsprochen werden soll (»Stress«, Minderwertigkeit, Unzurechnungsfähigkeit, Kindlichkeit, um nur die genannten Beispiele aufzulisten). Statt eine Anklage durch eine Verteidigung oder Ausrede zu entkräften, wird nun die Ausrede ihrerseits zum Vorwurf, für den eine Entgegnung gesucht wird. In vielen Fällen dürfte dies zu Verhalten führen, welches die Ausrede schlicht umsetzt und ihr narrativ zu entsprechen versucht. Doch zugleich kommt es dabei erneut zu dem beschriebenen Prozess, in dem eine Narration den Begriff (also die Ausredennarration) ersetzt und dabei Differenzen in das System einschleust.

Die subversive Ausrede, die einen neuen Kontext zur Erklärung einer Tat heranzieht, schafft also, wenn sie akzeptiert wird, eine als gültig anerkannte Erklärung – bis diese ihrerseits durch eine neue Kontextualisierung und eine neue Ausrede in Frage gestellt oder neu konzeptioniert wird.

Auf den ersten Blick kann es scheinen, dass dieses Kapitel eine neue Konzeption der Ausrede ins Spiel bringt. In den anderen Kapiteln stand die Ausrede als alternative Version im Vordergrund. Ausreden sind kontexterzeugende Akte, so hatten wir dort argumentiert, die neben die erste Version der Anklage vielleicht ohne sachlichen Widerspruch eine zweite stellen, um die Autorität der Anklage zu unterhöhlen. Doch um ebendieses Verhältnis der teilweisen Entsprechung und der Unterhöhlung geht es auch in diesem Kapitel. In diesem Kapitel hatten wir die Ausredenstruktur in dem Verhältnis von begrifflicher Forderung und narrativer Ersetzung wiedergefunden. Dabei zeigte sich das Doppelverhältnis der Ausrede besonders deutlich. Einerseits bewahrt die Ausrede die meisten oder alle Elemente des Sachverhalts und entspricht ihnen. Andererseits entzieht die Ausrede der Anklage ihren festen Grund, indem sie aus den gegebenen Elementen mittels des Heranzitierens eines anderen Kontextes eine Gegenversion spinnt. Diese Doppelbewegung zeigt sich in diesem Kapitel in der Wechselwirkung von

Begriff und narrativer Entsprechung. Denn jedes narrativierbare Verhalten, das auf die begriffliche Forderung antwortet, bemüht sich einerseits um Entsprechung, leistet aber andererseits tendenziell stets auch eine Ersetzung und Aushebelung des Begriffs. Ein solcher Ausnahmezustand erscheint etwa in der Kompensationsleistung, die Kontexte geltend macht, in denen der Begriff (jetzt) nicht gilt.

Trotzdem hat es in diesem Kapitel eine Verschiebung gegeben, insofern die begrifflichen Forderungen (Gott, das Ich, Vergnügen, Gerechtigkeit und so weiter) sich nicht auf vergangenes Verhalten richten, sondern auf künftiges (oder auf künftig zu legitimierendes vergangenes) Verhalten. In den vergangenen Kapiteln ist uns diese Bewegung auf die Zukunft nur am Rande begegnet, etwa wenn wir überlegten, dass derjenige, der eine gute Ausrede hat, sich eher riskantes Verhalten erlaubt. Entsprechend wird die Anklage, die wir bisher als notwendigen Anstoß der Ausrede gesehen haben, zu einem Strukturmoment *innerhalb* einer Dynamik von begrifflicher Forderung und narrativer Entgegnung. Das externe dialogische Verhältnis wird intern dupliziert (ein *re-entry*, wie Spencer-Brown sagen würde). Aus der artikulierten Anklage wird dabei eine vage – aber keineswegs schwächere[37] – Erwartung, die wir an uns selbst richten. Diese auf die Zukunft gerichtete Bewegung der Forderung schafft erst die Kultur der Ausrede. In dieser Kultur stehen die stabilisierenden und destabilisierenden Tendenzen in einem dynamischen Verhältnis, da jede Ausrede aus der vorgegebenen Logik der akzeptierten Erklärungen ausbrechen kann, Ausreden aber zugleich als Stabilisatoren in der Übersetzung von begrifflich definierten Erwartungen und Verhalten notwendig sind. Vor allem zeigt sie die ominöse Präsenz der Ausrede in fast allen Verhaltensformen, die durch narrative Strukturen legitimiert werden. In diesem Sinne ist die Ausrede kulturstiftend.

37 Insofern wir ja nun selbst definieren müssen, worin diese Forderung besteht und wie wir sie praktisch umsetzen können, siehe oben.

Kapitel 6
Empathie als Ausrede für andere

Die Ausrede erschien bisher als die vielleicht eigennützigste Form der Rede. Wie auch immer die Ausrede lautete, sie zielte in allen genannten Formen darauf, den eigenen Kopf aus der Schlinge zu ziehen oder sich zumindest das Leben zu vereinfachen. Mittels Ausreden wird der Schaden anderer verdeckt und damit vergrößert. Insofern scheint die Ausrede als Redeform den großen, eigennützigen Manipulatoren angemessen, also etwa den Kindern, Psychopathen, Politikern, Süchtigen und Anwälten.

Und doch führt von der Ausrede ein Weg zum anderen, denn wie so oft steckt gerade in den Mechanismen, die dem Eigennutz dienen, auch ein Vehikel, das den Einzelnen auf den anderen verweist.[1] Bisher ist uns der andere meist nur als Ankläger (Kapitel 1, Abschnitt 3), als Zubelügender (Kapitel 3) oder als Konkurrent (Kapitel 2) begegnet. Angemerkt wurde dabei allerdings bereits, dass die Ausrede ein relativ genaues Wissen vom Wissen und emotionalen Zustand des anklagenden anderen verlangt, denn nur so kann die Ausrede erfolgreich sein. In vielen Fällen muss man wissen, was genau der andere weiß, um die Ausrede strategisch geschickt platzieren zu können.

Doch der andere muss nicht Adressat der Ausrede sein. Er kann auch Gegenstand der Ausrede werden. So leicht es vielen Menschen fällt, eine Ausrede für einen Fehltritt oder auch nur kontroverses Verhalten zu finden, so leicht kann es auch sein, eine ausredenartige Begründung für das Verhalten eines anderen zu liefern. Gerade hier zeigt sich, wie fließend die Grenze zwischen mir und dem anderen ist. Es beginnt mit der Ausrede für einen Nahestehenden. Wenn eins meiner Kinder mal wieder etwas ausgefressen hat, gelingt es mir schnell, eine entschuldigende Ausrede aus dem Ärmel zu schütteln. Ist das eigentlich eine Ausrede für den anderen oder für mich? Wenn ein Anwalt sich für seinen Mandanten einsetzt und die günstigste Erklärung für dessen Verhalten starkmacht,

1 Man denke etwa an Freuds Theorie der Liebe, die sich ausgehend vom Narzissmus und der Eigenliebe zu einer Objektliebe entwickelt (*Zur Einführung des Narzissmus*).

ist es eine Ausrede für einen anderen und doch gilt sie zugleich dem Eigennutz des Anwalts, der die Sache des anderen zu seiner gemacht hat. Aber auch bei einem Fremden ist es leicht, dessen Handlungen, und selbst die rechtswidrigen, wegzuerklären, zu entschuldigen und dabei eine Ausrede für ihn zu spinnen.[2] Diese Beispiele scheinen bisher eher Anlass zu der Vermutung zu geben, dass der andere hier nicht eigentlich *als anderer* erscheint, sondern als Ausdehnung von uns selbst oder als bloßes Streitobjekt. Trotzdem ist die Grenze hier zumindest fließend, wie ich im Folgenden argumentieren will. Denn ab einem gewissen Punkt wird die Ausrede im eigentlichen Sinn eine Ausrede *für den anderen.*

Zwei verschiedene Formen der narrativen Ausrede für andere sollen uns helfen, Klarheit zu gewinnen. Beide stehen sich dabei nicht als Gegensatz gegenüber, sondern sind vielmehr Pole eines Kontinuums mit vielen Zwischenformen. Und nur im Falle der zweiten werden wir von Empathie im engeren Sinn sprechen.

Die erste Form geht vom anderen aus, dessen Verhalten wir erklären und kontextualisieren wollen. Wie wir bereits argumentiert haben (Kapitel 4), »verstehen« wir literarische Charaktere dadurch, dass wir ihre Aktionen in einen Kontext stellen und dadurch zu Reaktionen umwandeln. Einen Kontext anzulegen und dabei ein neues Licht auf die Handlung zu werfen, entspricht strukturell der Ausrede. Insofern können wir mit sachlichem Recht behaupten, dass zumindest das »Verstehen« einer literarischen Figur in dem Finden oder Erfinden einer Ausredennarration für ihr Verhalten besteht. Diese Art des Umgangs mit einer literarischen Figur dürfte auch eine Entsprechung im Leben finden. Dabei bezieht sich dieser Prozess der Erklärung eines anderen in der Regel auf die wahrscheinlichste Variante. Insofern kann man hier von *Theory of Mind* sprechen, also dem Entwickeln einer Vorstellung, wie ein anderer sich und seine Situation wahrnimmt.[3] Ausgehend von der *Theory of Mind* kann der Beobachter das wahrscheinlichste vergangene oder

2 Vgl. hierzu etwa den Streit zwischen den frühen Psychiatern und den Strafrechtlern, wie mit psychologisch auffälligen Straftätern umzugehen sei, Nicole Rafter, »The Unrepentant Horse-Slasher: Moral Insanity and the Origins of Criminological Thought«, in: *Criminology* 42 (2004), S. 979-1008.

3 Vgl. zur allgemeinen Einführung auch: Paula Leverage, Howard Mancing, Richard Schweickert und Jennifer Marston William (Hg.), *Theory of Mind and Literature.*

künftige Verhalten des Beobachteten kalkulieren. Das solcherart kalkulierte Verhalten umfasst dabei durchaus rationale, kognitive und emotionale Prozesse. Unklar ist dabei, inwiefern das Erzeugen der *Theory of Mind* durch partielle Simulation oder eher epistemische Prozesse gelingt, und man darf annehmen, dass sich unter dem Begriff verschiedene neuronale Mechanismen verbergen.[4]

Für den vorliegenden Zusammenhang genügt es, darauf hinzuweisen, dass die *Theory of Mind* in der Regel wohl typisierend verfährt. Der Beobachter abstrahiert sein spezielles Wissen, um die Situation des anderen in einfachen Grundzügen aus dessen Sicht zu erkennen, vielleicht zu simulieren. Der andere wird dabei eine universalisierte Version des Beobachters (abgezogen werden nur die spezifischen Limitationen, was der andere nicht weiß, der Beobachter aber weiß), sei es eben durch Simulation oder durch epistemische Annäherungen. In der Regel wird für diese Kalkulation des Verhaltens eines anderen vorausgesetzt, dass dessen Handlungen folgerichtig sind und dass auch der andere aus Eigennutz handelt.[5] Dieser angedeutete Prozess scheint unsere Fähigkeit, Ausreden für uns selbst zu knüpfen, nahezu mechanisch auf den anderen auszuweiten. Genau genommen haben wir nicht die Ausreden auf den anderen übertragen, sondern nur unsere Vorstellung von uns selbst aufgeweicht, da wir uns an seine Stelle gesetzt haben.

Diese Prozessierung und Typisierung der *Theory of Mind* erlauben dem Beobachter dabei wohl auch eine kritische Distanz. Auch wenn er das Verhalten des anderen kalkuliert, kann er zugleich seine eigene Position im Blick behalten und etwa in Situationen

4 Dies ist eine große Diskussion. Die Mehrzahl an Studien sieht ein größeres Maß an Simulation am Werke. Zur Einführung in die Gegenposition siehe Karsten Stueber, *Rediscovering Empathy: Agency, Folk Psychology, and the Human Sciences*, Cambridge, Mass. 2006; mit Bezug zur Narration siehe auch: Daniel D. Hutto, »The Narrative Practice Hypothesis: Origins and Applications of Folk Psychology«, in: *Royal Institute of Philosophy Supplement* 60 (2007), S. 43-68.

5 Eigennutz kann hier paradoxerweise zum Vehikel werden, andere an unsere Stelle zu setzen, indem wir ihnen ebenfalls Eigennutz unterstellen. Amartya K. Sen hat argumentiert, dass wir jede Handlung so drehen können, dass wir ihr Eigennutz (*self-interest*) unterstellen können. In der Unterstellung von Eigennutz ist also intellektuell nicht viel zu gewinnen. Vgl. Amartya K. Sen, »Rational Fools: A Critique of the Behavorial Foundations of Economic Theory«, in: Tracy B. Strong (Hg.), *The Self and the Political Order*, New York 1992, S. 120-139.

der Konkurrenz seine Interessen gegen den anderen durchsetzen.[6] Es kann insofern auch nicht verwundern, dass Psychopathen, die einen erschreckend hohen Anteil der Gefängnispopulation ausmachen, durchaus diese Fähigkeit der Kalkulation anderer besitzen; sie nutzen ihr Wissen um den anderen aber nicht zu dessen Gunsten.[7] Auch die Narration operiert typisierend, da sie die wahrscheinlichste Variante ergreift und das kreative Potenzial der Ausrede unterschlägt. Die Ausreden für den anderen finden hier mithin nicht, oder nicht unbedingt, zugunsten des anderen statt.

Die zweite Form der Ausrede für andere sucht nicht die wahrscheinlichste Erklärung des Verhaltens eines anderen und überhaupt ist nicht eigentlich die Erklärung das Ziel dieser Narration. Der Ansatzpunkt ist auch nicht eigentlich die genaue Beobachtung des anderen, obwohl sie stattfindet, sondern die Entscheidung für den anderen, die Parteinahme. Wenn wir uns einmal für einen anderen entschieden haben, und alle Daten zeigen, dass wir uns sehr schnell (für oder gegen jemanden) entscheiden,[8] dann suchen wir die Möglichkeiten seines Verhaltens, die uns am günstigsten erscheinen, in der der andere gemäß unserer Einschätzung am besten davonkommt. Doch dabei geht es nicht schlicht um eine Kalkulation wie in der ersten Form, sondern um das Einräumen von Möglichkeiten, die jenseits der Wahrscheinlichkeit und auch jenseits dessen liegen, das wir uns vorstellen können. Wir entschul-

6 Die bislang wahrscheinlichste Studie, die eine *Theory of Mind* bei Primaten nachgewiesen hat, nutzt eine Situation des Wettbewerbs, siehe Juliane Bräuer, Joseph Call und Michael Tomasello, »Chimpanzees really Know what Others can see in a Competitive Situation«, in: *Animal Cognition* 10 (2007), S. 439-448.

7 Zu neuen Einsichten zu Psychopathen beziehungsweise Soziopathen vgl. die Studien von Kent Kiehl, etwa: Carla L. Harenski, Keith A. Harenski, Matthew S. Shane und Kent A. Kiehl, »Aberrant Neural Processing or Moral Violations in Criminal Psychopaths«, in: *Journal of Abnormal Psychology* 21 (2010), S. 1-12.

8 Es ist zum Beispiel gut dokumentiert, dass der erste visuelle Eindruck eines anderen in Bruchteilen einer Sekunde zu einem Urteil darüber führt, ob dem anderen zu trauen ist oder nicht. Dieses Urteil wird dabei auch nach längeren Zeitintervallen in den meisten Fällen beibehalten, vgl. Alexander Todorov, Manish Pakrashi, und Nikolaas N. Oosterhof, »Evaluating Faces on Trustworthiness after Minimal Time Exposure«, in: *Social Cognition* 27 (2009), S. 813-833. Die Geschwindigkeit des Urteils gilt auch für juristische Entscheidungen, vgl. Stephen Porter und Leanne ten Brinke, »Dangerous Decisions: A Theoretical Framework for Understanding how Judges assess Credibility in the Courtroom«, in: *Legal and Criminological Psychology* 14 (2009), S. 119-134.

digen den anderen nicht aufgrund dessen, was wir wissen oder ahnen, sondern aufgrund dessen, was wir nicht wissen und ahnen, bestenfalls wünschen und erhoffen.

Wenn wir uns einmal für jemanden entschieden haben und nun für ihn und aus seiner Perspektive mitdenken, kalkulieren wir nicht oder nur zu einem gewissen Teil, sondern rechnen stets auch mit dem Unberechenbaren. Insofern behandeln wir den anderen, wie wir uns selbst behandeln: als ein unabgeschlossenes Wesen voller uns kaum einsehbarer Möglichkeiten. (Die Typisierung der *Theory of Mind* dagegen liefert uns eine Vorstellung des anderen, die diesen auf einen Punkt reduziert.) Wer sich dergestalt auf einen anderen einlässt, setzt sich daher auch dem Selbstverlust aus,[9] denn das Eintauchen auch in das Unbestimmte des anderen erlaubt keine oder weniger kritische Distanz als etwa die *Theory of Mind*. Dies kann dazu führen, dass auch das unentschuldbare Verhalten des anderen entschuldigt wird. Eine Ausrede findet sich immer.

Dieser Prozess kann als Empathie oder narrative Empathie bezeichnet werden.[10] Narration wird dabei in dem Sinne verstanden, den dieses Buch vorschlägt, nämlich als Aufdecken stets einer anderen Möglichkeit, wie sich verschiedene Ereignisse zueinander verhalten (siehe Kapitel 1). Dabei geht es nicht um das Ins-Leere-Gehen einer unendlichen Bewegung (obwohl dieser Prozess durchaus ins Unendliche gehen kann), sondern um das Entkommen aus einer Anklage, Bedrohung oder Forderung. Die Entscheidung für einen anderen mündet somit in dem Hineinfühlen in einen Raum der unbestimmten Möglichkeiten, die den anderen vor einer Anklage, Bedrohung oder Forderung retten oder retten könnten.

Ein Beispiel soll diese Differenz zwischen dem Kalkulieren einer Fremdperspektive und der narrativen Empathie veranschaulichen.[11]

9 Vgl. ausführlicher Fritz Breithaupt, »A Three-Person Model of Empathy«, erscheint in *Emotion Review* 4.1 (2012).

10 Zur Einführung in narrative Empathie siehe Suzanne Keen, *Empathy and the Novel*.

11 Vgl. zu dieser Unterscheidung auch Tania Singer, »Understanding Others: Brain Mechanisms of Theory of Mind and Empathy«, in: Paul W. Glicher, Colin F. Camerer, Ernst Fehr, Russell A. Poldrack (Hg.), *Neuroeconomics: Decision Making and the Brain*, London 2009, S. 249-266; und Tania Singer und Claus Lamm, »The Social Neuroscience of Empathy«, in: *The Year in Cognitive Neuroscience. Annals of the New York Academy of Sciences* 1156 (2009), S. 81-96; für eine Übersicht der evolutionär relevanten Aspekte von Empathy siehe Jean Decety, »The

Gerade letzte Woche rief eine Freundin aus Oklahoma an, Medizinerin an der dortigen Universität. Sie berichtete, dass sie einen Ruf an eine private Eliteuniversität an der amerikanischen Ostküste erhalten habe, wo sie ein großes Labor übernehmen würde. Nun bat sie mich um Rat, was sie machen solle. Sie legte mir die Vor- und Nachteile ihrer jetzigen Position an einer staatlichen Universität im Vergleich zu der neuen Stelle dar. Und sie überlegte laut, was der Umzug für ihre Familie mit zwei Töchtern bedeuten würde. Sie sah sich zwischen zwei Stühlen. Und beide Möglichkeiten schienen ihr gleich verlockend zu sein. Sie liebe ihre jetzigen Routinen und würde sie ungern aufgeben. Seit einem Dutzend Jahren hatten sie dort Fuß gefasst. Zugleich zogen sie die Möglichkeiten der reichen Universität an. Sie sah aber auch die Risiken, die mit jeder Entscheidung verbunden waren. Ihrer staatlichen Universität in Oklahoma geht es finanziell nicht gut. Den Absprung zu verpassen, könnte insofern etwas sein, das sie später bereuen könnte. Doch auch kleine private Universitäten haben ihre Tücken und können schnell zur Isolation führen. Was also sollte ich ihr raten?

Von außen gesehen sieht vieles einfacher aus. Ich kenne meine Freundin gut genug, um zu erraten, was die wahrscheinlichere Option ist. Um zu dieser Einsicht zu gelangen, musste ich die Situation der Entscheidung nur insofern aus ihrer Sicht einbeziehen, als sich ihr beide Möglichkeiten als grob gesehen gleichwertig darstellten, trotz des ungleichen Prestiges der beiden Universitäten, dem großen Labor mit gehobener Verantwortung und dem durchwachsenen Image von Oklahoma in den USA. Nun kenne ich genügend Studien zu bestimmten kognitiven Effekten, wie *loss aversion*, *endowment effect* und *status quo bias*, die nahelegen, dass die meisten Menschen in ökonomischen Entscheidungen den Verlust höher bewerten als den Gewinn und im Zweifelsfall alles beibehalten, wie es ist. Und schon kann ich eine erste Kalkulation anstellen, die besagt, dass es wohl wahrscheinlicher ist, dass meine Freundin bleibt, wo sie ist. Doch was hilft ihr diese Einsicht?

Vermutlich nicht viel. Im Gegenteil, meine Freundin wäre zu Recht ein wenig empört gewesen, als ich ihr diese Rechnung vorlegte, denn sie verkennt ihr eigentliches Dilemma und beraubt sie der Entscheidungshoheit. (Sie war natürlich viel zu höflich, um

Neuroevolution of Empathy«, in: *Annals of the New York Academy of Sciences* (2011) (im Druck).

empört zu sein, und hat auch die Ironie registriert, als ich diese Kalkulation andeutete.) So weit bringt uns die *Theory of Mind*, das Kalkulieren einer Fremdperspektive.

Mit Empathie hat dies bisher nur bedingt zu tun. Empathie ist wohl auch nicht das schnellste Instrument, jemanden bei einer Entscheidung zu helfen. Denn Empathie heißt hier erst einmal, das Dilemma aus der Innenperspektive als einen unbestimmten und auch bedrohlichen Raum an Möglichkeiten zu erfahren. Empathie ist dabei nicht auf Simulation des anderen zu reduzieren und auch nicht auf ein Kopieren seiner Empfindungen oder Überlegungen; sie ist kein Mitleid, keine Sympathie und auch keine Kalkulation aus einer Außenperspektive. Stattdessen besteht Empathie in dem Eintauchen in die spezifische Unbestimmtheit der Situation des anderen. Diese Unbestimmtheit zwingt einen dazu, jeden Stein zu wenden, überall eine andere Möglichkeit oder Bedrohung zu sehen, eine »Version« zu wittern, wie wir im ersten Kapitel sagten. Das Wenden der Steine kommt auch zu keinem schnellen Ende, falls es überhaupt zu einem Ende kommt.

Dieses Wenden der Steine betrifft dabei auch gleichermaßen die äußere und die innere Situation des anderen, sofern diese Unterscheidung überhaupt anwendbar ist. Dabei wird auch die Grenze zwischen mir und dem anderen verwischt, denn wer diesen Raum betritt, befindet sich dann eben imaginär in diesem Raum. Selbstverlust ist ein Strukturmoment von Empathie. Stockholm-Syndrom oder *hostage identification syndrome* ist ein Fall von Empathie. Dieses Abenteuer der Empathie nimmt man wohl nicht allzu leicht auf sich, zahlreiche Blockaden schützen einen vor dem Selbstverlust, der damit einhergeht. Die Entscheidung für den anderen, vorab, ist sicherlich einer der Wege, die zur Empathie führen. In gewisser Art und Weise kann man sagen, dass wir von derartigen Entscheidungen zur Empathie überlistet werden.

Was also kann ich meiner Freundin sagen? Vielleicht kann ich ihr nur dieses Zeichen geben, dass die Abgründe ihrer Situation ansteckend sind. Je mehr ich in den Raum der Möglichkeiten und Risiken eintauche, desto unmöglicher wird eine einfache Entscheidung.

Letztere Unmöglichkeit zur Entscheidung gilt sicher nicht für alle Fälle der Empathie. Empathie kann sicherlich auch dazu beitragen, Blockierungen oder Fixationen eines anderen zu erkennen, die nicht notwendig sind. Hier kann das Spiel der Möglichkeiten Auswege auftun, die dem anderen verstellt sind.

Es sei hier noch kurz angedeutet, dass Empathie für sich kein ethisch gutes Verhalten darstellt. Sicherlich nimmt Empathie den anderen ernst; ernster zumindest, als dies bei dem Kalkulieren einer Fremdperspektive der Fall ist. Doch die Motivationen, die zur Empathie führen, und die Effekte, die sie haben, sind keineswegs automatisch »gut«. Es lässt sich sogar eine perverse Schattenseite der Empathie ausmachen, die dem anderen eine bedrohliche Situation wünscht, um Empathie zu ermöglichen. Und man kann sich ja durchaus für den Falschen entscheiden.[12] Schließlich sei noch angedeutet, dass es noch andere Bezugnahmen zum anderen gibt, die häufig mit Empathie zusammengebracht werden: Mitleid und Sympathie. Mitleid und Sympathie haben mit Empathie dabei eine positive Grundeinstellung zum anderen gemeinam, ein Für-den-anderen-Sein. Doch weder im Falle des Mitleids noch im Falle der Sympathie führt dies automatisch zu dem Hineinschlüpfen in die Situation des anderen oder dem Kalkulieren seiner Perspektive.

Im Monat der Abgabe dieses Manuskripts stellte mir eine bekannte Empathieforscherin, Jodi Halpern, die Frage, ob ich glaube, dass Empathie erlernbar sei. Sie arbeitet in der Ausbildung von Ärzten und Psychiatern, denen sie gerne mehr Empathie wünschen würde.[13] Als ich die Frage nach einigem Zögern umdrehte und sie fragte, welche Kernqualität Ärzte haben oder entwickeln müssten, um Empathie zu haben, sagte sie schlicht: Neugier. Ich war zunächst skeptisch, denn lässt sich Neugier lernen und lehren? Und auf Empathie bezogen, welches Interesse treibt einen denn dazu, sich in die spezifische Unbestimmtheit des anderen hineinzudenken? Woher kommt die Neugier? Ist sie ein Ausgangspunkt oder ihrerseits Effekt? Dennoch ist das Wort bei mir hängengeblieben. Neugier ist sicherlich eine Disposition, die narrative Empathie und auch Ausreden begünstigt. Denn jede Ausrede betritt Terra incognita, ein neues Land. Und schlimmer noch, Ausreden können das

12 Zu einigen Spekulationen über die Schattenseiten der Empathie vgl. Simon Baron-Cohen, *The Science of Evil. On Empathy and the Origins of Cruelty*. New York 2011.

13 Vgl. Jodi Halpern, *From Detached Concern to Empathy. Humanizing Medical Practice*, Oxford und New York 2001.

bekannte Land umpflügen, andere Kontexte zur Beurteilung von Taten anlegen. Vielleicht kann man da nur gelassen sein – oder neugierig.

Bibliographie

H. Porter Abbott, »The Evolutionary Origins of the Storied Mind: Modeling the Prehistory of Narrative Consciousness and Its Discontents«, in: *Narrative* 8.3 (2000), S. 247-256.

Alfred Adler, *Über den nervösen Charakter. Grundzüge einer vergleichenden Individualpsychologie und Psychotherapie*, 3. Aufl., München und Wiesbaden 1922.

Colin Allen und Marc Bekoff, *Species of Mind. The Philosophy and Biology of Cognitive Ethology*, Cambridge, Mass. und London 1997.

Colin Allen, »Transitive Inference in Animals: Reasoning or Conditioned Associations?«, in: Susan Hurley und Matthew Nudds (Hg.), *Rational Animals*, Oxford 2006, S. 175-185.

Peter-André Alt, *Klassische Endspiele. Das Theater Goethes und Schillers*, München 2008.

Benedict Anderson, *Die Erfindung der Nation. Zur Karriere eines folgenreichen Konzepts*, Berlin 1996.

G. E. M. Anscombe, *Absicht*, Berlin 2010 [1957].

Aristoteles, *Rhetorik*, hg. v. Franz G. Sieveke, München 1980.

Aristoteles, *Poetik*, hg. v. Manfred Fuhrmann, Stuttgart 1994.

Aleida Assmann und Jan Assmann, »Kanon und Zensur als Kultursoziologische Kategorien«, in: Dies. (Hg.), *Kanon und Zensur. Archäologie der literarischen Kommuikation II*, München 1987, S. 2-27.

John L. Austin, *How to Do Things with Words*, Cambridge, Mass. 1975.

John L. Austin, *Philosophical Papers*, 3. Aufl., Oxford 1990.

Ulrich Baer, *Traumadeutung*, Frankfurt am Main 2002.

Michael Bamberg (Hg.), *Narrative Development. Six Approaches*, Mahwah, NJ. 1997.

Roland Barthes, *S/Z*, Frankfurt am Main 1976.

Walter Benjamin, *Gesammelte Schriften*, hg. v. Rolf Tiedemann und Hermann Schweppenhäuser, Frankfurt am Main 1991.

Benjamin Bennett, *The Dark Side of Literacy. Literature and Learning Not to Read*, New York 2008.

Claudia Benthien, »Tragödie der Scham, Trauerspiel der Schuld. Konzeptionen des Tragischen um 1800«, in: Daniel Fulda, Thorsten Valk (Hg.), *Die Tragödie der Moderne. Gattungsgeschichte, Kulturtheorie, Epochendiagnose*, Berlin 2010, S. 41-66.

Russell A. Berman, *Fiction Sets You Free. Literature, Liberty, and Western Culture*, Iowa City 2007.

Guyora Binder, »The Rhetoric of Motive and Intent«, in: *Buffalo Criminal Law Review* 6.1. (2002), S. 1-96.
Guyora Binder, »The Meaning of Killing«, in: Markus D. Dubber, Lindsay Farmer (Hg.), *Modern Histories of Crime and Punishment*, Stanford 2007, S. 88-114.
Harold Bloom, *Ruin the Sacred Truths. Poetry and Belief from the Bible to the Present*, Cambridge und London 1989.
Wayne Booth, *The Rhetoric of Fiction*, Chicago 1961.
Brian Boyd, *On the Origin of Stories. Evolution, Cognition, and Fiction*, Cambridge, Mass. 2009.
Robert Boyd und P. J. Richardson, »Punishment Allows the Evolution of Cooperation (or anything else) in Sizeable Groups«, in: *Ethology and Sociobiology* 13 (1992), S. 171-195.
Robert Boyd, Herbert Gintis und Samuel Bowles, »Coordinated Punishment of Defectors Sustains Cooperation and can Proliferate when Rare«, in: *Science* 328 (2010), S. 617-620.
Claudia Breger, *An Aesthetics of Narrative Performance: Transnational Theater, Literature, and Film in Contemporary Germany*, Columbus, Ohio (im Druck).
Fritz Breithaupt, »The Invention of Trauma in German Romanticism«, in: *Critical Inquiry* (2005), S. 77-101.
Fritz Breithaupt, *Der Ich-Effekt des Geldes. Zur Geschichte einer Legitimationsfigur*, Frankfurt am Main 2008.
Fritz Breithaupt, *Kulturen der Empathie*, Frankfurt am Main 2009.
Fritz Breithaupt, »Machines of Turning Actions into Reactions: The case of the German novella«, in: *European Romantic Review* 21 (2010), S. 601-614.
Fritz Breithaupt, »A Three-Person Model of Empathy«, in: *Emotion Review* 4.1 (2012), (im Druck).
Douglas A. Brooks, »Sir John Oldcastle and the Construction of Shakespeare's Authorship«, in: *Studies in English Literature* 38 (1998), S. 333-361.
Peter Brooks, *Troubling Confessions. Speaking Guilt in Law and Literature*, Chicago 2000.
Cameron Buckner, »In defense of the distinction between cognition and ›mere association‹«, in: *International Journal of Comparative Psychology* (im Druck).
Karl Bühler, *Sprachtheorie. Die Darstellungsfunktion der Sprache*, Jena 1934.
Jerome Bruner, *Actual Minds, Possible Words*, Cambridge, Mass. und London 1986.
Jerome Bruner, *Acts of Meaning*, Cambridge, Mass. 1990.
Richard Byrne, *The Thinking Ape. Evolutionary Origins of Intelligence*, Oxford 1995.

Josep Call und Michael Tomasello, »The Gestural Repertoire of Chimpanzees (pan troglodytes)«, in: Josep Call, Michael Tomasello (Hg.), *The Gestural Communication of Apes and Monkeys*, London 2007, S. 17-40.
Rüdiger Campe, »*Synegoria* und Advokatur. Entwurf einer kritischen Geschichte der Fürsprache«, in: Claudia Breger, Fritz Breithaupt (Hg.), *Empathie und Erzählung*, Freiburg 2010, S. 53-82.
Cornelius Castoriadis, *Gesellschaft als imaginäre Institution: Entwurf einer politischen Philosophie*, Frankfurt am Main 1990.
Michel Chaouli, »Irresistible Rape. The Lure of Closure in ›The Marquise of O…‹«, in: *The Yale Journal of Criticism* 17 (2004), S. 51-81.
Seymour Chatman, *Story and Discourse. Narrative Structure in Fiction and Film*, Ithaca 1978.
M. Keith Chen und Marc Hauser, »Modeling Reciprocation and Cooperation in Primates: Evidence for a Punishing Strategy«, in: *Journal of Theoretical Biology* 235 (2005), S. 5-12.
Dorothy L. Cheney und Robert M. Seyfarth, *Baboon Metaphysics. The Evolution of a Social Mind*, Chicago 2007.
Robert Chodat, »Naturalism and Narrative, or, What Computers and Human Beings Can't Do«, in: *New Literary History* 37 (2007), S. 685-706.
P. M. R. Clarke, S. P. Henzi und L. Barrett, »Sexual Conflict in Chacma Baboons, *papio hamadryas ursinus*: Absent Males Select for Proactive Females«, in: *Animal Behavior* 77 (2009), S. 1217-1225.
Nicola Clayton, Joanna Dally, James Gilbert und Anthony Dickinson, »Food Caching by Western Scrub-jays (*aphelocoma californica*) is Sensitive to Conditions at Recovery«, in: *Journal of Experimental Psychology. Animal Behavior Processes* 31 (2005), S. 115-124.
Edward Coke, *The Third Part of the Institutes of the Laws of England; Concerning High Treason, and Other Pleas of the Crown and Criminal Causes* [1628], London 1797.
Livia Colle, Simon Baron-Cohen, Sally Wheelwright und Heather K. J. van der Lely, »Narrative Discourse in Adults with High-functioning Autism or Asperger Syndrome«, in: *Journal of Autism and Developmental Disorders* 38 (2008), S. 28-40.
Amy Coplan, »Understanding Characters' Emotions. Emotional Contagion Responses to Narrative Fiction Film«, in: *Film Studies* 8 (2006), S. 26-38.
Meredith Crawford, *The Cooperative Solving of Problems by Young Chimpanzees*, Baltimore 1937.
Catherine Crockford, Roman Wittig, Robert Seyfarth und Dorothy Cheney, »Baoboons Eavesdrop to Deduce Mating Opportunities«, in: *Animal Behavior* 73 (2007), S. 885-890.

Antonio Damasio, *Descartes' Irrtum. Fühlen, Denken und das menschliche Gehirn*, Berlin 2004.
Kerstin Dautenhahn, »The Narrative Intelligence Hypothesis: In Search of the Transactional Format of Narratives in Humans and Other Social Animals«, in: *Lecture Notes in Computer Science* 2117 (2001), S. 248-266.
Jean Decety, »The Neuroevolution of Empathy«, in: *Annals of the New York Academy of Sciences* (2011), (im Druck).
Jacques Derrida, »Signatur Ereignis Kontext«, in: Ders., *Randgänge der Philosophie*, Wien 1988, S. 291-314.
Jacques Derrida, *Gesetzeskraft. Der »mystische Grund der Autorität«*, Frankfurt am Main 1991.
Jacques Derrida, *Dem Archiv verschrieben: Eine Freudsche Impression*, Berlin 1997.
Jacques Derrida, *Limited Inc*, Wien 2001.
Jacques Derrida, *Eine gewisse unmögliche Möglichkeit, vom Ereignis zu sprechen*, Berlin 2003.
Stefanie Diekmann, Thomas Khurana (Hg.), *Latenz*, Berlin 2007.
Richard van Dülmen (Hg.), *Die Entdeckung des Ich. Die Geschichte der Individualisierung vom Mittelalter bis zur Gegenwart*, Köln 2001.
Robin Dunbar, *Klatsch und Tratsch. Wie der Mensch zur Sprache fand*, München 2002.
Robin Dunbar, Amanda H. Korstjens und J. Lehmann, »Time as an Ecological Constraint«, in: *Biological Reviews* 84 (2009), S. 413-429.
Emile Durkheim, *Die elementaren Formen des religiösen Lebens*, Frankfurt am Main 1994.
Wayne W. Dyer, *Keine Ausreden! Wie wir destruktive Denkmuster ändern können*, München 2009.

Edward Hyde East, *Treatise of Pleas of the Crown*, Bd. 1, London 1803.
J. L. J. Edwards, »Compulsion, Coercion and Criminal Responsibility«, in: *The Modern Law Review* 14 (1951), S. 297-313.
Karl Eibl, *Die Entstehung der Poesie*, Frankfurt am Main 1995.
Wolfram Eilenberger, *Das Werden des Menschen im Wort. Eine Studie zur Kulturphilosophie von Michail M. Bachtin*, Zürich 2009.
Norbert Elias, *Über den Prozess der Zivilisation. Soziogenetische und psychogenetische Untersuchungen*, Frankfurt am Main 1997.
Nicholas Emler, »Gossiping«, in: W. Peter Robinson, Howard Giles (Hg.), *The New Handbook of Social Psychology and Language*, Chichester 2001, S. 317-338.
Eva-Maria Engelen, *Gefühle*, Reclam 2007.

Shoshana Felman, *Writing and Madness: Literature/Philosophy/Psychoanalysis*, Ithaca 1985.

Rudolph Fiehler, »How Oldcastle Became Falstaff«, in: *Modern Language Quartertly* 16, (1955), S. 16-28.
Tecumseh Fitch, *Origins of Language*, Cambridge 2009.
Stanley Fish, *Save the World on Your Own Time*, Oxford 2008.
Julia Fischer, »Transmission of Acquired Information in Nonhuman Primates«, in: John H. Byrne (Hg.), *Learning and Memory: A Comprehensive Reference*, Vol. 1, *Learning Theory and Behaviour*, Oxford 2008, S. 299-314.
Jessica C. Flack und Frans de Waal, »Any Animal Whatever: Darwinian Building Blocks of Morality in Monkeys and Apes«, in: *Journal of Consciousness Studies* 7 (2000), S. 1-29.
J. Randall Flanagan und Roland S. Johansson, »Action Plans Used in Action Observation«, in: *Nature* (2003), S. 769-771.
William Flesch, *Comeuppance. Costly Signaling, Altruistic Punishment, and Other Biological Components of Fiction*, Cambridge, Mass. und London 2007.
Monika Fludernik, *Toward a »Natural« Narratology*, London und New York 1996.
Monika Fludernik, »Identity/alterity«, in: David Herman (Hg.), *The Cambridge Companion to Narrative*, Cambridge 2007, S. 260-273.
Jürgen Fohrmann, »Die Erfindung des Intellektuellen«, in: Jürgen Fohrmann, Helmut J. Schneider (Hg.), *1848 und das Versprechen der Moderne*, Würzburg 2003, S. 113-129.
Rainer Forst, *Das Recht auf Rechtfertigung. Elemente einer konstruktivistischen Theorie der Gerechtigkeit*, Frankfurt am Main 2007.
E. M. Forster, *Aspects of the Novel*, San Diego 1985 [1927].
Michel Foucault, *Sexualität und Wahrheit I-III*, Frankfurt am Main 1983-1989.
Michel Foucault, *Überwachen und Strafen. Die Geburt des Gefängnisses*, Frankfurt am Main 2006.
Sigmund Freud, »Dostojewski und die Vatertötung«, in: Ders., *Gesammelte Werke*, Bd. 14, Frankfurt am Main 1999, S. 397-418.
Sigmund Freud, *Totem und Tabu*, in: Ders., *Studienausgabe, Bd. 9: Fragen der Gesellschaft, Ursprünge der Religion,* hg. v. Alexander Mitscherlich, Angela Richards, James Strachey, Frankfurt am Main 2000, S. 287-444.
Ute Frevert, *Ehrenmänner. Das Duell in der bürgerlichen Gesellschaft*, München 1995.

Andreas Gailus, »Form and Chance: The German Novella«, in Franco Moretti (Hg.), *The Novel. Forms and Themes*, Princeton 2006, S. 739-776.
Richard J. Gerrig und Giovanni Egidi, »Cognitive Psychological Foundations of Narrative Experiences«, in: David Herman (Hg.), *Narrative Theory and the Cognitive Sciences*, Stanford 2003, S. 33-55.

Eva Geulen, »Anagnorisis statt Identifikation (Raabes *Altershausen*)«, in: *Deutsche Vierteljahrsschrift für Literaturwissenschaft und Geistesgeschichte* (DVjs) 82.3 (2008), S. 424-447.
René Girard, *Das Heilige und die Gewalt,* Frankfurt am Main 2002.
Eckart Goebel, »Aussöhnung. Sublimierung als Paradigma in Goethes *Trilogie der Leidenschaft*«, in: *Monatshefte* 100.4 (2008), S. 461-488.
Jan Goldstein, »Mutations of the Self in the Old Regime and Postrevolutionary France: From *Ame* to *Moi* to *Le Moi*«, in: Lorraine Daston (Hg.), *Biographies of Scientific Objects*, Chicago and London 2000, S. 86-117.
Jane Goodall, *In the Shadow of Man,* London 1971.
Jane Goodall, *The Chimpanzees of Gombe: Patterns of Behavior*, Boston 1986.
Jon Gould, *The Innocence Commission. Preventing Wrongful Convictions and Restoring the Criminal Justice System*, New York 2007.
Harold Gounzoules und Sarah Gounzoules, »Primate Communication: By Nature Honest or by Experience Wise?«, in: *International Journal of Primatology* 23 (2002), S. 821-848.
Hans Ulrich Gumbrecht, »Lebenswelt als Fiktion/Sprachspiele als Antifiktion. Über Funktionen des realistischen Romans in Frankreich und Spanien«, in: Dieter Henrich und Wolfgang Iser (Hg.), *Funktionen des Fiktiven* (Poetik und Hermeneutik X), München 1983, S. 239-275.

Jodi Halpern, *From Detached Concern to Empathy. Humanizing Medical Practice*, Oxford und New York 2001.
Werner Hamacher, »Afformativ, Streik«, in: Christiaan Hart-Nibbrig (Hg.), *Was heißt ›Darstellen‹?*, Frankfurt am Main 1994, S. 340-374.
Herbert L. A. Hart, *The Concept of Law*, Oxford 1961.
Marc D. Hauser, »Costs of Deception: Cheaters are Punished in Rhesus Monkeys (*macca mulatta*)«, in: *Procedures of the National Academy for Sciences* 89 (1992), 12137-39.
Marc D. Hauser, *Moral Minds. How Nature Designed Our Universal Sense of Right and Wrong*, New York 2006.
The Hebrew Bible in English, hg. v. Herbert Marks, New York 2012 (im Druck).
Martin Heidegger, *Platon: Sophistes*, Frankfurt am Main 1992.
Kevin Jon Heller, »The Cognitive Psychology of mens rea«, in: *The Journal of Criminal Law and Criminology* (2009), S. 317-366.
David Herman, *Story Logic. Problems and Possibilities of Narrative*, Lincoln und London 2002.
David Herman (Hg.), *Narrative Theory and the Cognitive Sciences*, Stanford 2003.
David Herman (Hg.), *The Cambridge Companion to Narrative*, Cambridge 2007.

Jochen Hörisch, *Die Wut des Verstehens. Zur Kritik der Hermeneutik*, Frankfurt am Main 1988.

Roman Ingarden, *Das literarische Kunstwerk*, Tübingen 1972 [1930].
Wolfgang Iser, *Der Akt des Lesens. Theorie ästhetischer Wirkung*, München 1976.

Philip L. Jackson, Eric Brunet, Andrew N. Meltzoff und Jean Decety, »Empathy Examined through the Neural Mechanisms Involved in Imagining how I Feel versus how you Feel Pain«, in: *Neuropsychologia* 44 (2006), S. 752-761.
Manfred Jahn, »Focalization«, in: David Herman (Hg.), *The Cambridge Companion to Narrative*, Cambridge 2007, S. 94-108.
Roman Jakobson, *Kindersprache, Aphasie und allgemeine Lautgesetze*, Frankfurt am Main 1992.
Hans Robert Jauss, »Negativität und Identifikation. Versuch zur Theorie der ästhetischen Erfahrung«, in: Harald Weinrich (Hg.), *Positionen der Negativität* (Poetik und Hermeneutik VI), München 1975, S. 263-339.
Andre Jolles, *Einfache Formen*, Darmstadt 1958 [1930].

Susanne Keen, *Empathy and the Novel*, Oxford und New York 2007.
Susanne Keen, »Strategic Empathizing. Techniques of Bounded, Ambassadorial, and Broadcast Narrative Empathy«, in: *Deutsche Vierteljahrsschrift für Literaturwissenschaft und Geistesgeschichte* (DVjs) 82.3 (2008), S. 477-493.
Stefan Keppler, *Grenzen des Ich. Die Verfassung des Subjekts in Goethes Romanen und Erzählungen*, Berlin, New York 2006.
Stephen Kern, *A Cultural History of Causality. Science, Murder Novels and Systems of Thought*, Princeton 2004.
Diethelm Kippel, *Politische Freiheit und Freiheitsrechte im deutschen Naturrecht des 18. Jahrhunderts*, Paderborn 1976.
Orsolya Kiss, *Force, Action, Plot. The Epistemological Promise of Force in the Long Eighteenth Century* (bisher unveröffentlichtes Buchmanuskript).
Friedrich A. Kittler, *Dichter, Mutter, Kind*, München 1991.
Wolf Kittler, *Die Geburt des Partisanen aus dem Geist der Poesie. Heinrich von Kleist und die Strategie der Befreiungskriege*, Freiburg 1987.
Hans Herbert Kögler, »Empathy, Dialogical Self, and Reflexive Interpretation. The Symbolic Source of Imagination«, in: Ders., Karsten R. Stueber (Hg.), *Empathy and Agency. The Problem of Understanding in the Human Sciences*, Boulder und Oxford 2000, S. 194-221.
Lawrence Kohlberg: *Die Psychologie der Moralentwicklung.* Suhrkamp, Frankfurt am Main 1996.

Christian Kohlross, *Die poetische Erkundung der wirklichen Welt. Literarische Epistemologie (1800-2000)*, Bielefeld 2010.
Amanda H. Korstjen, Ingrid Lugo Verhoeckx und Robin I. M. Dunbar, »Time as a Constraint on Group Size in Spider Monkeys«, in: *Behavioral Ecology and Sociobiology* 60 (2006), S. 683-694.
Albrecht Koschorke, *Die heilige Familie und ihre Folgen*, Fankfurt am Main 2000.
Stephan Kraft, *Zum Ende der Komödie: Eine Theoriegeschichte des Happyends*, Göttingen 2011.
Hans Kummer, *Primate Societies. Group Techniques of Ecological Adaption*, Chicago und New York 1971.
Hans Kummer, *Social Organization of Hamadyras Baboons*, Chicago und London 1968.

Philippe Lacoue-Labarthe, »Die Zäsur des Spekulativen«, in: *Hölderlin-Jahrbuch* 22 (1980-81), S. 203-231.
Gerhard Lauer, »Das Spiel der Einbildungskraft. Zur kognitiven Modellierung von Nachahmung, Spiel und Fiktion«, in: Thomas Anz, Heinrich Kaulen (Hg.), *Literatur als Spiel. Evolutionsbiologische, ästhetische und pädagogische Konzepte*, Berlin und New York 2009, S. 27-38.
Phyllis C. Lee und Antonio C. de A. Moura, »Capuchin Stone Tool Use in Caatinga Dry Forest«, in: *Science* 306 (2004), S. 1909.
Paula Leverage, Howard Mancing, Richard Schweickert und Jennifer Marston Williams (Hg.), *Theory of Mind and Literature*, West Lafayette 2010.
Claude Lévi-Strauss, *Traurige Tropen*, Frankfurt am Main 1978.
Albert Lévitt, »The Origins of the Doctrine of mens rea«, in: *Illinois Law Review* 17 (1922), S. 117-128.
Albert Lévitt, »Extent and Function of the Doctrine of mens rea«, in: *Illinois Law Review* 17 (1923), S. 578-611.
George W. Linden, »Excuses, Excuses!«, in: *Individual Psychology*, 49 (1993), S. 1-12.
Elisabeth A. Lloyd, *The Case of the Female Orgasm: Bias in the Science of Evolution*, Cambridge, Mass. 2005.
Niklas Luhmann, »Individuum, Individualität, Individualismus«, in: Ders., *Gesellschaftsstruktur und Semantik. Studien zur Wissenssoziologie der modernen Gesellschaft* 3, Frankfurt am Main 1989, S. 149-258.
Niklas Luhmann, *Gesellschaft der Gesellschaft*, Frankfurt am Main 1997.
Martin Luther, *Die gantze Heilige Schrift*, München 1974 (nach Wittenberg 1545).

John Ma, *Antiochos III and the Cities of Western Asia Minor*, Oxford 2000.
Paul de Man, *Allegories of Reading. Figural Language in Rousseau, Nitezsche, Rilke, and Proust*, New Haven 1979.

Paul de Man, »Pascal's Allegory of Persuasion«, in: Stephen Greenblatt (Hg.), *Allegory and Representation*, Baltimore und London 1981, S. 1-25.
Uri Margolin, »Telling our Story: On ›We‹ Literary Narratives«, in: *Language and Literature* 5 (1996), S. 115-133.
Matías Martínez, »Theorie der erzählenden Literatur«, in: Ders. (Hg.), *Handbuch Erzählliteratur. Theorie – Analyse – Geschichte*, Stuttgart 2011, S. 1-12.
Cheryl Mattingly, *Healing Dramas and Clinical Plots. The Narrative Structure of Experience*, Cambridge 1998.
Christoph Menke, *Die Gegenwart der Tragödie. Versuch über Urteil und Spiel*, Frankfurt am Main 2005.
Emil Menzel, *Precultural Primate Behavior*, Basel und New York 1973.
Richard Miller, *Terror, Religion, and Liberal Thought*, New York 2010.
John C. Mitani, »Reciprocal Exchange in Chimapanzees and Other Primates«, in: Peter M. Kappeler, Carel P. van Schaik (Hg.), *Cooperation in Primates and Humans. Mechanisms and Evolution*, Heidelberg und Berlin 2006, S. 107-120.
Franco Moretti (Hg.), *The Novel*, Vol. 1 und 2, Princeton und Oxford 2006, 2007.
Stephen J. Morse und Morris B. Hoffman, »Uneasy Entente between Legal Insanity and mens rea: Beyond Clark v. Arizona«, in: *Journal of Criminal Law und Criminology*, Summer 97 (2007), S. 1071-1149.

F. S. Naiden, *Ancient Supplication*, Oxford und New York 2006.
Ara Norenzayan, Scott Atran, Jason Faulkner und Mark Schaller, »Memory and Mystery. The Cultural Selection of Minimally Counterintuitive Narratives«, in: *Cognitive Science: A Multidiciplinary Journal* 30 (2006), S. 531-553.

Jonathan Ocko, »I Will Take It All the Way to Beijing: Capital Appeals in the Qing«, in: *Journal of Asian Studies* 2 (1988), S. 291-315.

Jaak Panksepp, »Affective Consciousness. Core Emotional Feelings in Animals and Humans«, in: *Consciousness and Cognition* 14 (2005), S. 30-80.
David Papineau und Cecelia Heyes, »Rational or Associative? Imitation in Japanese Quail«, in: Susan Hurley, Matthew Nudds (Hg.), *Rational Animals*, Oxford 2006, S. 198-216.
Derek Penn und Daniel Povinelli, »Causal Cognition in Human and Nonhuman Animals: A Comparative, Critical Review«, in: *Annual Review of Psychology* 58 (2007), S. 97-118.
N. Pennington und R. Hastie, »Explaining the Evidence: Tests of the

Story Model for Juror Decision Making«, in: *Journal of Personality and Social Psychology* 62 (1992), S. 189-206.

Thomas Pfau, *Romantic Moods. Paranoia, Trauma, and Melancholy, 1790-1840*, Baltimore 2005.

James Phelan, *Reading People, Reading Plots. Character, Progression, and the Interpretation of Narrative,* Chicago 1989.

James Phelan, *Experiencing Fiction. Judgements, Progressions, and the Rhetorical Theory of Narrative,* Columbus 2007.

Jean Piaget, *Das moralische Urteil beim Kinde*, München 1986.

Stephen Pinker, *How the Mind Works*, New York und London 1997.

Kristen Poole, »Saints Alife! Falstaff, Martin Marpelate, and the Staging of Puritanism«, in: *Shakespeare Quarterly* 46 (1995), S. 47-75.

Stephen Porter und Leanne ten Brinke, »Dangerous Decisions: A Theoretical Framework for Understanding How Judges Assess Credibility in the Courtroom«, in: *Legal and Criminological Psychology* 14 (2009), S. 119-134.

David G. Premack und Guy Woodruff, »Does the Chimpanzee have a Theory of Mind?«, in: *Behavioral and Brain Sciences* 1 (1978), S. 515-526.

Wladimir Propp, *Morphologie des Märchens*, München 1984 [1928].

Björn Quiring, *Shakespeares Fluch. Die Aporien ritueller Exklusion im Königsdrama der englischen Renaissance*, München 2009.

Gustav Radbruch und Heinrich Gwinner, *Geschichte des Verbrechens. Versuch einer historischen Kriminologie*, Frankfurt am Main 1990 [1951].

François Raffoul, *The Origins of Responsibility,* Bloomington 2010.

Nicole Rafter, »The Unrepentant Horse-Slasher: Moral Insanity and the Origins of Criminological Thought«, in: *Criminology* 42 (2004), S. 979-1008.

John Rawls, *A Theory of Justice,* Cambrigde, Mass. 1971.

Stephen John Read und Lynn Carol Miller, »Stories are Fundamental to Meaning and Memory. For Social Creatures, Could it be Otherwise?«, in: Robert S. Wyer (Hg.), *Knowledge and Memory. The Real Story*, Hillsdale, NJ. 1995, S. 139-152.

Jo Reichertz und Manfred Schneider (Hg.), *Sozialgeschichte des Geständnisses. Zum Wandel der Geständniskultur*, Wiesbaden 2007.

Hans Reiner, »Gewissen«, in: *Historisches Wörterbuch der Philosophie*, Bd. 3, Darmstadt 1974, S. 574-592.

Michael Richter, *Das narrative Urteil. Erzählerische Problemverhandlungen von Hiob bis Kant*, Berlin 2008.

Stephan Rinckens, *Eine Ausrede findet sich immer. Die subjektive Rückfallbegründung alkoholabhängiger Patienten*, Bonn 2003.

Paul Ricœur, *Symbolik des Bösen. Phänomenologie der Schuld II*, München 1971.
Paul Ricœur, *Zeit und Erzählung*, Bd. 1-3, München 1988-1991.
Benjamin Robinson, »Was leistet ein Index?«, in: Georg Mein, Stefan Börnchen (Hg.), *Ich habe Dich bei Deinem Namen gerufen*, München (im Druck).
Hubert Roeder (Hg.), *Das Erzählen in frühen Hochkulturen. 1. Der Fall Ägypten*, München 2009.

Christoph Johannes Maria Safferling, *Vorsatz und Schuld: Subjektive Täterelemente im deutschen und englischen Strafrecht*, Tübingen 2008.
Francis Bowes Sayre, »Mens rea«, in: *Harvard Law Review* (1931-1932), S. 974-1026.
Friedrich Wilhelm Joseph Schelling, »Philosophischer Brief über Dogmatismus und Kriticismus« (1795-1796), in: Ders., *Sämmtliche Werke*, Stuttgart und Augsburg 1856.
Thomas Schestag, *Parerga. Friedrich Hölderlin, Carl Schmitt, Franz Kafka, Platon, Friedrich Schleiermacher, Walter Benjamin, Jacques Derrida: Zur literarischen Hermeneutik*, München 1991.
Heinz Schlaffer, *Die kurze Geschichte der deutschen Literatur*, München 2002.
Jochen Schmidt, *Die Geschichte des Genie-Gedankens in der deutschen Literatur, Philosophie und Politik 1750-1945*, Darmstadt 1988, 2. Aufl.
Carl Schmitt, *Der Begriff des Politischen*, Berlin 1932.
Elliott E. Schreiber, »Pressing Matters. Karl Philipp Moritz's Models of the Self in the Magazin zur Erfahrungsseelenkunde«, in: *Goethe Yearbook* XI, 2002, S. 133-158.
Amartya K. Sen, »Rational Fools: A Critique of the Behavorial Foundations of Economic Theory«, in: Tracy B. Strong (Hg.), *The Self and the Political Order*, New York 1992, S. 120-139.
Amartya Sen, *The Idea of Justice*, Cambrigde, Mass. 2009.
John R. Searle, »Indirect Speech Acts«, in: P. Cole, J. L. Morgan (Hg.), *Syntax and Semantics, 3. Speech Acts*, New York 1975, S. 59-82.
Adam Shriver und Colin Allen, »Consciousness Might Matter very much«, in: *Philosophical Psychology* 18 (2005), S. 103-111.
Georg Simmel, *Philosophie des Geldes*, Leipzig 1900.
Georg Simmel, *Soziologie. Untersuchungen über die Formen der Vergesellschaftung*, Frankfurt am Main 1992.
Tania Singer, »Understanding Others: Brain Mechanisms of Theory of Mind and Empathy«, in: Paul W. Glicher, Colin F. Camerer, Ernst Fehr und Russell A. Poldrack (Hg.), *Neuroeconomics: Decision Making and the Brain*, London 2009, S. 249-266.

Tania Singer und Claus Lamm, »The Social Neuroscience of Empathy«, in: *The Year in Cognitive Neuroscience. Annals of the New York Academy of Sciences* 1156 (2009), S. 81-96.

Bruno Snell, *Die Entdeckung des Geistes. Studien zur Entstehung des europäischen Denkens bei den Griechen*, Hamburg 1946.

Simon Stern, »The Analytical Turn in Common-Law Thinking« (bisher unveröffentlichtes Manuskript).

Meir Sternberg, »Telling in Time (I). Chronology and Narrative Theory«, in: *Poetics Today* 11 (1990), S. 901-948.

Meir Sternberg, »Telling in Time (II). Chronology, Teleology, Narrativity«, in: *Poetics Today* 13 (1992), S. 463-541.

Meir Sternberg, »If-Plots. Narrativity and the Law-Code«, in: John Pier und José Ángel García Landa (Hg.), *Theorizing Narrativity*, Berlin und New York 2008, S. 29-108.

Jeffrey R. Stevens und Marc D. Hauser, »Social Interaction Effects on Reward and Cognitive Abilities in Monkeys«, in: *Encyclopedia of Neuroscience* 9 (2009), S. 45-58.

Stephen Stich und Shaun Nicholas, »Cognitive Penetrability, Rationality, and Restricted Simulation«, in: *Mind and Language* 12 (1997), S. 297-326.

Galen Strawson, »Against Narrativity«, in: *Ratio* 17.4 (2004), S. 428-452.

Michelle Scalise Sugiyama, »Reverse-Engineering Narrative. Evidence of Special Design«, in: Jonathan Gottschall, David Sloan Wilson (Hg.), *The Literary Animal. Evolution and the Nature of Narrative,* Evanston, Ill. 2005, S. 177-196.

Charles Taylor, *Quellen des Selbst. Die Entstehung der neuzeitlichen Identität*, Frankfurt am Main 1996.

Leslie Paul Thiele, *The Heart of Judgment. Practical Wisdom, Neuroscience, and Narrative*, Cambridge und New York u. a. O. 2006.

Dieter Thomä, *Erzähle dich selbst. Lebensgeschichte als philosophisches Problem*, Frankfurt am Main 2007.

Horst Thomé, *Autonomes Ich und »Inneres Ausland«. Studien über Realismus, Tiefenpsychologie und Psychiatrie in deutschen Erzähltexten (1848-1914)*, Tübingen 1993.

William Timberlake und Gary A. Lucas, »Behavior Systems and Learning: From Misbehavior to General Principles«, in: Stephen B. Klein, Robert R. Mower (Hg.), *Contemporary Learning Theories: Instrumental Conditioning Theory and the Impact of Biological Constraints on Learning*, Hillsdale, NJ 1989, S. 237-275.

Alexander Todorov, Manish Pakrashi und Nikolaas N. Oosterhof, »Evaluating Faces on Trustworthiness after Minimal Time Exposure«, in: *Social Cognition* 27 (2009), S. 813-833.

Michael Tomasello, *Die kulturelle Entwicklung des menschlichen Denkens*, Frankfurt am Main 2002.
Michael Tomasello, *Die Ursprünge der menschlichen Kommunikation*, Frankfurt am Main 2009.
Brian Tucker, *Reading Riddles: Rhetorics of Obscurity from Romanticism to Freud*, Lewisburg 2010.
Johannes Türk, »Zur immunologischen Funktion literarischer Kommunikation«, in: *Soziale Systeme* 13 (2007), S. 217-328.
Johannes Türk, *Die Immunität der Literatur*, Frankfurt am Main 2011.
Mark Turner, *The Literary Mind. The Origins of Thought and Language*, New York und Oxford 1996.

J. David Velleman, »Narrative Explanation«, in: *The Philosophical Review* 112 (2003), S. 1-25.
Barbara Vinken, »Loving, Reading, Eating: The Passion of Madame Bovary«, in: *Modern Language Notes* 122 (2007), S. 759-778.
Joseph Vogl (Hg.), *Poetologien des Wissens um 1800*, München 1998.

Bernhard Waldenfels, *Antwortregister*, Frankfurt am Main 2007.
Bernhard Waldenfels, »Responsive Ethik zwischen Antwort und Verantwortung«, in: *Deutsche Zeitschrift für Philosophie* 58 (2010), S. 71-81.
Wendell Wallach und Colin Allen, *Moral Machines. Teaching Robots Right from Wrong*, Oxford und New York 2009.
Frans de Waal, *Chimpanzee Politics. Power and Sex among Apes*. Baltimore und London 1996.
Frans de Waal, *Der gute Affe. Der Ursprung von Recht und Unrecht bei Menschen und anderen Tieren*, München 2000.
Frans de Waal, *Der Affe in uns. Warum wir sind, wie wir sind*, München 2006.
Frans de Waal und Sarah F. Brosnan, »Simple and Complex Reciprocity in Primates«, in: Peter M. Kappeler, Carel P. van Schaik (Hg.), *Cooperation in Primates and Humans. Mechanisms and Evolution*, Heidelberg und Berlin 2006, S. 85-105.
Frans de Waal, *Primaten und Philosophen. Wie die Evolution die Moral hervorbrachte*, München 2008.
Ian Watt, *Der bürgerliche Roman. Aufstieg einer Gattung*, Frankfurt am Main 1974.
Hayden White, *The Content of the Form. Narrative Discourse and Historical Representation*, Baltimore und London 1987.
Hayden White, »The Value of Narrativity in the Representation of Reality«, in: *Critical Inquiry* 7 (1980), S. 5-28.

David Zaret, »Can you Help me? A Comparative-Historical Analysis of Petitions« (bisher unveröffentlichtes Manuskript).
Rüdiger Zill, »Der Umweg als Abkürzung. Anmerkungen zu einer Hermeneutik des Auflesens«, in: Peggy Breitenstein, Volker Steenblock, Joachim Siebert (Hg.), *Geschichte – Kultur – Bildung. Philosophische Denkrichtungen. Johannes Rohbeck zum 60. Geburtstag*, Hannover 2007, S. 86–102.

Danksagung

Ich verspräche gerne diesem Buch die Liebe der Erzählforscher. Aber ich fürchte, ein derartiges Buch, welches die Vielfalt des Erzählens auf eine einzige Pflanze reduziert, kann nur anecken und den Unwillen vieler Leser erregen. Umso mehr danke ich den Freunden, Studenten und Kollegen, die sich dennoch damit in der einen oder anderen Art und Weise herumgeschlagen haben: Colin Allen, Frauke Berndt, Claudia Breger, Roswitha Cesaratto, Michel Chaouli, Christopher Chiasson, Wolfram Eilenberger, Eva-Maria Engelen, Eva Gilmer, Hans Ulrich Gumbrecht, Julian Hans, Johnathan M. Hess, Philipp Hölzing, Suzanne Keen, Orsolya Kiss, Christian Kohlross, Anita Lukic, Eyal Peretz, Thomas Pfau, Benjamin Robinson, Simon Stern, Meir Sternberg, Johannes Türk, Josepf Vogl, Christian Weber, David E. Wellbery und Carlos Zednik.

Anna Connors, Christiane Kaden und Friederike Schläfer in Bloomington und Eva Gilmer und Philipp Hölzing in Berlin sei bestens gedankt für die Arbeit am Text. Die Alexander von Humboldt-Stiftung hat das Projekt durch eine Nachförderung im Sommer 2009 angeschoben; Inka Mülder-Bach war meine freundliche Gastgeberin.

Gewidmet ist das Buch den Meistern des Sujets: Kira, Lara und Noah.

›Sprachwissenschaft‹ im Suhrkamp Verlag Eine Auswahl

Noam Chomsky

- Reflexionen über die Sprache. Übersetzt von Georg Meggle und Maria Ulkan. stw 185. 314 Seiten
- Regeln und Repräsentationen. Übersetzt von Helen Leuninger. stw 351. 301 Seiten
- Sprache und Geist. Mit einem Anhang: Linguistik und Politik. Übersetzt von Siegfried Kanngießer, Gerd Lingrün, Ulrike Schwarz und Anna Kamp (Linguistik und Politik). stw 19. 190 Seiten

Bühler-Studien. Herausgegeben von Achim Eschbach. Zwei Bände. stw 481 und stw 482. 672 Seiten

Florian Coulmas. Über Schrift. stw 378. 153 Seiten

Jacques Derrida

- Grammatologie. Übersetzt von Hans-Jörg Rheinberger und Hanns Zischler. stw 417. 541 Seiten
- Die Schrift und die Differenz. Übersetzt von Rodolphe Gasché. Die Übersetzung von »Cogito und Geschichte des Wahnsinns« stammt von Ulrich Köppen. stw 177. 452 Seiten

Umberto Eco. Zeichen. Einführung in einen Begriff und seine Geschichte. Übersetzt von Günter Memmert. es 895. 203 Seiten

Konrad Ehlich (Hg.). Sprache im Faschismus. stw 760. 326 Seiten

NF 140/1/6.03

Günther Grewendorf. Sprache als Organ – Sprache als Lebensform. Anhang: Interview mit Noam Chomsky: Über Linguistik und Politik. 255 Seiten. Gebunden

Günther Grewendorf/Fritz Hamm/Wolfgang Sternefeld. Sprachliches Wissen. Eine Einführung in moderne Theorien der grammatischen Beschreibung. stw 695. 467 Seiten

Günther Grewendorf/Georg Meggle (Hg.). Seminar: Sprache und Ethik. Zur Entwicklung der Metaethik. stw 91. 354 Seiten

Sybille Krämer. Sprache – Sprechakt – Kommunikation. Sprachtheoretische Positionen der Gegenwart. stw 1521. 287 Seiten

Sybille Krämer/Ekkehard König. Gibt es eine Sprache hinter dem Sprechen? stw 1592. 290 Seiten

Eric H. Lenneberg. Biologische Grundlagen der Sprache. Anhang: Noam Chomsky: Die formale Natur der Sprache. Otto Marx: Die Geschichte der Ansichten über die biologische Grundlage der Sprache. Übersetzt von Friedhelm Herborth. Mit zahlreichen Abbildungen und Tabellen. stw 217. 597 Seiten

Ferdinand de Saussure
- Linguistik und Semiologie. Notizen aus dem Nachlaß. Texte, Briefe und Dokumente. Gesammelt aus dem Französischen und eingeleitet von Johannes Fehr. Gebunden und stw 1650. 606 Seiten
- Wissenschaft der Sprache. Neue Texte aus dem Nachlaß. Herausgegeben und mit einem Nachwort versehen von Ludwig Jäger. Übersetzt und textkritisch bearbeitet von Elisabeth Birk und Mareike Buss. stw 1677. 200 Seiten

NF 140/2/6.03

John R. Searle

- Ausdruck und Bedeutung. Untersuchungen zur Sprechakttheorie. Übersetzt von Andreas Kemmerling. stw 349. 212 Seiten
- Geist, Sprache und Gesellschaft. Philisophien in der wirklichen Welt. Übersetzt von Harvey P. Gavagai. 192 Seiten. Gebunden
- Intentionalität. Eine Abhandlung zur Philosophie des Geistes. Übersetzt von Harvey P. Gavagai. stw 956. 353 Seiten
- Sprechakte. Ein sprachphilosophischer Essay. Übersetzt von R. und R. Wiggershaus. stw 458. 306 Seiten

Gottfried Seebaß. Das Problem von Sprache und Denken. stw 279. 495 Seiten

Jürgen Trabant. Artikulationen. Historische Anthropologie der Sprache. stw 1386. 221 Seiten

Uwe Wirth (Hg.)

- Performanz. Von der Sprachphilosophie zur Kulturwissenschaft. stw 1575. 436 Seiten
- Die Welt als Zeichen und Hypothese. Perspektiven der Peirceschen Semiotik. stw 1479. 456 Seiten

NF 140/3/6.03